记忆中原丛书

# 鹰城古韵

# 平顶山

总主编 赵素萍
执行主编 苏长青
本册主编 秦方奇

河南科学技术出版社
·郑州·

**图书在版编目（CIP）数据**

鹰城古韵：平顶山 / 秦方奇主编．—郑州：河南科学技术出版社，2018.9

（记忆中原丛书 / 赵素萍主编）

ISBN 978-7-5349-9188-2

Ⅰ．①鹰… Ⅱ．①秦… Ⅲ．①文化史－平顶山市－通俗读物 Ⅳ．①K296.13

中国版本图书馆 CIP 数据核字（2018）第 068179 号

---

**出版发行：**河南科学技术出版社

地址：郑州市经五路 66 号　　邮编：450002

电话：（0371）65737028　65788613

网址：www.hnstp.cn

**策划编辑：**李喜婷　汪林中　冯俊杰

**责任编辑：**姚翔宇

**责任校对：**牛艳春

**责任印制：**张　巍

**书籍设计：**赵　钧

**排　　版：**蔡　凤

**印　　刷：**河南博雅彩印有限公司

**经　　销：**全国新华书店

**开　　本：**787 mm × 1092 mm　1/16　**印张：**15　**字数：**226 千字

**版　　次：**2018 年 9 月第 1 版　　2018 年 9 月第 1 次印刷

**定　　价：**108.00 元

---

# 不忘本来　开创未来

《诗经·小雅·吉日》曰："瞻彼中原，其祁孔有。"

中原，本意为天下至中的原野，后来逐渐演化为泛指黄河中下游地区，也称中土、中州、华夏。在某些特定的语境中，中原又是"中国"的代名词。

中原文化是中原地区、主要是河南省的物质文化和精神文化的总称。中原文化是中华文化的母体和主干，在漫长的中国历史中长期居于正统主流地位，中原文化一定程度上代表着中国传统文化。

河南人爱说"中"。一个"中"字，尽显中原文化的正大气象和源远流长。

中原这块沃土，不仅是东亚现代人类的主要起源地，而且自上古时期就形成了发达的农业文明，并率先跨过了"文明的门槛"。

从夏代到北宋的3 000多年间，先后有22个朝代、200多位帝王在河南建都。全国十大古都河南有其四。河南曾长期是全国政治、经济、军事、文化的中心，中国古代创造发明的中心，向全国和世界传播交流文明的中心。

中华文明丰富的文化景观、文化遗存、历史文物、文化典籍和艺术珍品在中原大地比比皆是，使河南如同一座浩瀚的历史博物馆，一本看得见、摸得着的中国历史文化教科书。河南的馆藏文物、国家历史文化名城和全国重点文物保护单位数量，均居全国前列。甲骨文在这里发现，四大发明与河南关系密切，连接东西享誉世界的丝绸之路从这里起步。

水有源、树有根、人有姓。河南是中国姓氏的重要发源地，依人口数量排名的100个大姓中，有70余个起源于河南。中华传统文化通过姓氏家族延续传承，跟随姓氏漂洋过海。"贵姓""仙乡何处"的寻常问候常常引起游子无限的乡思乡愁，也成为近年来河南根亲文化的"重头戏"。

天下名人，中州过半。在《二十四史》中，立传的名人共5 700余人，仅汉、唐、宋、明四个朝代，河南籍名人就达912人。在耳熟能详的文化圣人当中，出生于河南或长期在河南活动的近30位。谋圣姜太公、道圣老子、墨圣墨子、商圣范蠡、医圣张仲景、科圣张衡、字圣许慎、诗圣杜甫、画圣吴道子、律圣朱载堉，等等，都是中华文化发展史上的不朽丰碑。

中原文化门类齐全，博大精深。文学星空，河南人星光璀璨；武术杂技，少林太极称双雄；婚丧嫁娶，人生礼仪在斯；梆弦声里，地方戏风靡大河南北。洋洋洒洒，中原书风千载传承；丹青妙手，河南画苑代有佳作……

中原文化之于中华文化，就内容讲，是最基础、最基本的部分；就特点讲，是最具代表性的部分；就历史发展过程讲，是最具贯穿性的部分；就地域讲，是最具影响力的部分。中原文化具有根源性、原创性、包容性、开放性等诸多特质，开放与包容使得中原文化具有绵绵不绝的生命力与创造力。

中原地处“天地之中”、华夏腹地，九州通衢的独特地理位置决定了中原文化始终处于与外部文化的交流融合当中，这种交流与融合影响到中原文化的方方面面。

早在新石器时代，中原文化便成为推动中国境内各种文化交汇的强大动力，加快了中华文明的进程。

夏、商、周三代是中国历史上的重要时期，其时中原和周边地区交流融合、相互促进，奠定了中华文明形成和发展的基础。汉代，中外贸易频繁，形成了后人熟知的丝绸之路，洛阳成为丝绸之路的东方起点。隋唐时期，洛阳是当时的国际性大都市之一，成为了东西方文化、贸易交流和传播的中心。以开封为中心的北宋文化，以丰厚的底蕴、深邃的思想、恢宏的气势、绚丽的色彩，把中原历史文化推向高峰。唐宋之际，中原文化通过丝绸之路、大运河及海上丝绸之路跨出国门，影响波及亚洲乃至世界。

古往今来，无数中原的思想家，用自己的思考深刻地影响着历史的进程，成为中国思想文化的主干，并对世界文化产生了很大影响。西方许多杰出人物如伏尔泰、狄德罗、托尔斯泰等都曾受到《道德经》的影响。而在中原的腹地嵩山脚下，儒、释、道“三教合流”，经过千百年的融汇发展，儒、释、道三种文化已经深深熔铸在我们民族的生命力、凝聚力和创造力之中。

中华文化革故鼎新、生生不息的生命力，源于中华文化与周边文化持续不断的碰撞和融合。

梁启超先生曾指出，中原的中国经过秦汉一统，成为中国的中国；中国的中国经由与印度、日本等接触，成为亚洲的中国；近世以来，中国进入世界舞台，与欧美竞争，而成为世界的中国。

从世界范围来看，不同文明之间的碰撞与交流成为世界历史发展的主要动力；从中国范围内来看，中原文化与周边文化的互动奠定了中华文化的根基；从中原范围内来看，以嵩山周围为核心的河洛文化与周边文化的融合助推中原文化茁壮成长。

八方风雨会中州。目前河南共有18个省辖市，每个市都有其独特的文化，尤其是一些与外省接壤的省辖市，更是中原文化与周边文化交流碰撞的前沿。南阳的“楚风汉韵”、信阳的“豫风楚韵”久负盛名，三门峡与秦晋文化的交汇，安阳、鹤壁与燕赵文化的融通，濮阳、商丘与齐鲁文化的交融，周口、驻马店与江淮文化的互动，焦作、济源与三晋文化的交流等，都形成了地域文化的独特小环境。这些区域文化之间的开合、融通铸就了中原文化的生命力。

冠八枢而奠中原，得中原者得天下。

中原文化，出彩千年！

习近平总书记提出，让中原更加出彩。

河南在全面建成小康社会的快车道上，始终不忘提升中原文化的整体实力和影响力。从“加快文化资源大省向文化强省跨越”，到“加快建设文化强省”，再到“加快构筑全国重要的文化高地”，这种渐次提升既契合党中央关于强化文化发展的新理念、新思想、新战略，又体现了河南省委对文化建设的高度重视。

从中原崛起到建设经济强省，博大精深的中原文化始终是河南最为倚重的资源之一；从华夏历史文明传承创新区到全球华人精神家园和心灵故乡的打造，中原文化已经、正在，而且还将要以更加丰富多彩的形式、手段被挖掘、整理，传承和创新。

党的十九大报告指出：推动中华优秀传统文化创造性转化、创新性发展，继承革命文化，发展社会主义先进文化，不忘本来、吸收外来、面向未来，更好地构筑中国精神、中国价值、中国力量，为人民提供精神指引。

多年来，依托厚重的中原文化，河南的文史研究、新闻出版、广播影视等部门进行了卓有成效的工作，取得了丰硕的成果。经过充分调研，中共河南省委宣传部决定组织全省各省辖市市委宣传部编纂大型精品文化普及读物“记忆中原”丛书，一套19卷，分为《品读中原》以及18个地市卷。丛书围绕中原文化精华这条主线，选择各地文化经典和精要，系统梳理河南地域文化特色，全面展示中原文化风貌，讲好中原故事，传播中华文化，凝聚中国力量。“记忆中原”丛书作为一种融媒体出版物，融合多种媒体形式，书籍与文创产品并重，文化与旅游资源嫁接，这种创新的出版方式是中原文化更加出彩的一种生动体现，也为中原更加出彩提供精神力量。

天下中原，老家河南。

中原是一座“文化的活态博物馆”。河南堪称全球华人的根亲文化圣地。与其在远处仰望，不如到中原走访。真诚希望读者朋友能从书中感受到中原文化的魅力，更期望朋友们以这套丛书为“路标”，到河南走走，回老家看看。厚重河南欢迎您，壮美中原欢迎您。

“记忆中原”丛书编委会

2018年7月

# 目录

## 寻根问祖



## 古城印象

# 考古探秘



# 胜景掠影

## 名品荟萃

# “非遗”概览

——民间文化的重要载体　189



# 城市名片

——能源基地　山水鹰城　215

# 本书音频资源列表

| 音频故事 | 来源 | 页码 |
| --- | --- | --- |
| 桐叶戏封 | 原创 | 2 |
| 墨子止楚伐宋 | 原创 | 27 |
| 还原一个真实的叶公 | 原创 | 31 |
| 张良拾履 | 原创 | 33 |
| 失之东隅，收之桑榆 | 原创 | 37 |
| 韩棱正色立朝 | 原创 | 38 |
| 牛皋的故事 | 原创 | 53 |
| 刘累豢龙 | 原创 | 81 |
| 王乔飞舄 | 原创 | 101 |
| 冢头镇得名的传说 | 原创 | 105 |
| 朱紫峰买烟 | 原创 | 109 |
| 半扎寨门楼题字的故事 | 原创 | 113 |
| 商酒务得名的传说 | 原创 | 116 |
| 废品站中寻国宝 | 原创 | 127 |
| 尧山伏牛的传说 | 原创 | 143 |
| 妙善公主成道 | 原创 | 149 |
| 黄帝问道广成子 | 原创 | 157 |
| 沛公神汤 | 原创 | 181 |
| 饸饹面的传说 | 原创 | 182 |
| 宝丰提线木偶戏的故事 | 原创 | 209 |
| 仪狄造酒 | 原创 | 222 |

# 本书视频资源列表

| 视频名称 | 来源 | 对应页码 |
|---|---|---|
| 平顶山宣传片——鹰翔中原 | 原创 | 1 |
| 失落的古应国 | 央视网《发现之路·中原大发现（第四集）失落的古应国》 | 6 |
| 昆阳大战 | 央视网《百家讲坛·东汉开国（五） 昆阳大战》 | 15 |
| 从失败将军到一代谋圣 | 央视网《法律讲堂（文史版）·张良传奇 从失败将军到一代谋圣》 | 34 |
| 桃花诗 | 央视网《品读·桃花诗》 | 45 |
| 三功两过话马燧 | 央视网《百家讲坛·大唐英雄传 三功两过话马燧》 | 51 |
| 叶 | 原创 | 73 |
| 刘 | 原创 | 79 |
| 梁 | 原创 | 85 |
| 临沣寨 | 央视网《山海经·临沣寨》 | 109 |
| 镇馆之宝——汝瓷瑰宝 | 央视网《国宝档案·镇馆之宝——汝瓷瑰宝》 | 131 |
| 鹳鱼石斧缸 | 央视网《国宝档案·鹳鱼石斧缸》 | 139 |
| 古刹烟雨 | 央视网《地理中国·古刹烟雨》 | 152 |
| 马街书会 | 央视网《文化大百科·马街书会》 | 190 |
| 朱立文：用一生追求复现汝瓷经典 | 央视网《文化十分·朱立文：用一生追求复现汝瓷经典》 | 214 |

# 谈古说今

## ——物华天宝 人文荟萃 话鹰城

平顶山虽然没有曾为帝都的华贵身世，也没有沿海经济特区那样的区位优势，甚至在中华人民共和国成立前的地图上搜寻不到她的名字，但今日的鹰城平顶山为什么令人魂牵梦绕、难以忘怀？

这不仅是因为她为中华人民共和国的腾飞提供了充足的动力资源，还因为她是伴随着中华人民共和国阔步向前的脚步成长起来的一代骄子，龙的传人自然对她百般呵护、疼爱有加！

她是八百里伏牛山下蓬勃而出的新芽壮苗，看似不太起眼，但因为她的根系一直扎进远古洪荒，可以充分汲取母体的营养，假以时日，必将成为参天大树。

她是中华人民共和国建设史上的一座丰碑，巍然屹立，字里行间都记载着古老大地崛起新城的梦想与传奇。

请走进鹰城，这里风景独好；请体悟鹰城，这里的故事同样精彩；请迈步到这里来，接受鹰城儿女热情的款待；也请给予鹰城新的祝福——

祝伏牛山下的大树，枝叶繁茂万年青；

愿滍汝大地的丰碑，华章不断续新篇。

平顶山宣传片——鹰翔中原

贯穿市区东西的湛河风光

## • 鹰城概况 •

平顶山市位于河南省中南部，因市区建在“山顶平坦如削”的平顶山下而得名。平顶山西依蜿蜒起伏的伏牛山脉，东接宽阔平坦的黄淮平原，南临南北要冲的宛襄盆地，北连逶迤磅礴的嵩箕山系，东与许昌、漯河为邻，西与洛阳交界，南接驻马店、南阳，北通省会郑州，中心市区距省会郑州135千米。平顶山交通便利，地处京广、焦枝两大铁路干线之间，并有孟宝铁路与两大干线相连。平顶山距新郑国际机场100千米，兰南、宁洛、郑尧、二广、焦桐5条高速公路穿境而过，和全国高速公路网络相连。正在建设的从郑州到万州高铁过境，并在新城区和郏县设站。

应国墓地一号墓出土的白玉线雕鹰

古地流韵长。平顶山一带，西周时为武王宗室应侯封地应国。应国以“鹰”

桐叶戏封

为图腾，古代“应”“鹰”通假，因此平顶山又称“鹰城”；春秋战国时期，分属晋、郑、韩、魏、楚；秦统一后，分属颍川郡、三川郡和南阳郡；汉改三川郡为河南郡，北部仍属颍川郡；晋析颍川置襄城郡，平顶山分属河南郡、襄城郡、南阳郡；南北朝时，先后分属鲁阳郡、襄城郡、南安郡、汝北郡、汝南郡、顺阳郡、汉广郡；隋朝时，分属襄城郡和颍川郡；唐代先后分属汝州、许州、襄城郡。宋元

建设初期的平顶山矿务局

起至明清，平顶山境域分属汝州、许州和裕州。民国初年平顶山属河洛道、汝阳道，后分属豫南道、豫东道、豫西道。

新城照曙光。1957年3月26日，国务院第43次会议决定建立平顶山市，由河南省直接领导。1964年4月，中共中央、国务院决定在平顶山开展煤炭大会战，建设大庆式煤炭工业基地，试行“企政合一”体制，将市改为特区，由煤炭部和河南省双重领导；1968年3月，平顶山又恢复为省辖市。1983年9月，国务院批准平顶山实行市管县体制。

平顶山现辖汝州、舞钢2个县级市，宝丰、郏县、鲁山、叶县4个县，新华、卫东、湛河、石龙4个区和新城区、高新技术开发区，全境东西长150千米，南北宽140千米，国土面积7 882平方千米，人口543万。2015年，全市完成生产总值1 335亿元、一般公共预算收入97.2亿元（均不含汝州市）。平顶山是国家重要的能源原材料工业基地，中原城市群14个核心发展区之一，也是中国优秀旅游城市、国家园林城市、国家森林城市、国家卫生城市和省文明城市，还是中国曲艺城、中国书法城、中国汝窑陶瓷艺术之乡和中国观音文化之乡。

平顶山自然资源丰富，已探明各类矿产资源57种，其中原煤储量103亿吨，钠盐储量3 300亿吨，是中国重要的煤炭产地和能源化工基地；是中国矿业协会授牌的“中国岩盐之都”；铁矿石储量9.7亿吨，是全国十大优质铁矿区之一。平顶山产业优势突出，拥有能源、化工、装备制造、冶金建材、轻工食品五大产业集群，平煤

工艺技术国内领先的己二酸己内酰胺生产基地——尼龙科技公司

神马集团、舞钢公司、平高集团、姚电公司、鲁阳电厂、圣光集团等企业在全国同行业中都占有重要地位。作为建市70年的工业新城，平顶山以其得天独厚的地理位置、丰富的自然资源、雄厚的经济实力及源远流长的灿烂文化，越来越为中外所瞩目。

## ·古韵流长·

打开河南地形图可以看到，在河南省西南部，有一座状如卧牛、绵延八百余里的伏牛山。“八百里伏牛山”地处中国南北分界线，是古生物和远古人类的福地：西峡恐龙蛋化石带遗迹证明亿万年前这里就是古生物的主要栖息地，80万年前的“郧县人”、50万年前的“南召人”、20万～15万年前的“大荔人”、10万年前的“卢氏人”、10万～8万年前的“许昌人”则表征了此处是华夏先民的乐土。伏牛山又是中华文明的肇始地之一，是一座名副其实的文化大山。它左依黄河，右挽长江，南北文化交汇，地域特色鲜明，既受中原文化、荆楚文化、三秦文化的影响，又有巴蜀文化甚至西域文化的基因，经过数千年的融合、积淀，形成了独具特色的伏牛山文化。这里是伏羲、炎帝、黄帝、嫘祖、仓颉、颛顼、帝喾、尧、舜、禹等中华民族始祖的主要活动地带，处处都彰显着中华文化的辉煌。黄帝文化、尧文化、夏文化、龙文化、应文化、墨子文化、观音文化、姓氏文化、瓷文化、酒文化、曲艺文化、魔术文化等在这里都可以寻根溯源。

平顶山地处伏牛山东麓牛首位置。这里平原与青山绿水交替迭现、物质文明与精神文化相映成趣。“白鹤去寻王子晋，真龙得慕沈诸梁。……遗老能名唐郡邑，断碑犹是晋文章。”黄庭坚《初至叶县》诗中的平顶山地方风物，给人以巨大的心灵震撼，能说不是人文鹰城最精妙的文字表达？

在那“人猿相揖别”的“小儿时节”，地处早期人类活动地之一——伏牛山头部的平顶山有幸成为华夏屈指可数的古人类生存空间之一。如果说市郊的寺岗、蒲城店，鲁山的邱公城，汝州的大张村、中山寨，舞钢冶铁遗址等文化遗存，标志着漫长“只几个石头磨过”的远古时期的峥嵘岁月，那么，就在平顶山市城郊，则闪现出一道道璀璨夺目的光彩：城北面有以颛顼帝之号命名的高阳山，城西白龟湖西岸则是西周应国贵族墓葬群，城东南荆山下如今还保留着华夏始祖黄帝取铜铸鼎的熔炉遗址和卞和得璞之处的遗迹，当地人分别名之曰“铁炉”“卞城”。

在有文字记载的历史中，平顶山首次成为一个相对独立的行政区域，是应侯立国（周武王四子为应侯，《左传·僖公二十四年》载“邗、晋、应、韩，武之穆也”）。作为武王之子封地的应国，虽然版图不大，却物阜民丰。因是周王室嫡传，应侯便时时防备、讨伐诸侯对王权的挑战，维护周王朝的权威。又因应国地处楚、韩、郑等强邻的夹缝中，自然成为诸侯争霸的主要障碍而屡遭攻伐。叶公沈诸梁尹叶的叶邑，虽只是楚国的边陲小镇，但却地处楚国北出中原、谋取霸业的战略屏障。应侯、叶公的子民们，审时度势，励精图治，犯艰历险，充分发挥南北交接的区位优势和自身的勤劳智慧，为中华文明增添了绚丽的光彩。独特的地理环境使之成为中华南北两大文化摇篮交流、融合的集散地，推演出仪狄造酒、刘累豢龙、应国青铜和楚国长城、叶公治政、墨子兼爱非攻等故事。这些辉煌成就的源头活水，正是中原文化与荆楚文化、黄河文明

汝州学宫

央视网
失落的古应国

与长江文明的交流碰撞显现出的生生不息的精神律动："筚路蓝缕"的进取精神、"抚夷属夏"的开放气度、"和而不同"的谦和理念。

在风云际会的秦汉时期，平顶山地处帝国的战略枢纽，不仅是稍早时期楚汉攻秦的前沿要地，更是东汉时期刘秀王莽逐鹿中原的主战场，开创东汉江山的昆阳大战就在这里上演。与刀光剑影如影随形的是杰出军事家的出现：西汉开国功臣、汉初三杰的张良是颍川郡父城（今宝丰）人；为刘秀中兴汉室立下汗马功劳的"云台二十八将"出生在这里的有三位，即颍川郡父城人"大树将军"冯异，颍川郡郏（今郏县）人铫期、臧宫。

时光穿越魏晋南北朝，到了隋、唐、北宋，平顶山因邻近京畿要地，是丝路贸易主要支撑商品丝、瓷原产地而绽放夺目光彩。鲁山蚕丝、唐代段店花瓷和宋代清凉寺汝官瓷代表着当时物质文化的最高水平。唐代诗人刘希夷（汝州人）、元结（鲁山人）的诗行，北宋时期大诗人苏东坡途经叶县、郏县、汝州等地时留下的诗词文赋，黄庭坚初仕叶县时的诗书墨香，监酒宝丰的理学家程颢的理学教义则显示了平顶山精神文化的精髓；以汝州风穴寺和市郊香山寺为代表的众多寺院的繁盛，不仅表明此地是中国佛学的滥觞地之一，更见证了中外文化的融合汇通。

南宋以降，历史的车轮驶过元、明、

1955年9月8日，平顶山第一对矿井——诸葛庙矿（二矿）动工兴建

清，直奔近代。由于战乱频仍，随着中华文化中心南迁北移，地处内陆腹地的平顶山也与它周边的荆襄南阳、帝都洛阳、开封一样，日渐萧条、落寞，甚而演化成中国腹地的塌陷区，天长日久，它曾有过的光华也一路消磨殆尽，风光不再。即便如此，凭着数千年丰厚文化的积淀，以郏县临沣寨、山陕庙和汝州半扎寨为代表的水旱码头崛起，市北郊紫云书院、郏县文庙、汝州学宫等公私书院的兴盛，仍使这片文化热土声名远播。

中华人民共和国成立后，伴随着钻机轰鸣和拔地而起的井架，四面八方的建设者汇聚于这块古老而丰润的热土，筚路蓝缕，风雨兼程，不仅以开放、包容气度，促成平煤一矿、二矿一直到十三矿的相继建成投产，成就原煤产量全国第二“能源之都”的美誉；而且在国家“三线”的战略布局中，抢抓机遇，使高压开关、特厚钢板、火力发电、绢麻纺织等战略产业成功安家落户，从而形成以煤为主，电力、钢铁、尼龙化工、装备制造多业并举的现代化工业体系，成为名副其实的工业新城。今日，新一代平顶山人披肝沥胆，秉承务实、创新精神，强力推进二次创业，“平煤”“神马”强强联合重组，平高集团与日本东芝联姻共建，一大批战略新兴产业投入开发建设，演绎着“中国尼龙

中国首个国产自动化综合采煤工作面

国内技术最先进的离子膜电解槽

城”“中原电器城”转型发展新篇章。

物华与天宝竞辉，地灵与人杰争妍。拭净岁月的铅华，打开绚丽多姿的中华文明长卷，滍汝大地风华绝代的英雄豪杰、贤人逸士、才子佳人继踵摩肩：出生于鲁山的平民圣人墨翟，他提出了“官无常贵，民无终贱”的观点，他主张了“饥者得食、寒者得衣、劳者得息”“平等兼爱”的思想观念，现今我们倡导的“以人为本”的思想与其一脉相承；叶公沈诸梁筑陂治澧，励精图治，勤于政务，问政于孔子，得到“近者悦，远者来”的治国方略，在历史上留下文化交流的佳话；运筹帷幄、决胜千里汉张良，名列汉初三杰之首，功绩卓著，但不恋权位、不慕荣华，功成身退，赢得后世景仰。东汉军事家冯异胜不骄、败不馁，每次大战之后，当别人邀功论赏时，他总是一人独坐大树之下，反思成败之经验教训，被人敬称为“大树将军”。食疗学鼻祖孟诜《食疗本草》开启世界营养学之先河，为中国和世界医学的发展留下了宝贵财富。唐代诗人刘希夷因写出“年年岁岁花相似，岁岁年年人不同”而让无数人感慨不已。抗金名将牛皋，身经百战，独冠三军，其御敌战功彪炳史册，可谓家喻户晓、妇孺皆知。清代文学家李绿园所著《歧路灯》描绘了18世纪中原地区的世俗风景，他提出的“用心读书、亲近正人”主张，今天仍有很大的启迪和教育意义。农民起义领袖白

鹰城广场

朗基于生存危机，以“打富济贫”为旗号揭竿而起，随着资产阶级革命思想的传播与影响，明确提出“驱走袁世凯”“设立完美政府”的奋斗目标。白朗起义军的英雄气概将永远为后人所敬仰。五四时期，出身贫寒的诗人徐玉诺以独具特色的诗文创作，在全国文坛率先发出了中原人的声音，受到鲁迅、叶圣陶、茅盾、朱自清、闻一多等新文学大师赞誉……

除了这些生于斯长于斯、声名远播的历史文化名人之外，还有历代先贤智圣、文人墨客到此为官或漫游，孔子、诸葛亮、李白、韩愈、颜真卿、苏东坡、黄庭坚、欧阳修、范仲淹等都到过此地。他们的活动记录了鹰城历史上不同时代的生活场景，或宏阔壮观，或委婉细腻，因为有了他们的存在，鹰城的历史才更显其丰满、生动。

回首望去，鹰城古代文化在华夏文明史上占有重要的地位。放眼未来，我们不应仅仅看到鹰城深厚的文化积淀，还应有深刻的反思，我们留给后人的，不只是祖辈先贤登峰造极的成就，还应包括我们深沉的自省和不懈的奋进。

# 要事回放

## ——长河悠悠多精彩

大江东去，浪淘尽，千古风流人物。故垒西边，人道是，三国周郎赤壁。乱石穿空，惊涛拍岸，卷起千堆雪。江山如画，一时多少豪杰。

遥想公瑾当年，小乔初嫁了，雄姿英发，羽扇纶巾。谈笑间，樯橹灰飞烟灭。故国神游，多情应笑我，早生华发。人生如梦，一樽还酹江月。

这是中国历史上大文豪苏轼的千古绝唱《赤壁怀古》一词。他站在长江边，看着滚滚江水奔流不息，回首历史沧桑，似乎就如江水一样，不由发出深沉一叹。历史长河中，英雄豪杰，诸多纷争，精彩纷呈，看今朝，江山如画，令人无限感慨！这首词简洁明了，却代表了许多人的心声。

平顶山有着8 000多年历史，文明发展可谓源远流长。悠久的历史，如悠悠长河，载走了无数诗篇；厚重的大地，如历史舞台，演出了无数精彩。自古以来，它以优越的地理条件成为兵家必争之地，成为中华文明发展史上中原文化与南方荆楚文化的交融之地。这片热土演绎了无数历史故事，诞生了无数历史名人，历史之厚重，难以言尽。本章拾取几个历史片断，予以介绍。

# 湛阪之战

在平顶山市，有一条自西向东蜿蜒绵延的美丽河流，冬天银装素裹，春天百花竞艳，夏天垂柳拂水，秋天水天一色，宛如一条珍珠项链戴在这座年轻城市的身上，无数人为之倾倒，引来文人骚客吟诗作赋，市民垂钓散步，是名副其实的城市乐园，它就是美景如画的历史名河湛河。有多少人知道，美丽的湛河历尽沧桑，曾见证了中华军事史上一场著名的战争——湛阪之战。

湛河，古称湛水。《周礼》中就有“颍湛”的记载。《水经注》明确记述：“湛水出犨县北鱼齿山西北，东南流，历鱼齿山下，为湛浦，方五十余步。……东入汝。”史志文献还记载隋开皇十八年（598）曾设置湛水县。湛河发源于宝丰县的马跑泉山，流经宝丰、新华区、湛河区、卫东区、叶县，注入北汝河，入澧水，属沙颍河的一条次级河流，全长42.3千米。平顶山市区中段以河水为轴，沿大堤修建了湛河公园，流水静流，绿堤悠长，廊桥曲径，垂柳依依，以独特的风韵列入“鹰城八景”之一。湛河还有一个民间俗称，叫乌江河。《平顶山市地名志》载：“乌江河，湛河上游的俗称。” 一般认为，湛河的上游西高皇村或者郝堂村以上叫乌江河。平顶山地区还流传着项羽在这里战败自刎的民间故事。尽管不能确定韩信与项羽是否真的在此有过大战，项羽是否自刎于此，春秋时期晋楚争霸的湛阪大战却的确发生在这里。

从许多历史文献中可以追踪到湛阪大战，仿佛金戈铁马的喧嚣就凝固在那些文字里。《左传·襄公十六年》记载：“晋荀偃、栾黡帅师伐楚，以报宋杨梁之役。楚公子格帅师及晋师战于湛阪。楚师败绩，晋师遂侵方城之外，复伐许而还。”今《平顶山市志》记述：“周灵王十五年（前557）夏，晋荀偃、栾黡率军攻楚。楚公子格率兵与晋军战于湛阪，楚败。”这些文字让我们感受到了春秋时期南北两大诸侯国晋楚为争夺中原霸权而展开的血腥战争，双方各携同盟逐鹿中原，鏖战厮杀，伏尸遍野，浩浩湛河水一定都被染红了，可怜湛阪地区的老百姓遭战争荼毒，流离失所，陷于水深火热之中。

湛阪大战的许多历史细节仍有待挖掘，可以肯定的是这场战争是春秋战国时期诸侯中原争霸诸多战争中的一场，但由于其战争的背景、战争的角色、战争的地域等因素，让这场战争产生了重大影响，载记于史志，不忘于古今，成为历史上的著名战例。

春秋时期，周王室衰弱，诸侯兴起，诸侯国为争夺霸权相互争斗。其中中原强国晋国与南方强国楚国的争霸斗争最为激烈，屡次大战，互有胜负。湛阪大战便是他们为争夺中原霸权进行的一次比较大的战争，结果以晋国胜利、楚国失败告终，但两国总体上处于势均力敌的状况，此后两国通过外交解决争端，划分势力范围，共同称霸天下。

湛阪之战前，晋楚两国都有强大的同盟，晋国控制着鲁、宋、卫、郑、曹、莒、邾、薛等国，楚国控制着许、申、柏、蔡、项、顿、息、陈、沈、胡、萧等国，晋楚两大军事集团形成对峙，大战一触即发。

晋国原与齐国结盟，时齐国在周灵王的支持下，撕毁同盟约定，转而投向楚国，与楚联盟制晋，并于周灵王十四年约邾、莒两个小国同时向晋的盟国鲁国进攻，形成了楚、齐、秦三面夹击晋国的形势，以楚对晋国威胁最大。周灵王十五年春天，晋平公继位，他在荀偃、叔向、栾黡等辅佐下，会同其同盟诸国沿黄河而下，命令诸侯退回互相侵占的土地，以邾、莒伙同齐国侵犯鲁国为由，逮捕了邾宣公和莒犁比公，然后与诸侯宴会于温（今河南温县西）。看到晋国势力强大，原来依附楚国的许国想脱楚入晋，也来参加此次盟会。许国的都城本在许（今河南许昌东），鲁成公十五年（前576），许灵公为逃避郑国威胁，将许的都城迁于叶（今河南叶县西南旧县），从此成为楚的附庸国。许一方面寻求强大楚国的保护，一方面也屡屡受到中原诸侯的进攻，处于中原诸侯进攻楚国的前沿。许灵公迁回故地的请求得到晋国及其同盟国的欢迎，但许国国内亲楚势力强大，许国大夫坚决反对返归故地依附晋国。晋国就独自率领大军讨伐许大夫，“夏六月，次于棫林（许国地，今河南叶县东北），庚寅（九日）伐许，次于函氏（许国地，今河南叶县北）”（《左传·襄公十六年》）。这是湛阪之战的第一阶段。大战的序幕就此拉开。

许国邻近楚国要塞方城塞，关系到楚

国大后方安全，不容闪失。楚国北出方城塞，陈兵于湛水（今湛河）两岸，扼守南北军事要道，以湛水为天险，对抗晋军的大举进攻，策应和保护附庸国许国。许国在与晋国的对抗中损失惨重，晋军取得阶段性胜利，取得战争的主动权。晋军气势如虹，在荀偃、栾黡的带领下，乘胜攻击楚军，以报复先前宋杨梁之役中失败于楚的仇恨。当时楚国统帅是公子格，企图救援许国，挽回颓势，在平顶山落凫山及龙山以南、湛水以北的山坡高地与晋军殊死大战，但经过激烈战斗，还是大败南逃，逃入方城要塞大本营。晋军乘胜追击，越过湛水、滍水，一直追到方城下面，大获全胜。晋军班师北还时再次攻打许国，给许以沉重打击。湛阪之战以晋军取得全面胜利而告终。

晋军虽然取得战争胜利，并追击楚军百余里，但其并没有占领楚及其附庸许国土地，也许是因为已经深入楚国境域，出于战略安全考虑不做久占。楚军在晋军撤退时并没有追击，也许是因为力不从心，只能自保。

湛阪之战是春秋历史上具有划时代意义的战争，是春秋时期晋楚争霸最后一次大战，在春秋时期480多次战争中具有转折意义。它是古代平顶山境内发生的无数战争中有史记载的经典性战役，是平顶山地域军事历史文化中代表性事件，战争爆发的直接原因是晋楚两国争夺对许国的控制权，战争结果遏制了楚国争霸中原的势头，巩固了晋国中原霸主的地位，但也使两国元气大伤，军事处于势均力敌，此后，它们的军事外交政策有所收缩，不愿再挑起大的战争。公元前546年，在宋国的调停下，实现第二次弭兵，晋楚两大诸侯国并霸中原。此后近百年中原少有集团式的大战，只有一些局部战争，广大中原地区人民有了相对和平安静的生产生活环境。可以说湛阪大战演绎的是一场古代版的“战争与和平”的故事，没有这场大战就没有近百年的和平，而和平是人类永远追求的理想。

## 昆阳之战

昆阳，即今平顶山市叶县县人民政府驻地，是一座有2 000多年历史的名城，大约建于春秋战国时期，秦汉实行郡县制时颍川郡下设有昆阳县，后来的行政区划时有变化，一度归属于南阳郡、南阳府。昆阳得名于昆水之阳，城址坐落在昆水的北岸。昆阳扼宛洛古道要地，是洛阳与南阳甚至两端向北向南一直延伸至北京和云贵的必经之路，是兵家必争之地。刘秀与王莽争夺天下的关键战役就发生在这里，史称“昆阳之战”。

在叶县叶邑镇烧车河附近，经常会出现这样的场景：农民正在耕作，忽然在翻出的新土中发现一个锈迹斑斑的箭头，拾起来端详，心中疑惑：怎么会有古代箭头呢？这应该是古代打仗留下的遗物吧。一点不错，这就是古代战争的遗物。现在人们一致认为，这些遗物就是古代著名大战昆阳之战的历史见证。

烧车河位于今叶县城南大约10千米处叶邑古镇的旁边，是澧河南岸主要支流，源出高楼山，自西向东流入高庄水库，最后绵延注入澧河。文献记载，烧车河原名万泉河，三道弯曲环绕叶邑城，俗称“昆水三朝”。传说昆阳之战时，王莽军队被刘秀汉军大败，丢盔卸甲，四散溃逃，起义军打扫战场，得到战车和刀枪剑戟等无数战利品，实在太多运不完，就在河的两岸就地烧掉，烧车河因此得名。刘秀当了皇帝后，念想到昆阳大战的胜利，就封在这里牺牲的马车夫为车夫爷，并在河边敕建一座车夫庙予以供奉纪念。

昆阳大战

烧车河所见证的昆阳之战在中国军事史上具有重要地位。毛泽东在《中国革命战争的战略问题》评述：“中国战史中合此原则（战略防御）而取胜的实例是非常之多的。楚汉成皋大战、新汉昆阳之战、袁曹官渡之战、吴魏赤壁之战、吴蜀彝陵之战、秦晋淝水之战等有名的大战，都是双方强弱不同，弱者先让一步，后发制人，因而战胜的。”昆阳之战被公认为中国历史上以弱胜强的著名战例。那么，昆阳之战的历史背景和经过到底如何？

两汉之际，王莽篡汉，建立新朝，当时政治腐败，经济萧条，民不聊生，社会矛盾严重激化。时天下大乱，绿林豪杰风起云涌，刘氏宗亲刘玄、刘縯等人在南阳起兵，与绿林农民起义军共抗王莽，争雄天下。在刘秀与王莽争夺天下的交锋中，发生在平顶山叶县境内的昆阳之战是具有决定性意义的一战，它从根本上打击了新莽政权，其后刘秀军队势如破竹，最后创立了东汉王朝，复汉成功。昆阳之战以弱胜强，确立了在中国战争史上的辉煌地位。昆阳之战以及以其为代表的那个时代独特的历史事实，深深地影响了平顶山的地域历史文化发展，至今在平顶山境域广泛流传着很多王莽追刘秀的故事并有许多文化遗迹，战争的痕迹甚至凝固在了历史地名中。

新莽地皇四年（23）初，绿林军各部乘王莽主力东攻赤眉、中原空虚之际，挥兵北上，势力迅速发展到十余万人。二月，汉室后裔刘玄称帝，恢复汉制，年号更始。更始政权的建立，标志着农民起义进入新的阶段，王莽在政治、军事各个方面日益趋于被动。更始政权建立后，即以主力北上围攻战略要地宛城（今河南南阳），并向颍川郡父城县一带（今平顶山地区）挺进。王凤、王常和刘秀等人统率部分兵力，迅速攻下昆阳（今河南叶县）、定陵（今河南舞阳北）、郾县（今漯河市南）等地，与围攻宛城的主力呈掎角之势，为下一步进攻洛阳、消灭王莽政权创造了有利的条件。王莽政权十分恐慌，决心消灭更始政权和起义军。

三月，王莽派遣大司空王邑和司徒王寻奔赴洛阳，在那里征发各郡精兵42万，号称百万，南进攻打更始军，企图以优势兵力与农民军进行决战。王莽军不知从哪儿物色了一个巨人，名叫巨毋霸，巨毋霸个子特别高，身子像牛那样粗大。他还驯养了一批老虎、豹、犀牛、大象，王莽封他为校尉，让他带着一批猛兽上阵助威。郦道元在其《水经注》中称其为“自秦、汉出师之盛，未尝有也”。

五月，王邑、王寻率军西出洛阳，南下颍川，在那里与严尤、陈茂两部会合并迫使先期进抵阳关（今河南禹州市西北）的更始军刘秀部撤回昆阳，尔后继续推进，迫近昆阳。当42万王莽军逼近昆阳之时，昆阳城中的更始军仅有八九千人。如何对付气势汹汹的强敌，更始农民军开始时意见并不统一。有的将领认为敌我兵力悬殊，不易取胜，因而主张避免决战，化整为零，先回根据地，再图后举。刘秀则反对这种消极做法，对大家说：“现在我们兵马和粮草都缺少，全靠大家同心协力打击敌人；如果大家散伙，昆阳一失守，汉军各部就会马上被消灭，那就什么都完了。”他主张集中兵力，坚守昆阳，掩护主力攻取宛城，然后伺机破敌。这时王邑的先头部队已逼近昆阳城北，王莽军队营盘百里，旌旗蔽日，其势骇人。在这紧急关头，诸将同意了刘秀的建议，决定由王凤、王常等率众坚守城邑，刘秀、李轶等突围求援。当天晚上，刘秀带着12个勇士，骑着快马，趁黑夜冲杀出昆阳城南门。王莽军没有防备，他们冲出了重围。

王邑、王寻等人统率新莽军蜂拥至昆阳城下，将其团团围困。这时严尤向王邑建议绕过昆阳，迅速赶往宛城，打击更始军主力，先解宛城之困，再攻取昆阳城。然而王邑等人自恃兵力强大，根本听不进这一合理建议，动用全部兵力，猛攻昆阳。并扬言："当先屠此城，蹀血而进，前歌后舞，顾不快耶！"（《资治通鉴·汉纪》）王邑军队挖地道，造云车，轮番向昆阳城发起进攻，企图强攻取胜。昆阳守城汉军退无可退，顽强防守，全民皆兵，合力抵抗，多次击退王邑军的进攻。严尤眼见昆阳城屡攻不下，己军日趋被动，遂再次向王邑建议网开一面，使城中守军逃出一部分，散布恐怖情绪，以动摇敌军军心，瓦解敌军士气。可是刚愎自用的王邑仍然不采纳。

刘秀等人抵定陵、郾县后，说服不愿出兵的诸营守将，于六月初一率领步骑万余人驰援昆阳。此时王邑军久战疲惫，锐气丧失殆尽。刘秀亲率千余援军步骑为前锋，在距王邑军两三千米处列成阵势，准备接战。王邑、王寻等人自恃兵力雄厚，骄妄轻敌，只派出数千人迎战。刘秀率众奋勇进攻，反复猛冲，当场斩杀王邑军数十人，取得了初战胜利，起义军士气大振。这时候，更始起义军主力已攻占宛城三日，但捷报还未传到昆阳。刘秀为了鼓舞全军士气，动摇敌人军心，制作了"宛下兵到"的战报，用箭射向昆阳城中，故意将箭支掉到莽军营地，王寻、王邑得到这个难辨真伪的消息，非常郁闷，军队更加恐慌。

汉军发起总攻。汉军诸将经过多次胜利，胆气更壮，人人以一当百。刘秀挑选三千敢死队，出敌不意地迂回到敌军的侧后，悄悄地渡过昆水（今辉河），向王邑大本营发起猛攻。王莽军队陷入被动，阵势大乱，主将王寻被杀。昆阳城内的守军乘势出击，内外夹攻，喊杀声震天动地，莽军兵败如山倒，奔逃百余里，路上互相践踏，遗尸遍野。这时恰遇狂风雷电，暴雨如注，房屋瓦片都被刮飞，滍水（今沙河）暴涨，王邑军队涉水逃跑时淹死者不计其数，只有王邑、严尤等少数人狼狈逃脱，窜入洛阳。汉军大败莽军，并缴获无数军需辎重。

昆阳大战以起义军歼灭王莽军主力

而结束。此战根本上打击了王莽军队，王莽政权风雨飘摇，不久土崩瓦解。后来宋代大文豪苏轼凭吊昆阳，发出了“嗟夫，昆战之战，屠百万于斯须，旷千古而一快”的感叹。苏洵亦作七言《昆阳城》感怀诗：“昆阳城外土非土，战骨多年化墙堵。当时寻邑驱市人，未必三军皆反虏。江河填满道流血，始信《武成》真不误。杀人应更多长平，薄赋宽征已无补。英雄争斗岂得已，盗贼纵横亦何数。御之失道谁使然，长使哀魂啼夜雨。”

## • 苏轼归葬郏县 •

北宋文学家苏轼（字子瞻）于1101年逝世于常州，遵照他的遗嘱，苏辙和苏轼的幼子苏过将其葬于郏县。公元1112年，苏辙在许昌去世，其子依嘱将他葬在苏轼身边。至元代，郏县县尹杨允认为苏轼兄弟都在这里，与父亲苏洵不能安葬在一处终究不完美，就主持在苏轼、苏辙两座坟墓之间为苏洵建造了衣冠冢，从此这里被称为“三苏坟”。苏轼、苏辙兄弟俩最终将郏县作为归葬之地令人费解。考察苏轼生平，苏轼生前曾被贬谪到汝州当团练副使，而且到过叶县，凭吊了昆阳之战古战场，撰写过《昆阳赋》。可以看出，苏东坡对当时的汝州还是有很深的直感认知的。

事实上，虽然苏轼被贬谪为汝州团练副使，但并没有来得及上任。公元1084年，苏轼在赴任汝州途中，向皇帝上一封《乞常州居住表》，称：赴任途中，家人患病，一个儿子夭亡，盘缠用光，且离汝州尚远，希望能让他在常州居住。后来，皇帝批准了他的请求。建中靖国元年（1101）大赦，苏轼复任朝奉郎，北归途中，卒于常州，谥号文忠，享年66岁。

古人讲求落叶归根，人死后大都会归葬故里，苏辙亦是这样。他在《卜居赋》里说：“念我先君，昔有遗言：父子相从，归安老泉。”但是他在病中写下遗嘱要葬嵩山下。在苏辙写的《亡兄子瞻端明墓志铭》中说：“公始病，以书属辙曰：‘即死，葬我嵩山下，子为我铭。’”苏辙遵其遗言，扶柩而行，辗转至郏县，发现小峨眉一带背靠嵩山、阳于汝水、通达京师、遥向家乡，就把苏轼安葬在这里。

从行政地理看，这里属汝州，邻近京畿之地。从交通地理看，小峨眉山位于许（昌）洛（阳）古道上，是通往京城的必经之地。实际上，苏轼对这一带还是比较熟悉和向往的。苏轼在《别子由三首（兼别迟）》中写道："先君昔爱洛城居，我今亦过嵩山麓。水南卜筑吾岂敢，试向伊川买修竹。又闻缑山好泉眼，傍市穿林泻冰玉。遥想茅轩照水开，两翁相对清如鹄。"表达了对这块土地的向往之情。也有学者认为，当时苏氏子孙多散居在郏城、汝南、颍昌、斜川等地，离现在的郏县较近。

今天，在郏县有东苏庄、西苏庄两个自然村，村中苏姓较多。在西苏庄苏铎娃家留存着三本家谱，据谱记载，郏县苏姓始祖是苏辙的九世孙苏勇，而苏铎娃是苏勇的十六世孙。苏勇世居郏县，守三苏坟，下传21代，其后裔主要分布在郏县、鲁山、宝丰、襄城等地。家谱还记载，苏轼、苏辙兄弟过世后，其子孙多在许昌居住，靖康之乱后四处流离。元末明初，一部分苏氏后裔又迁回许昌附近定居。

苏轼葬郏后，这里成为地方名胜，明清时期坟院栽植了很多柏树，有"苏坟柏树数不清"的说法。这些树如今都已经参天遮日，郁郁葱葱，且都枝头向西南倾斜，传说是为了遥望四川眉山故乡。清代郏县县令张笃行拜谒三苏坟，宿坟院斋房，夜深人静之时，听到门外雨声大作，开门观看，发现不但没有下雨，反而月明天清，遂写下文字"风声瑟瑟，雨声哗哗，风大不鼓衣，雨大而不湿襟"。人们发现这种现象经常发生，即谓之"苏坟夜雨"，并作为代表三苏坟的奇观列入郏县八大景之一。

三苏葬于此，天下皆沉吟。古往今来无数文人骚客、官吏百姓前往吊唁，留下许多诗词碑刻。随着三苏园景区的发展和三苏文化研究的深入，这里已经成为海内外华人追念三苏遗迹、传承三苏文化的重要场所。

## • 汝州大战 •

明朝末年爆发了一场轰轰烈烈的农民起义，陕西米脂人闯王李自成聚兵百万，横扫明军，建立了大顺农民政权。在同明王朝进行血战的过程中，有一场发生在汝州即今平顶山境域的大战是起义军军事斗争过程中的关键战役，即今天被称为汝州大战的大事件。《明史》有明确记载："孙传庭溃于汝州，而明遂不支。"汝州大战是起义军与明军鏖战中原时的主力决战，李自成运筹帷幄，诱敌深入，巧择战机，一举歼灭明军主力，为最后推翻明王朝统治奠定了坚实基础，堪称中国古代农民起义的经典战例。

今天的汝州市位于平顶山市西北部。大业初年，隋改原来的伊州为汝州，管辖今平顶山大部分境域，虽然后来多有变化，但唐宋以降基本上是汝州设置。由于其毗邻洛阳，是南北大通道宛洛古道的交通枢纽，在1476年被明王朝升为直隶州，等同府级，地位很高。

汝州大战的战场涉及平顶山广大地区，战争之激烈，规模之大，堪称明末农民起义的大战之最。

崇祯十五年（1642），李自成率农民军获朱仙镇大捷后，又攻取汝宁，攻占河南大部及湖广北部，拥兵号称百万。崇祯十六年农民军不战而下襄阳，五月，公推李自成为新顺王，改襄阳为襄京，建立农民革命政权。李自成在襄阳召开军事会议，采纳从事顾君恩等意见，决定先取汉中，再攻山西，最后攻取京师，推翻明王朝。

明廷为阻击农民军攻势，命陕西总督孙传庭为兵部尚书，调集陕西、河南、四川等7省明军10余万人分进河南。八月初六，明军出潼关，兵分三路，会攻汝州，企图一举歼灭农民军主力。李自成闻讯，于七月进兵河南。他认为孙传庭"九边精锐悉隶麾下，又据潼关之险"，若在潼关与之决战，将冒极大风险，决定采取诱敌远离关中、陷敌于孤立无援境地后聚而歼之的作战方针。于是他派兵一部赴阌乡（今河南灵宝西）诱明军主力至河南中部决战，自率主力屯于宝丰、襄城待机，并在襄城、郏县间修筑土城20余座，城门暗伏大炮，守城步兵各执长矛、弓矢和小炮，城前挖掘堑壕，骑兵则列阵城后作为机动。

八月初十，孙传庭在朝野催促下率师出潼关抵阌乡。农民军佯弱诈败，且战且退，先退至陕州（今三门峡市西北）、渑池，继经洛阳向郏县、襄城转移。孙传庭自以为得计，冒险轻进，于九月初八进抵汝州，适遇农民军都尉四天王李养纯叛变投降，供出农民军主力及后方屯驻地点。初十，明军集中全力进攻宝丰，数日不克。孙传庭恐误战机，亲督诸军破城，击杀农民军州牧陈可新等，旋又袭陷唐县（今唐河），尽屠农民军随从眷属。

起义军依托深沟高垒坚守襄城，避战不出，以消耗明军，寻找歼敌之机，同时以轻骑兵一部绕道敌后，袭取汝州西北之白沙，切断明军粮道，致使明军断粮。十四日，明军攻下郏县，获得骡羊200多匹（只），分食立尽。接着连下7天大雨，明军饥疲不堪。二十一日，因为断粮，明后军于汝州哗变。孙传庭为解决粮饷，分军为三，由白广恩、高杰、陈永福率领，分头行动。李自成乘明军移营之机，于二十三日发起反击，前锋骑兵组成3队，每队720人，向屯于郏县东南的明军轮番发起冲击。明将白广恩率所部8 000人逃往潼关，高杰部迎战农民军失利，损失三四千人。孙传庭仍不甘心失败，企图移师南阳筹粮，寻机再战，留总兵陈永福守城。孙传庭一走，陈永福部也急忙撤走。李自成亲率主力追杀，及至南阳，孙传庭会同攻占唐河的明军回军还战。双方展开激战，明军溃退，步兵四散奔逃，骑兵向北逃跑，农民军骑兵乘胜猛追，驰驱200千米追至孟津，明军“死亡四万余人，尽丧其军资器仗”。孙传庭仅率少数随从逃过黄河，回守潼关。明总兵陈永福兵败被俘，投降义军。

此战，左良玉、秦翼明惧于农民军的威势，按兵不动。孙传庭本欲固守潼关，在崇祯皇帝和关中官员的催逼下冒险东进，中了李自成诱敌出关之计，远离关中，后勤补给被切断，使明军作战能力大减。农民军以诱敌出关，然后聚而歼之的正确作战方针为指导，隐真示假，佯退诱敌；深沟高垒，坚守疲敌；暗出奇兵，断粮困敌；纵骑出击，大量歼敌。最终赢得了决定双方生死存亡的汝州之战的彻底胜利。此战还表明，农民起义军来自人民，深得民心，既可取给于民，同时因为指挥得当，还可取给于敌；明军则失去了民心士气，全赖官方后勤补给，一旦后勤补给线被切断，大军即不战而溃。

汝州大战后，明廷军队如秋风落叶，迅速溃败，李自成起义军十分顺利地挺进北京，最后崇祯皇帝上吊，明王朝灰飞烟灭。

# 中共中央中原局、中原军区机关驻扎宝丰

在中国现代革命史上，宝丰是解放战争时期的重要革命中心之一。自1948年4月16日中共中央中原局、中原军区机关驻扎此地以柳林村为中心的数个村庄，到1948年11月13日离开，时间长达6个月，在此期间，宝丰成为中原战场的指挥中心，堪称淮海战役的第一策划地。邓小平、刘伯承、陈毅等老一辈革命家在这里指挥了江汉、郑州等6场战役，办起了中原大学、豫西行政干部学校，召开了著名的宝丰会议，为淮海战役决战做了充分准备。

为什么中共中央中原局、中原军区机关会选择驻扎宝丰呢？

1947年，中国人民解放军由战略防御转入战略进攻，刘邓大军千里跃进大别山，建立大别山革命根据地，陈赓、谢富治兵团强渡黄河，挺进豫西，建立了豫西革命根据地，华东野战军陈毅、粟裕大军越过陇海线进军苏豫皖，建立鲁西南革命根据地，三路大军呈“品”字状，迅速解放了中原大部分地区，但仍然有开封、郑州等重要地区没有解放，并与国民党军队进行着激烈的争夺。1948年2月，刘邓大军转出大别山，挺进豫西。5月9日，中共中央和中央军委决定加强中原局，重建中原军区。中原局以邓小平为第一书记，陈毅为第二书记，邓子恢为第三书记，李雪峰为副书记。晋冀鲁豫野战军改称中原野战军，中原军区和中原野战军以刘伯承为司令员，陈毅为第一副司令员（仍兼华东野战军司令员和政委），李先念为第二副司令员。得中原者得天下，中原自古以来就是建立江山的枢纽之地，战略地位无可比拟。随着革命形势的发展，根据中共中央指示，中共中央中原局和中原军区机关决定进驻宝丰。选择驻扎宝丰，是因为宝丰已经于1947年解放，群众基础良好，人民政权能迅速建立并得到巩固，且因其位于中原腹地向南阳和湖北荆襄地区的交通要

旅以上干部会议旧址

道上，战略地位十分重要。

5月17日，中共中央中原局和中原军区机关移入宝丰县的杨岗和余官营等地。27日前后，中共中央中原局、中原军区司令部分别进驻赵官营和北张庄村。当时，太岳、太行和华北老解放区向豫陕鄂各战场输送兵员和物资都经宝丰中转，宝丰成为中原地区政治、军事和革命中心。1948年秋，中原革命形势发生了巨大变化，解放军消灭了国民党军队20万人，地方武装10余万人，摧毁了国民党在中原的防御体系，为在淮海地区组织战略决战创造了条件。10月22日，郑州战役告捷。陈毅、邓小平和刘伯承等领导人，先后赴淮海前线指挥作战，中共中央中原局和中原军区机关于11月13日全部移出宝丰。

中共中央中原局、中原军区机关进驻宝丰期间，在这里召开过三次重要会议。第一次是于1948年4～5月召开的以总结政治工作经验、巩固整党整军成绩为中心的旅以上干部政工会议，会议先在叶县岗马村开幕，后又到在宝丰杨岗、焦楼、柳林村召开，在柳林村举行闭幕式。邓小平政委曾于5月23日在焦楼村压凤寺向与会干部做关于政策问题报告。第二次是于1948年6月17～19日召开的团以上干部会议，地点在中原军区驻地北张庄村，邓小平、刘伯承、陈毅、邓子恢、张际春、李达等出席，1 000多名团以上干部参加会议。这次会议大大提高了中原地区干部的战略思想水平和政策水平。第三次是于1948年7月28日～8月7日召开的县团级以上军政干部会议，史称宝丰会议。这次会议传达了中共中央会议精神，陈毅、刘伯承做了报告。

中共中央中原局和中原军区机关在宝丰期间还制定了一系列政治经济措施，发布了一系列文告。例如：1948年6月6日，中共中央中原局制定了《贯彻执行中共中央关于土改和整党工作的指示》，简称“六六指示”；1948年9月9日，中共中央中原局发布了《关于发动群众贯彻减租减息政策的指示》，简称“九九指示”。

## • 中原大学在宝丰成立 •

中原大学是与抗日战争时期的抗日军政大学、解放战争时期的华北革命大学齐名的大学，是为国家培养了大批优秀革命干部和建设者的革命大学。这所大学设在宝丰柳林村，它在中共中央中原局和中原军区的直接领导下，面向解放区和国统区招生，虽然从开办到转出宝丰只有4个多月的时间，但它为革命和解放区建设培养了数千名急需人才，是中原解放区革命人才的摇篮，被誉为“革命熔炉，中华人民共和国成立津梁”，至今其脉尚存，而且已发展壮大。

中原大学是解放战争进入第三年，为适应革命形势发展在中原解放区创办的一所红色大学，目标就是为革命和建设培养急需人才。中原大学的老师主要是来自河南大学的一批进步教授，如嵇文甫、王毅斋、李俊甫、罗绳武、赵丽生和进步诗人苏金伞、《中国时报》总编刘国明等，学生也主要是来自开封的一批进步学生。1948年7月10日，中原大学筹备委员会成立，陈毅任主任委员，张际春、刘子久、张柏园、嵇文甫、王毅斋为副主任委员，中原军区政治部宣传部长陈斐琴主持校务。临时校部在宝丰城北3千米的大白庄村。8月1日，在中原军区驻地张庄村举行的建军纪念大会上，中原大学正式宣告成立。11月，学校有师生2 194名。校部于9月5日迁入宝丰县东街文庙内。

据当年的学员回忆，当时没有教室，杨树荫下、打谷场上就是课堂，一块石头或砖坯是坐凳，膝盖是课桌，发的几张白油光纸订起来就是笔记本，蓝色颜料用水泡开即墨水，农民家里让出的一间、半间房是宿舍，地上打通铺，垫些稻草就是床，吃的是“黑铁塔”或“黄金塔”（高粱粑或玉米粑窝头）外加小米粥。当时生活虽然艰苦，但学生们经受了锻炼，意志高昂。1948年11月29日～12月10日，中原大学搬迁到开封，后来又搬迁到武汉至今。60年来，中原大学经历了中南财经学院和中南政法学院、湖北大学、湖北财经专科学校、湖北财经学院、中南财经大学与中南政法学院，到现在的中南财经政法大学的数次变化。2008年，一群中南财经大学师生不忘其根，来宝丰寻找当年中原大学遗迹，感受当年轰轰烈烈的革命和学习气氛。在他们心中，中原大学在宝丰的开创时期永远是一段光辉的岁月。

中原大学旧址

# 名人扫描
## ——鹰城群星

在漫漫的历史长河中，寻访名人的踪迹，与先贤智圣进行心灵对话，更觉历史的悠久与厚重。

平顶山物华天宝、人杰地灵，自古以来名人辈出，灿若星河。他们或为政治家、思想家、军事家，或为科学家、医学家、文学家，都以其独特的名人风范，在历史上产生了重大的影响，在人们的精神世界中占据着难以替代的位置。除了生于斯长于斯的历史名人之外，还有历代先贤智圣、文人墨客到此为官或漫游于此地，如孔子、诸葛亮、李白、韩愈、颜真卿、苏东坡、黄庭坚、欧阳修、范仲淹等都到过此地。他们的历史文化活动记录了鹰城历史上不同时代的生活场景，或宏阔壮观，或委婉细腻，正因为有了他们的存在，灿烂历史才更显鲜活。

寻访历史文化名人的生活踪迹，我们会被他们的一个个生活细节感动。阅读历史，对话名人，我们会不由自主地以名人的人生坐标来检视自己的人生观、价值观、苦乐观、荣辱观，每次对话都是一次心灵的洗礼。名人文化为我们留下了十分宝贵的精神财富和文化遗产，是中华民族不竭的精神源泉。

# • 平民圣人墨翟 •

千百年来，在平顶山市鲁山县（古楚国鲁阳）流传着这样一首民谣："黑泥捏个墨子王，披头发，大脸膛，橡壳眼，高鼻梁，一身黑衣明晃晃，皂角大刀别身上，两只赤脚奔走忙，肩上挎个万宝囊。野鸡翎，长得花，天下污浊一扫光。"这首民谣中提到的"墨子王"就是战国时期的思想家墨子。

墨子名翟，生卒年月不详。司马迁《史记》中说他或与孔子同时，或在孔子之后，根据史学界的研究推测，他大概生活在春秋战国之交的公元前468年至公元前376年间。墨子是战国初期伟大的思想家、墨家学派的创始人，也是一位有卓越贡献的自然科学家。墨子留下的主要著述是《墨子》一书。据《汉书·艺文志》载，《墨子》有71篇，现存53篇。墨子创立的墨家学派，与孔子创立的儒学在当时并称显学，《韩非子·显学》开篇即有"世之显学，儒、墨也"。

墨子出生在鲁山县尧山镇西竹园村，即今天著名的尧山风景区。这一带也是尧帝后裔、夏代御龙氏刘累避居生息之所。墨子先祖墨如是夏禹的老师，因此，墨子从小就受到夏文化的熏陶。到了青年时代，墨子走出大山，多方学艺，与鲁班同为木匠中的高手。墨子天资聪慧，受大自然的启发，见天上鹰飞鸟翔，便突发奇想，利用气流托升的原理，制成了木鸢；看到满山的野果壳在雨水浸泡之后流出有色液体，就发明了坑布之法，引导山民坑染布料，使人们有了多彩的衣饰。至今鲁山一带还有坑布崖等遗迹。坑布技术一直沿用到20世纪50年代，随着现代工业的发展，坑染才为现代化工技术所代替。墨子还把自己对坑布技术的感悟上升到哲学思辩的高度，这就是《墨子》一书中的名篇《所染》。鲁山县熊背乡现存有黑隐寺、土掉沟、坑布崖、墨子城等古代遗址。据说这是墨子晚年隐居的地方，为了不被别人发现，墨子改姓黑，死后也葬在这里。

墨子生活的春秋战国时代，是一个列国争雄、战争频仍的时代，墨子深感百姓饱受战乱之苦，提出"非攻""兼爱"等政治主张。兼爱，包含平等与博爱的意思。墨子要求君臣、父子、兄弟都要在平等的基础上相互友爱，“爱人若爱其身”，其实质是“爱利百姓”。墨子主张“非攻”，即反对战争、倡导和平，《墨子·公输》和《尸子》《战国策》《吕氏春秋》《淮南子》等书记载的墨子“止楚伐宋”的故事正体现了他的这一思想。像“止楚伐宋”这样的事，墨子一生做过七次。墨子一生为社会安定而奔波，是伟大的和平使者。

墨子提出“尚同”“尚贤”的平民政治理论。“尚同”是要求百姓与天子皆上同于天志，上下一心，实行义政。“尚贤”则包括选举贤者为官吏、选举贤者为天子国君。墨子认为，国君必须选举国中贤者，而百姓理应在公共行政上对国君有所服从。墨子把尚贤看得很重，视之为政事之本。他特别反对君主用骨肉之亲，提出“官无常贵，民无终贱”的主张。墨子把孔子提出的举贤思想推向了一个新的高度，打破了儒家贵族阶级以“亲亲”为原则的血统论。墨子的选贤任能思想具有人民性与进步性，反映了他的人生理想：社会上下平等，国家统一，人民安居乐业，国王择贤而用，治理国家。他说：“故古者圣王之为政，列德而尚贤，虽在农与工肆之人，有能则举之，高予之爵，重予之禄，任之以事，断予之令。”这种主张不拘一格选拔人才特别是重视从劳动者中间选拔官吏甚至国家最高行政长官的思想，与孔子那种“学而优则仕”的主张相比，无疑更易受普通民众的欢迎，因而墨子也被尊为“平民圣人”。

墨子还提出了“节用”“节葬”“非乐”等主张，对当时统治者疯狂的掠夺战争和穷奢极欲的享乐生活进行尖锐批判，喊出了担负沉重租赋徭役的贫苦百姓的心声。战国时代，战争连绵不断，百姓生活在水深火热之中，出身于贫民家庭的墨子渴望掌握更多的知识，当他听说儒学大师孔子弟子三千、贤士七十余人时，墨子也开始离开家乡踏上了求学之途。他把学到的儒学知识与现实相对照，发现了儒学中一些脱离实际的说法。他认为要济世救人就得有符合社会发展、顺应历史潮流的新思想，于是结合早年学习夏礼的一些法则，写出了《非儒》《非乐》《节葬》《节用》等名篇，指出儒家思想的不足，宣传夏代节俭、薄葬的好处，受到了社会中下层百姓的欢迎，许多知名之士都投奔墨子门下，墨家学派开始形成。《淮南子·要略》称：“墨子学儒者之业，受孔

墨子止楚伐宋

子之术，以为其礼烦扰而不说，厚葬靡财而贫民，久服伤生而害事，故背周道而用夏政。”同时，墨子的节用、节葬、非乐等观念，也与他长期生活在“有夏之居”的楚国鲁阳、受到浓厚的夏文化影响有着一定的关系。墨子反对君主、贵族奢侈浪费的生活方式，尤其反对儒家看重的久丧厚葬之俗，认为君主、贵族都应像古代大禹一样，崇尚清廉俭朴的生活，墨子还要求墨者在这方面身体力行。墨子的这些主张，今天仍有其现实意义。

墨子著述中还有一部分涉及力学、光学、声学、数学、天文学等自然科学的理论，虽为语录式的只言片语，不成体系，但却与近代科学的发现有着惊人的吻合之处，具有很高的科学价值。比如，墨子是世界上最早发现小孔成像原理的人，他带有微分学思想萌芽的发现与古希腊自然哲学家有异曲同工之妙。因此，他被西方科学界称为“东方的德谟克利特”。

2016年8月16日1时40分，中国成功发射世界首颗量子科学实验卫星“墨子号”。当有人问及为什么命名“墨子号”时，量子科学实验卫星首席科学家、中国科学院院士潘建伟说：“卫星之名取自于中国科学家先贤，体现了我们的文化自信。”显然，这也是对墨子科学成就的极大肯定。

## • 叶公沈诸梁 •

据《左传》记载，叶公姓沈，名诸梁，字子高，其父沈尹戌是春秋五霸之一楚庄王的曾孙。叶公生活于春秋末年至战国初年，与孔子是同时代人。

“叶公好龙”这则出自刘向《新序》的寓言把叶公演绎成言行不一、华而不实的虚伪官吏，完全掩盖了叶公在历史上的真实面目。据《左传》《国语》等历史文献记载，叶公是春秋时为楚国筑城固边、开疆拓土、定国安邦的大功臣。荀子称：“叶公子高微小短瘠，行若将不胜其衣。然白公之乱也，令尹子西、司马子期皆死焉，叶公子高入据楚，诛白公，定楚国，如反手尔。仁义功名善于后世。”（《荀子·非相》）

历史不能因一则寓言就对一个功勋卓著、深受百姓爱戴的旷世能臣盖棺定论，学派偏见也不会成为遮眼迷障。早在北宋时期，曾任叶县尉的黄庭坚就在其《春祀分得叶公庙双凫观》一诗中对“叶公好龙”说提出质疑：“叶公在昔真龙去，王令何时白鹤归。糟魄相传漫青史，独怀千古对容徽。”清代大儒王士禛在拜谒叶公墓后，大发感慨：“萧条澧水暮烟封，古殿青苔上废钟。地下子高应一笑，世间谁解真好龙。”

## 筑陂治澧，励精图治勤政事

叶（今河南叶县南旧县镇）古为豫州地，周属应侯国，春秋初年属许国，自公元前678年楚文王伐郑“封畛于汝”以后，许国成为楚的盟国。楚文王称之为“方城之外”。《左传·昭公十八年》记载，楚平王五年（前524），王子胜劝说楚平王把弱小的许国迁到楚国腹地的析地（今河南淅川县），在原许国所在地叶邑设置地方机构，派驻行政长官，叶地正式划入楚国版图，成为楚国北出中原与诸侯争锋的前沿要地。

叶公沈诸梁到叶邑上任后，深感自己对叶邑的治理关系国家安危，责任重大。上任伊始，他便组织人力对叶邑的自然环境进行实地调查。他发现叶邑地形特殊，南高北低，是由浅山丘陵向平原过渡的地带。每到雨季，南山上的五龙口（五条水沟）如五条小龙般汹涌而下，跃过浅山丘陵，很快就把北面低矮的平地变为“泽国”。雨季过后，荒山丘陵雨过地干，又迅速变为旱地。北涝南旱，年年威胁着百姓生计。经过多方考察论证，叶公采取以“陂”治水的方案。“陂”，就是在农田集中的村庄修筑半圆形的深沟，形状如同城池的护城河。“陂”或防洪，或蓄水，它既能使平凹地方的房屋、农田免受水淹之害，又使丘陵地带雨季之后不受干涸之灾。叶公率领百姓在叶邑修了东西二陂，东陂用于拦洪，西陂用于蓄水，从此使叶邑百姓享受水利之益，再无涝旱之灾，数十万亩农田得到灌溉。这两项大型水利工程比战国初年魏国邺县令西门豹开凿的十二道引漳水渠早100年，比秦国修筑的郑国渠早300年。叶县东西二陂经过历代整修，到南北朝时还在发挥作用。郦道元《水经注·卷二十一·汝水》载：“醴水（即澧水）又东，迳叶公庙北，庙前有《沈子高诸梁碑》。……醴水又东，与叶西陂水会。县南有方城山，屈完所谓‘楚国方城以为城’者也。山有涌泉，北流，蓄之以为陂，陂塘方二里。陂水散流，又东，迳叶城南而东北，注醴水。醴水又东，注叶陂。陂，东西十里，南北七里。二陂，并诸梁之所堨也。”清同治重修《叶县志》“水利条”记载，叶县“方城山有涌泉东流，蓄之以为陂，方二里，即西陂也。陂水散流，经叶县东南而北入澧水；澧水又东注叶陂，即东陂也。东陂最大，东西十里、南北七里，引水以溉民田。二陂并叶公沈诸梁所作，今遗址尚存，名水城。”今天叶县旧县镇有两个以“水城”命名的村落。一个距旧县东北5千米，名北水城，一个在东南方向5千米，名南水城，与文献记载相符。

叶公尹叶期间，励精图治，逐渐把原本只是楚国方城之外军事据点的叶地开发成了物阜民丰的政治、经济、军事、文化重镇，引来诸侯及时人的艳羡。

## ■ 问政孔子，文化交流传佳话

叶公理政，事事公开，慎刑罚，薄赋税，被民众称颂。孔子觉得应将叶公树立为“仁政”榜样，他便来到叶邑。叶邑是楚国镇守北方的军事重镇，叶公是楚国重臣。孔子见叶公，是试图在楚国求进。孔子的到来，令对华夏文化素有倾慕的叶公大喜过望。为了更好地与孔子对话，他便向孔子的学生子路打探孔子本人的情况，子路一时不明就里，不便回答。孔子知道后，对子路说：“女奚不曰，其为人也，发愤忘食，乐以忘忧，不知老之将至云尔。”（《论语·述而》）叶公由此得知孔子积极向上的精神品格，便问孔子如何治理国家。孔子针对楚国“国土广大而都城狭小，老百姓有离心离德的想法”的国情，忠告叶公：“近者悦，远者来。”（《论语·子路》）意思是为政者首先要赢得民心，能让治下百姓都敬佩你，让远方的人都归附你，那就达到了很高的标准。孔子在叶邑期间，还和叶公讨论了如何使百姓孝慈和睦的问题，叶公对孔子说：“吾党有直躬者，其父攘羊，而子证之。”孔子曰：“吾党之直者异于是：父为子隐，子为父隐，直在其中矣。”孔子按照其一贯的仁与礼的标准做了阐发，尽管这与叶公本人的思想并不一致，但叶公意识到正在走下坡路的楚国政治急需孔子这样的异质思想文化刺激才能复兴，于是就把孔子推荐给楚昭王，但终因楚令尹子西从中作梗，此议遂辍。

## ■ 不计前嫌，忠心为国平叛乱

叶公在白公胜叛乱、楚国危亡的关键时刻，不计个人恩怨，起兵平叛，表现出非凡的军事才能。楚昭王在位的20余年，楚国因连年与吴国作战，导致国力衰微。公元前489年，楚昭王死于战事，惠王继位，子西为令尹当政。子西使人召王子胜回国，叶公认为王子胜反复无常，诈而不仁，华而不实，不宜重用。无奈子西一意孤行，召王子胜回楚，封白地，是为白公。

不出叶公所料，楚惠王六年（前483），羽翼渐丰的白公胜威逼令尹子西讨伐郑国，以报杀父之仇（白公胜之父楚平王太子建流亡郑国时被郑国诛杀）。因子西出兵迟疑而激怒了白公胜，楚惠王十年（前479）白公胜发动政变，七月，白公胜趁吴国伐楚之机，诈言捷报，带领部队进入郢都，杀死令尹子西和司马子期，囚禁楚惠王，自立为王。

子高在叶邑获悉白公胜叛乱，子西、子期被杀，说："吾怨其弃吾言，而德其治楚国。楚国之能平均以复先王之业者，夫子也。以小怨寘大德，吾不义也，将入杀之。"遂不顾年迈，果断调集方城之外军民，星夜兼程，南下平叛。《左传·哀公十六年》记载："叶公亦至，及北门，或遇之，曰：'君胡不胄？国人望君如望慈父母焉，盗贼之矢若伤君，是绝民望也，若之何不胄？'乃胄而进。又遇一人曰：'君胡胄？国人望君如望岁焉，日日以几，若见君面，是得艾也。民知不死，其亦夫有奋心，犹将旌君以徇于国，而又掩面以绝民望，不亦甚乎？'乃免胄而进。遇箴尹固，帅其属将与白公胜。子高曰：'微二子者，楚不国矣，弃德从贼，其可保乎？'乃从叶公。使与国人以攻白公。白公奔山而缢，其徒微之。"平叛取得胜利，叶公辅佐惠王复位。

## 居功至伟，国宁归叶让贤才

叶公平定白公胜之乱，身兼令尹、司马二职，充分发挥其治国安邦的才能，辅佐惠王使楚国重新踏上振兴之路。但他并不居功自傲，更不贪恋权位。他从保持楚国长治久安的角度出发，打破楚国任人唯亲的惯例，注重德才，积极遴选接替自己的令尹、司马人选，自己则还归叶邑，终老于叶，演绎了一段叶公让贤荐才的佳话。

《左传·哀公十六年》载："国宁，乃使宁为令尹，使宽为司马。"宁是被白公胜杀害的令尹子西的儿子。在选用令尹时，叶公极力劝阻惠王任用自己的亲

还原一个真实的叶公

弟弟子良，而改用德才兼备又战功卓著的公孙宁。《左传·哀公十七年》载：“王与叶公枚卜子良以为令尹，沈尹朱曰：‘吉，过于其志。’叶公曰：‘王子而相国，过将何为？’他日，改卜子国（即宁）而使为令尹。”叶公认为，虽然子良是惠王的亲弟弟，但功德平平，又过于其志（即有可能篡夺王位），若为令尹，于国不利。公孙宁贤达忠厚，且军功卓著，是令尹的合适人选。

宽是白公胜叛乱时惨遭杀害的司马子期之子，曾被封于鲁阳（今平顶山市鲁山县西），世称鲁阳公或鲁阳文子。他为人宽厚，且富有长远眼光。《国语·楚语》载：“惠王以梁（今平顶山市汝州西）与鲁阳文子，文子辞曰：‘梁险而在北境，惧子孙之有贰者也。夫事君无憾，憾则惧偪，偪则惧贰，夫盈而不偪、憾而不贰者，臣能自寿也，不知其他。纵臣而得全其首领以没，惧子孙之以梁之险，而乏臣之祀也。’王曰：‘子之仁，不忘子孙，施及楚国，敢不从子。’与之鲁阳。”意即作为封疆大吏，司马宽能保证自己勤于政事，忠于职守，但是担心后世子孙凭借封国之利反叛楚王，祸及自己一世英名。楚惠王觉得他说得有道理，于是就改封鲁阳。鲁阳为叶邑西邻，与叶一样，同为楚国门户，司马宽为鲁阳公之后，勤政爱民，为巩固楚国北方做出了重大贡献。

公孙宁、司马宽二人上任后，不负叶公厚望，很快为保卫楚国做出了巨大贡献。惠王十二年（前477）巴人伐楚，围鄾（今湖北襄阳旧城东北），宁率兵迎击，大破巴师。次年越人入侵，宽领兵追击越军直至冥（今浙江长兴县西南泗安镇）。此后二人合力辅佐楚王完成中兴，使楚国得立战国七雄之列。事实证明，叶公不恋高位，功成让贤，使楚国后继有人，表现出一位成熟政治家的高风亮节和战略眼光。东汉应劭在《风俗通义》中称颂叶公“忠于社稷，惠恤万民，方城之外，莫不欣戴”。

## • 运筹帷幄、决胜千里汉张良 •

张良，字子房，战国末期韩国城父邑人。城父邑治所位于今平顶山市宝丰县李庄乡古城村，汉改为父城县，属颍川郡。张良故里在父城故城东十里张店村，现属

张良像

郏县李口乡。张良原姓姬，出身于韩国贵族家庭。其祖父姬开地作过韩昭侯、宣惠王、襄哀王三朝的相国，父亲姬平作过韩釐王、悼惠王两朝的宰相。秦灭韩之后，张良已成为一名有为青年，此时，韩国宗庙已倒塌在滚滚尘埃中，张良的弟弟又死去。国破家亡之际，张良立志为韩报仇，以自己丰厚的家财为经费，寻求有本领的刺客，谋划刺杀秦始皇。他利用在淮阳习礼的机会，结识了东夷酋长沧海君，沧海君向他介绍了一位大力士，此人能舞动120斤重的大铁椎。公元前218年，秦始皇东巡，行至博浪沙（今河南原阳境内）时，事先埋伏这里的张良令大力士舞动铁椎掷向秦始皇乘舆，不料击中的却是副车。秦始皇大为震怒，下令全国搜捕刺客。张良改姬姓为张姓，逃亡到下邳（今江苏邳县南）躲藏起来。在下邳，张良有幸遇到圯上老人，老人授予张良奇书《太公兵法》，张良刻苦攻读，见识陡增。

公元前210年，秦始皇驾崩，秦二世继位，天下大乱。陈胜、吴广在大泽乡举义，张良在下邳拉起一支百余人的队伍。不久，刘邦略地下邳，张良率众加入刘邦军。张良多次以《太公兵法》参谋刘邦军计，刘邦很能理解其真知灼见，常采纳其计策。后来刘邦与项梁合势，推楚怀王孙心为共主。张良不失时机地请立韩公子成为韩王，自己得任韩司徒，与韩王成带着自己的千余人队伍西返韩地，谋复韩国，但力量毕竟有限，旋得旋失，只能游兵于韩国故地颍川一带。

公元前207年，刘邦受命向西击秦，至崤函古道受阻，从洛阳转而南出轘关（今登封北），进入颍川。张良引兵与刘邦会合，连攻十余城。刘邦令韩王成留守阳翟（今禹州市），与张良南下，在犨东（今鲁山张官营）大败秦南阳太守，一路挺进，西入武关。西进路上张良数献奇计，使得刘邦得以顺利攻下咸阳。刘邦初入秦宫，见重宝如山、妃嫔如云，眼花缭乱，沉迷不能自拔，意欲留居享用。张良劝

张良拾履

其审时度势，从长计议，还军霸上，等待项羽。项羽入关，设鸿门宴，其左右想乘机击杀刘邦。张良利用自己同项羽季父项伯的友情，智救刘邦脱险。次年，刘邦获封汉王，辖巴蜀。张良又通过项伯说情，从项羽手中为刘邦求得战略要地汉中。张良向刘邦献上“烧绝栈道，示无反顾之心，以麻痹项羽”之计后，辞别刘邦，东返韩地，欲辅佐韩王成恢复韩国。但项羽扣留韩王成，不使领国，后杀之于彭城（今徐州）。张良无奈，逃出项羽之手，西归汉王刘邦。此时，刘邦已北越秦岭，还定关中，见张良归来，喜出望外，当即就封张良为成信侯。因张良体质羸弱，为使其免冲锋陷阵之苦，刘邦令其侍从身边，参与机密，为策划之臣。彭城一战，汉军失利，张良建议刘邦与九江王黥布、齐王田荣结成统一战线，并放手使用韩信，令其独当一面略河北，定下破楚的战略。

公元前204年，郦食其建议刘邦速封六国以分散项羽权力。张良从战略层面着眼，向刘邦分析了立六国后的八个负面影响，及时遏制了重蹈分裂割据覆辙的苗头。刘邦灭项羽后，大封功臣，说：“运筹帷幄之中，决胜千里之外，子房功也。自择齐三万户。”张良谦虚地说：“始臣起下邳，与上会于留（今江苏沛县东南），此天以臣授陛下。陛下用臣计，幸而时中，臣愿封留足矣，不敢当三万户。”于是，刘邦封张良为留侯，享一万户。刘邦欲定都洛阳，其文臣武将多为山东人，非常支持。张良言于刘邦：“此（洛阳）非用武之国。关中左崤函，右陇蜀，沃野千里，南有巴蜀之饶，北有胡苑之利，阻三面而守，独以一面东制诸侯。诸侯安定，河、渭漕挽天下，西给京师；诸侯有变，顺流而下，足以委输，此所谓金城千里，天府之国。”遂说服刘邦西都关中，奠定了汉王朝长治久安的根本。

从失败将军到一代谋圣

天下平定后，张良以体弱多病为由，决心淡出权力角逐的是非漩涡，他说：“良家世相韩，及韩灭，不爱万金之资，为韩报雠强秦，天下震动。今以三寸舌为帝王师，封万户，位为列侯。此布衣之极，于良足矣。愿弃人间事，欲从赤松子游。”

张良的一生是依靠智力而建功立业的一生。他以善于谋略、巧出奇计而著称，名列“汉初三杰”之首，在历史上留下了不可磨灭的印迹。

# “大树将军”冯异

冯异，字公孙，颍川郡父城（今宝丰县李庄乡古城村）人，东汉开国功臣“云台二十八将”之一。冯异素好读书，精通《左氏春秋》《孙子兵法》。冯异早年为王莽效力。新莽地皇三年（22），刘縯、刘秀起兵，冯异以郡掾监五县，与父城长苗萌共守城池，抵抗刘秀。《后汉书·冯岑贾列传》记述，刘秀进军颍川郡（治今许昌），攻父城不下，屯兵巾车乡（今宝丰县东南）。冯异此时正好一人外出巡视所监护的属县，被绿林军捕获。冯异的堂兄冯孝和同乡丁綝、吕晏都在刘秀手下，他们共同推荐冯异，刘秀召见冯异，希望他留下。冯异对刘秀说：“异一夫之用，不足为强弱。有老母在城中，愿归据五城，以效功报德。”刘秀同意了冯异的请求。冯异回到父城，对苗萌说：“今诸将皆壮士屈起，多暴横，独有刘将军所到不虏掠。观其言语举止，非庸人也，可以归身。”苗萌说：“死生同命，敬从子计。”不久，刘秀率军南还宛地，更始帝刘玄先后派十几名将领来攻打父城，冯异坚守城邑，决不投降。等到刘秀升任司隶校尉，再过父城，冯异则大开城门，献上牛、酒，欢迎他的到来。刘秀任命冯异为主簿，苗萌为从事。冯异又推荐了一群同乡，如铫期、叔寿、段建、左隆等人，刘秀任命他们担任掾史等职，随他一起到了洛阳。后来这些人都在东汉建立过程中立下了功勋。

更始元年（23）六月，刘秀的兄长刘縯被更始帝杀死。十二月，王郎在河北聚义，刘秀率部北上。刘秀表面上饮食言笑一如平常，心里却非常难过，悲戚之情郁郁心中，独居时常常泪水涟涟，不思茶饭。冯异见此，就在一个寒风凛冽的夜晚，单独拜见了刘秀，呈送热腾腾的豆粥，劝他节哀，并乘机进言：“天下同苦王氏，思汉久矣。今更始诸将从横暴虐，所至虏掠，百姓失望，无所依载。今公专命方面，施行恩德。夫有桀纣之乱，乃见汤武之功；人久饥渴，是为充饱。宜急分遣官属，徇行郡县，理冤结，布惠泽。”刘秀听此言深为感动，采纳了他的建议。他们所到之处，平释囚徒，抚恤鳏寡，亡命投案者不咎既往。冯异还暗中察访二千石的长吏，查验他们是同心还是不愿归附，然后把名单上报给刘秀。不久，刘秀的部队过了滹沱河，到达信都（今河北衡水东）。冯异又被刘秀派去河间招募兵众，从此成为一名带兵将领。在平定王郎的战役中，冯异功勋卓著，刘秀任命冯异为偏将军，封应侯。

此时，更始部将李轶、朱鲔据守洛阳抵御刘秀南下，刘秀任命冯异为孟津将军，统率魏（今河北临漳西南）、河内（今武陟县西南）两郡大军屯驻黄河北岸，做进攻洛阳的准备。冯异利用李轶、朱鲔之间的矛盾，制造拉拢李轶的假象，达到分化敌人的目的。朱鲔果然中计，刺杀李轶。内讧使洛阳城内扰扰攘攘，不少人出城投降，守备实力大大削弱。朱鲔为了挽救危局主动出击。冯异胸有成竹地派校尉护军带兵去温县袭击朱鲔部将苏茂，又亲率主力渡过黄河与朱鲔决战，大败朱鲔军。捷报传到河北，将领们纷纷向刘秀祝贺，并劝他速登帝位。刘秀不能决断，下令召回冯异，询问四方情况。冯异说：“三王反畔，更始败亡，天下无主。宗庙之忧，在于大王。宜从众议，上为社稷，下为百姓。”刘秀说：“我昨夜梦乘赤龙上天，觉悟，心中动悸。”冯异下席再拜，说：“此天命发于精神。心中动悸，大王重慎之性也。”于是，冯异便与众将一起，推戴刘秀在鄗（今河北柏乡）即皇帝位，改元建武，是为汉世祖光武皇帝。

建武二年（26），光武帝封冯异为阳夏侯。冯异率军击败严终、赵根。光武帝下诏，命其回乡上冢，命太中大夫送去牛、酒，命二百里内太守、都尉以下的官员和他的宗族前往会祭，以示荣宠。

建武三年，赤眉军和延岑的部队活动于三辅地区，郡县的世家大族也拥兵生乱。大司徒邓禹无法平定，刘秀任命冯异为征西将军接替大司徒邓禹镇抚关中。冯异临行，光武帝亲自送他到河南，并赐他乘舆、七尺剑。冯异顿首受命，引军向西行进。此时，邓禹想借冯异的军威来挽回自己的面子，迟迟不愿班师回京。两位大将在战略、战术上又有分歧。冯异主张用政治攻势分化东归的赤眉诸部，邓禹却强令冯异合兵阻击，结果惨败。冯异弃马走回溪阪（在今渑池南）险道，仅与随从数人归营。但他败不气馁，收集散卒，寻求战机，最终大破赤眉于渑池崤底，转败为胜，受降卒18万，壮大了自己的力量。崤底一战显示出冯异超人的心理素质和军事智慧。击败赤眉主力以后，冯异用三年时间平定了关中大大小小数十个割据势力，完成了邓禹没有完成的战略任务。冯异在关中三年，关心民瘼，平反冤狱，发令施仁，威行关中，百姓安乐，远近怀德。于是，有人妒忌冯异，上书刘秀谗陷冯异专制关中。冯异急忙上书剖白心迹，请求交出兵权，回京师自陈。刘秀诏批："将军之于国家，义为君臣，恩犹父子。何嫌何疑，而有惧意？"

建武六年正月，冯异入京朝见，光武帝热情接见，并对在场的公卿们说："是我起兵时主簿也。为吾披荆棘，定关中。"接见之后，光武帝又派中黄门赐给冯异珍宝、衣服、钱帛等物，并历陈冯异之功德。此后，光武帝又数次召见冯异，设宴君臣共饮，商讨攻蜀之事。冯异在京城住了数日才回驻地。皇帝命冯异妻子儿女随行，以示不疑。当冯异去京师朝拜刘秀时，盘踞陇右的隗嚣趁机蠢蠢而动，守卫西线的诸将累为隗嚣所败，军情十分紧急。刘秀命冯异迅速进驻战略要地栒邑（今陕西旬邑）。可隗嚣的大将王元已率两万人马东下进取栒邑。冯异主张必须赶在敌人大军未到之前抢先占领栒邑，而诸将均因屡为隗嚣所败，胆寒畏惧。冯异力排众议，亲率人马，偃旗息鼓，以迅雷不及掩耳之势开进栒邑，关闭城门。王元的先头部队到达后，还不知道城池已被冯异占领，毫无戒备。冯异出其不意击鼓出城，打得王元军鼠窜逃难。冯异挥师追击数十里，全胜而归。栒邑一战，其收获远远超出了战场上的所得，不仅挫败了隗嚣东争关中的图谋，而且使盘踞在陇西的窦融更加靠拢汉军，割据蜀地的公孙述也愈加孤立。冯异一面如实地向刘秀报告战况，一面继续向西北进军。不久，冯异进占义渠（今甘肃庆阳）。领北地太守；击败卢芳、匈奴薁鞬日逐王，占领上郡（今陕西榆林东南）、安定（今宁夏固原），领安定太守。冯异开疆拓土，威震西北，建立了不朽功勋。

建武九年春，阳成侯祭遵卒于军中。皇帝命冯异守征虏将军，并统领其营中将士。隗嚣死后，其部将王元、周宗等人又扶立其子隗纯，率兵占据冀（在今甘谷县南），公孙述也派赵匡带人救助他们。光武帝又命冯异行天水太守事。冯异进击赵匡，相持一年，将其斩杀。汉军进攻冀，持久不下。有人提出要回军休兵，冯异不为所动，常常身先士卒，为诸军先锋。次年夏，冯异在进攻落门（在

失之东隅，收之桑榆

冀县西）之战中，病逝于军前。

冯异是东汉初年具有儒将风范的军事家和政治家。他不仅具有很高的军事政治素养，而且具有良好作风和优秀品质。他善于运用策略分化敌人，不战而屈人之兵。他的军队每到一地，能为百姓申理冤狱，关心人民疾苦。他能够收用大批降卒壮大自己的军队，从不妄杀一人。冯异为人谦退不伐，道遇诸将，往往驱车让路。他率部征战，进止皆有标识，成为汉军的楷模。每到一处，安营完毕，将领们总是坐在一起高谈阔论，冯异则常常独自避坐大树之下，不与其事，军中号曰“大树将军”。攻破王郎后，刘秀整编部队，对将领也重新做了调整，使之各有统属，军士皆言愿属“大树将军”。

## • 东汉政治家韩棱 •

韩棱，字伯师，颍川舞阳（今河南省舞钢市庙街乡大韩庄）人，东汉时期著名的政治家。韩棱家乡汉时属颍川郡，历史上产生过许多世家大族，韩氏是颍川众多世族中最为显赫的一家。韩氏在汉代的发展始于韩信（此韩信与同时期的淮阴侯韩信非一人，为区分两者，一般称此韩信为韩王信），是战国七雄之一的韩国贵族后裔。

韩棱的父亲是弓高侯颓当（西汉初韩王信之子）的裔孙韩寻，东汉光武帝刘秀时做过陇西太守，世居颍川，“为乡里著姓”。韩棱出生于光武帝建武十六年（40），四岁时父亲去世，韩棱孝敬母亲，抚养弟弟，年少时就以孝行闻名乡里，《后汉书·袁张韩周列传》称其“养母弟以孝友称”。年长后，韩棱将父亲遗留下的家产分给族内兄弟，乡人对他更加钦佩。后来，他被推举做了颍川郡的功曹。因为太守葛兴有病不能视事，韩棱便代为理政，两年间，政通令行，治下有方，深受乡里赞誉。

韩棱正色立朝

汉章帝时，“韩棱……除为下邳令，亲事未期，吏民爱慕”（《东观记》）。正因如此，以至于在韩棱活着的时候，就有当地百姓在峄阳山前为他建庙奠献。明正德《淮安府志》记载：“渊德公庙在治西六里，在武乡岠山社。庙在郡北岠山之阳，右挟武水，左跨沂流，大河横其前，黄石峙其后，诚胜概之地。”在去世之后的两千年里，韩棱一直作为当地名宦而受百姓祭拜。清咸丰《邳州志》记录了元朝焦景秋写的《渊德公庙碑》，碑文这样写道：“公（韩棱）涖之，俗美而政异，邳人追思，立庙在岠山之阳。”韩棱在世时，当地便流传“邑独不雹”的故事。大意是，当时淮南各地突降冰雹，砸坏了不少庄稼，唯独下邳没有受灾，当地百姓认为这是托了一代好官韩棱的福。还有一则传说更富有传奇色彩：韩棱平时不喝酒，因为生日时下邳人以酒拜奠，居然在千里之外的朝堂上醉酒。这些当然只是后人杜撰出来的故事，但是这些故事的背后，折射出了当地百姓对韩棱深厚的爱戴之情。

由于为官清廉、受民爱戴，历代皇家对韩棱也多予褒奖，对他的祠堂敕封修缮。唐贞元九年（793），韩棱庙“大构祠宇”已经有了一定的规模。皇家封韩棱为“渊德公”，并下诏立碑记其事迹。在韩棱去世之后的两千年里，当地一旦出现水旱灾害，官员百姓都到庙里祭拜，祈求风调雨顺，“凡邳境，值水旱灾厉，咸往祷而辄应”。

韩棱因为品格忠直、政绩卓著，被朝廷征辟，五次升迁到尚书令。东汉时政务均归尚书台，其主官尚书令直接对皇帝负责，总揽事权，地位十分显赫。韩棱与当时的仆射郅寿、尚书陈宠，都因为有才干而被称道。汉章帝曾对他们三个人赐以宝剑，并亲自起了名字：“韩棱楚龙渊，郅寿蜀汉文，陈宠济南椎成。”当时人们都评论说，因为韩棱渊深而有谋略，所以赐给他龙渊宝剑。直到20世纪50年代，“汉赐龙渊剑”匾额仍悬挂在舞钢市大韩庄韩氏祠堂的门上。韩氏祠堂悬挂的另一块匾额是“正色立朝”。韩棱做尚书令的时候，面对声势煊赫的朝中权贵，节操凛然，令人钦佩。尤其能表现他正气品格的就是与外戚窦家的斗争。

汉章帝去世后，汉和帝幼年即位，即位初年其养母窦太后临朝。窦太后的兄长窦宪开始把持朝政，对外宣布诏令，他的三个弟弟也都身居要职，此时的窦家权势熏天，做事无法无天。章和二年（88），窦宪因为担心被分权，派人刺杀了齐殇王刘石的儿子都乡侯刘畅，反而栽赃刘畅的弟弟利侯刘刚，“有司畏宪，咸委疑于畅兄弟”，并派遣御史会同青州刺史逮捕、审问刘刚。因为刘畅和刘刚都是汉光武帝兄长刘縯的曾孙，故此案一出，举朝哗然。虽然满朝大臣都知道凶手是窦家人，但畏于窦家威势，个个噤若寒蝉。在这样的情况下，韩棱率先站了出来，“上疏以为贼在京师，不宜舍近问远，恐为奸臣所笑。窦太后怒，以切责棱，棱固执其议”。后来查获刺客，案情大白，果然和韩棱说的一模一样。窦太后大怒，把窦宪禁闭内宫之中。窦宪自知恐难保全，于是请求出击匈奴，以赎死罪。这时韩棱再次上书不能放纵，窦太后不从，派窦宪出击匈奴。这次出征，窦宪大胜，几乎灭掉北匈奴。窦宪班师回朝后，更加骄纵跋扈，朝廷官员争相巴结、依附窦宪，韩棱却不肯俯就。“会帝西祠园陵，诏宪与车驾会长安。及宪至，尚书以下议欲拜之，伏称万岁。棱正色曰：‘夫上交不谄，下交不黩，礼无人臣称万岁之制。’议者皆惭而止。尚书左丞王龙私奏记上牛、酒于宪，棱举奏龙，论为城旦。”（《后汉书·袁张韩周列传》）后来，窦氏被铲除，韩棱“典案其事，深竟党与，数月不休沐”。我们现在常用的“固执”一词，就是出自这段历史。晚年的韩棱出任南阳太守，朝廷特许其回乡祭祖，家乡人都以拥有韩棱这位名臣而骄傲。南阳是东汉的龙兴之地，也是朝中许多贵族的故乡，向来因为“难治”而出名，但是韩棱在任南阳太守期间，执纪严明，施法公正，严厉揭露和打击奸盗，使得郡中的权贵十分害怕，社会风气获得极大好转。

永元十年（98）七月，韩棱因病去世，葬家乡老金山下。2 000年来，每逢清明，都有韩氏族人从五湖四海前来祭拜。而颍川韩氏也一直秉承着“刚直不阿、本色立朝”的家训，历朝历代多忠臣直臣、清官廉吏。历朝历代在此地做官及此地外出为官之人都以韩棱为楷模，来这里祭祀瞻仰。

2008年，由平顶山市政协、市委宣传部和市炎黄文化研究会联合评选的“鹰城十大历史名人”揭晓，韩棱名列其中。如今的韩棱墓也已入选河南省第七批文物保护单位。

（本文参考了吴又洛《正色立朝——东汉名臣韩棱》，《平顶山日报》2017年1月18日，特致谢意）

# • 食疗学鼻祖孟诜 •

孟诜像

孟诜（621—713），唐代汝州梁县新丰乡子平里（今汝州市陵头乡孟庄村）人，著名学者、医药学家，其著作《食疗本草》是世界上现存最早的食疗专著。该书集古代食疗之大成，开启现代营养学之先河，为中国和世界医学的发展做出了巨大的贡献。孟诜因此被誉为世界食疗学的鼻祖。

孟诜出身名门望族，是中国著名思想家孟轲的第31世孙，其祖上是汉代从山东安丘迁到河南的。其父孟曜，获进士第，任学官。孟诜年少聪明，博闻多识，参加科举考试考中进士后，任长乐县尉，因政绩突出不断升迁。显庆二年（657）任河南府司马。后来孟诜调长安任职，武则天垂拱初（685），升至凤阁舍人。武则天时称中书省为凤阁，凤阁舍人为中书省官员，是皇帝近臣，掌管进奏、参议表章、起草诏书、慰劳有功将帅、察天下冤狱等事，是有一定文学功底的人才能胜任的职位，可见孟诜在文学方面也是有一定造诣的。

时任凤阁侍郎的刘祎之十分器重孟诜。一次刘祎之患病，孟诜前去看望。中午刘祎之留孟诜吃饭，特意用皇帝赐的金碗盛乳酪招待。见多识广的孟诜看到金碗非常吃惊："这碗是用药金做的，不是石头中冶炼出的自然金。"刘祎之说："这是皇上赐物，不会是假金吧？"孟诜说："药金是用仙方配制出来的，不是假金。"刘祎之说："你怎么知道？"孟诜说："你用火烧它，能出现五色气。"刘祎之让人用火烧之，果然有五色气。刘祎之明白真金是不怕火烧的，对孟诜的见识更加佩服。其实孟诜吃惊是因为药金是有毒的，用药金做的碗不适合给人用。武则天后来知道这件事，心里很不高兴，就以孟诜闲暇时常搞旁门异术为由降他为台州（今浙江台州市）司马。但不久后孟诜又调到长安任春官侍郎，负责礼部事务。太子李旦仰慕孟诜的才学，召他为侍读。武则天长安年间（701—704），孟诜调任同州（今陕西省大荔县）刺史，加银青光禄大夫。孟诜为官清正廉洁，勤于公务，深得百姓信任。任同州刺史期间，政治清明，百姓安居乐业，人们亲切地称他为“孟同州”。其间，他还把前人的医学专著食补部分的药方抽出，并把自己多年收集的方子归类，编著了《补养方》三卷，被同州人传抄使用。

神龙初（705），年已84岁的孟诜告老还乡，中宗批准了他的请求。孟诜归汝州家乡伊阳之山，日以药饵为事。景云元年（710），唐睿宗李旦即位后，下诏让孟诜进京，欲加以重用。孟诜以年事已高为由上书坚辞不就。景云二年，李旦下诏赐孟诜锦帛一百缎，又诏令有关部门每年春秋两季为孟诜提供羊酒糜粥。

开元元年（713），河南尹毕构专程看望了孟诜，认为他有古代圣人的风度，下令将其居所改名为子平里。毕构的做法足见其对孟诜的敬重。是年，孟诜逝世，享年93岁。

孟诜少好医药及炼丹术，曾师事“药王”孙思邈学习阴阳、推卜、医药，曾得孙思邈的真传。孟诜以食疗学大家扬名后世，著名的《食疗本草》系唐开元间道士张鼎在孟诜所撰《补养方》基础上补订而成，因它以饮食治病为主，遂改此名。

《食疗本草》是中国第一部食疗学专著。孟诜原书收载本草138种，张氏补入89种，合为227种，记载了许多唐初本草书中未载的食用药物。此书内容丰富，大多切合实际，是中国唐代较为全面的食治专著。书中按物类为序排列，并分析食性、论述功用、记载禁忌、鉴别异同、附载单方。所列食治药物，多系人们常用的食物、酱菜、果品、肉类等，反映了以食养脏的思想。孟氏虽师从孙思邈，但其著述有其自己的独到见解。在孟诜的食疗品中，日常生活中的鸡、鸭、鱼、肉、水果、蔬菜无所不包。书中对多种食品的疗效做了较为详细的论述，例如：“黄雌鸡……补丈夫阳气，治冷气。瘦着床者，渐渐食之良。……光粉诸石为末，和饭与鸡食之，后取鸡食之，甚补益。……人毒热发，可取三颗鸡子白（蛋清），和蜜一合，服之瘥。”“（鹅）卵：温。补五脏，亦补中益气。多发痼疾。”“野鸭：寒。主补中益气，消食。九月以后即中食，全胜家者。虽寒不动气，消十二种虫，平胃气，调中轻身。”

《食疗本草》成书之后流传了400多年，最早引用该书的是陈藏在开元二十七年（739）所著的《本草拾遗》，其后还见于日本的《医心方》、北宋的《嘉祐本草》、南宋的《重修政和经史证类备用本草》（简称《证类本草》）。《食疗本草》全书三卷，原书今已无存，因此书中所列药物条目说法不一。1924年敦煌发现《食疗本草》残卷，前残后缺，后书题名。王国维、唐兰等将其与《证类本草》对校，确认为孟诜、张鼎所撰《食疗本草》，这部珍贵的著作才又展现在了世人的面前。

《食疗本草》一本载药241种，一本载药260种。1984年，人民卫生出版社出版了谢海洲、马继兴等根据敦煌残卷及《医心方》《证类本草》编写的辑校本，收录了260种药物。

随着人们物质文化的丰富，饮食文化越来越受到人们的重视，孟诜及其《食疗本草》的意义和价值愈加显现出来。历代《汝州志》均把他记入《乡贤篇》中，汝州文庙的乡贤祠中也敬有他的牌位。汝州人还把他的头像刻在石碑上，立在风穴寺纪念他。2005年，国家邮政局发行了《唐代医药学家——孟诜》邮资明信片一套。中华医学集邮研究会河南地区第二届联谊会同时在汝州市举行，还举办了“2005年汝州市首届‘孟诜杯’食疗与健康学术研讨会”。食疗鼻祖孟诜是平顶山人民引以自豪的人物，《食疗本草》是他留给全世界人民的文化遗产。

## • 唐代诗人刘希夷 •

刘希夷（651—约679），一名庭芝，字延之，汝州（今河南汝州市）人。刘希夷三岁丧父，寄身外祖父家。外祖父很疼爱他，让他跟他的舅舅宋之问一起读书学习。在这段共同学习的时间里，甥舅之间的关系相当融洽，虽然两个人之间有着辈分差异，但年龄相近，兴趣和爱好相同。他们都喜欢写诗，而且都很有功底，各有所长。刘希夷好游山寺与僧侣交友，他聪慧天成，勤奋攻读，高宗上元二年

（675），刘希夷25岁时，与宋之问、沈佺期同登进士，但不曾为官。

新旧唐书俱未给刘希夷立传，我们只能从元朝辛文房撰写的《唐才子传》里的描写中想象他的形象和神态。《唐才子传》记载："上元二年郑益榜进士，时年二十五，射策有文名。苦篇咏，特善闺帷之作，词情哀怨，多依古调，体势与时不合，遂不为所重。希夷美姿容，好谈笑，善弹琵琶，饮酒至数斗不醉，落魄不拘常检。"寥寥数行文字，就把一个形神兼备的刘希夷形象呈现在我们眼前。

长大后，刘希夷游三峡，咏巫山，履江南，开阔了他的胸襟与视野，铸就了他的诗风和人格。刘希夷擅长写军旅和闺情两种题材，闺情诗尤其是他的专长。但他从不喜欢用宫体诗那种艳情华丽的词藻，而是喜欢采用魏晋古乐府的形式，因此，在体例结构和语气情调两方面都不与时同，得不到同时代文坛读者的重视。这是导致刘希夷落魄的外部原因。但落魄的刘希夷并没有怨天尤人，而是以一种平常的心态面对这种遭遇。他不以为意，照样喝酒，照样弹琵琶，照样写诗，不失大丈夫的胸怀。开元年间（713—741），孙昱撰《正声集》收其诗较多，其声价渐高。代表作有《从军行》《采桑》《春日行歌》《春女行》《捣衣篇》《代悲白头翁》《洛川怀古》等。集十卷，原有诗集已佚，今存诗一卷（《全唐诗》上卷第八十二）、35首。

刘希夷的代表作七言歌行《代悲白头翁》虽然还未脱尽六朝铅华，但比《长安古意》更为自然流畅。如："洛阳城东桃李花，飞来飞去落谁家。……今年花落颜色改，明年花开复谁在？……古人无复洛城东，今人还对落花风。年年岁岁花相似，岁岁年年人不同。"这首诗充满了悲叹韶华易逝的感伤情调，艺术性很高。其用词与意境与《红楼梦》中甄士隐对跛足道人的《好了歌》的解注之词"陋室空堂，当年笏满床。衰草枯杨，曾为歌舞场"以及黛玉的《葬花词》"明媚鲜妍能几时，一朝飘泊难寻觅""试看春残花渐落，便是红颜老死时"的用词与意境相仿，且辞气不弱于后者，年代上则早了千年，由此足见刘希夷洞察世事之深、文学造诣之高。所谓曲高和寡，尺泽之鲵难量江海之大，刘希夷初不为人重亦难怪也。

刘希夷之死，有以下三种版本：

第一种版本：风流致死。刘希夷云游四方后赴洛阳栖舅家，因其风流倜傥，不修细行，与其大舅之妻两相爱慕，关系暧昧，为宋之问所忌。仪凤三年（678），刘希夷从洛阳回汝州，在庙下村被其二舅宋之逊邀往一卢姓人家饮酒，大醉后，宋之逊差人用土囊将其压死。

第二种版本：因诗致死。这种版本流传甚多。相传其“年年岁岁花相似，岁岁年年人不同”诗句，为宋之问所欣赏并欲占为己有，刘希夷不允，宋之问竟遣人用土囊将其压死。《唐才子传》载：“希夷尝作《白头吟》（《代悲白头翁》），一联云：‘今年花落颜色改，明年花开复谁在？’既而叹曰：‘此语谶也。石崇谓白首同所归，复何以异。’乃除之。又吟曰：‘年年岁岁花相似，岁岁年年人不归。’复叹曰：‘死生有命，岂由此虚言乎！’遂并存之。舅宋之问苦爱后一联，知其未传于人，恳求之，许而竟不与。之问怒其诳己，使奴以土囊压杀于别舍，时未及三十。人悉怜之。”

第三种版本：前两种版本的融合。宋之问为夺其“年年岁岁花相似，岁岁年年人不同”佳句，设谋让其妻以色相勾引，借故除之。

桃花诗

刘希夷出生于河南汝州，猝死于汝州，葬于汝州风穴寺南。其悲壮的“诗谶”传说，让文人墨客唏嘘不已。

刘希夷生命虽短，但影响深远。“孙昱撰《正声集》，以希夷为集中之最，由是稍为时人所称”（《大唐新语·卷八》）；闻一多曾给予刘希夷以极高的评价，认为其诗之境界如宁静爽朗的黄昏；李泽厚《美的历程》中引用闻一多的话说，初唐诗歌由宫廷走向生活，从六朝宫女的靡靡之音变而为青春少年的歌唱，而“代表这种清新歌唱，成为初唐最高典型的正是刘希夷和张若虚”；国学大师游国恩等主编的《中国文学史》这样评价：继卢骆之后，刘希夷和张若虚进一步发展了七言歌行。

如今，河南汝州成立了刘希夷文化艺术院，主要研究开发刘希夷诗词文化，组织国内外各种学术活动，为书画名家提供平台，组织全国性书画艺术培训、创作、比赛、展览、评审，开发管理刘希夷碑林，评审编印诗画新作。

# • 文武兼备的唐代文学家元结 •

元结（719—772），字次山，号漫郎、聱叟等，唐代文学家。

元结出生于河南鲁山县商余山（今河南鲁山），鲜卑族后裔，本姓拓跋，祖上曾为王公。《新唐书》记载："元结，后魏常山王遵十五代孙。曾祖仁基，字惟固，从太宗征辽东，以功赐宜君田二十顷，辽口并马牝牡各五十，拜宁塞令，袭常山公。"其祖父元亨，为霍王参军事，家世渐衰，曾言："我承王公余烈，鹰犬声乐是习，吾当以儒学易之。"说明到其祖父一代仍沿袭祖上骑马射猎的传统。元结父亲元延祖，因商余山多灵药遂安家于此，四十不仕，曰："人生衣食，可适饥饱，不宜复有所须。每灌畦掇薪，以为'有生之役，过此吾不思也'。"但到安史之乱爆发后，他告诫元结："而曹逢世多故，不得自安山林，勉树名节，无近羞辱。"言外之意就是要元结在乱世之时积极入世，以己力保卫国家与人民。在这样的家庭传统影响下，元结一直在积极地寻找入仕之路。公元747年，元结29岁，应试长安，宰相李林甫"以草野之士猥多，恐泄漏当时之机……已而布衣之士无有第者，遂表贺人主，以为野无遗贤"（元结《喻友》）。公元753年，元结由礼部侍郎杨浚举为进士，时35岁。

元结步入仕途时，安史之乱爆发已经有四年时间，史思明的势力日益壮大，先是自称燕王于魏州，继而攻陷洛阳。在此危急时刻，唐肃宗问天下士，元结得到虚怀召问，并献《时议》三篇，唐肃宗龙颜大悦，授命元结于唐、邓、汝、蔡等州，招缉义军抵御史思明的叛军。元结历任右金吾兵曹参军摄监察御史、水部员外郎兼殿中侍御史、节度判官等职。762年代宗即位，他辞官迁家至武昌樊水郎亭山，次年出任道州刺史，经西戎祸乱。768年年初，调赴容州，授容州刺史中丞，充本管经略守捉使，使持节都督容州军事。此时，西夷乘安史之乱朝廷无力西顾之机，侵占了容州（包括今永州）大部分地区。元结为镇抚边陲，单车入夷庭，亲自抚谕，避免了战伐与牺牲，不费一兵一卒，仅六旬就收复被夷人攻占的八州，整个朝野为之赞叹。朝廷加官御史中丞，兼容州刺史，赐紫金鱼袋，但适逢母亲病逝，作《再让容州表》，乞求朝廷收回官诰，许终丧制，敕命未到，而丁母忧。772年，54岁病卒。

元结是唐代著名的文学家，一生诗文创作颇多。颜真卿《元君表墓碑铭》据元结《自释》，称其曾著《元子》十卷、《猗玗子》三篇、《浪说》七篇、《漫记》七篇；李商隐《容州经略使元结文集后序》称“次山有《文编》，有《诗集》，有《元子》三书，皆自为之序”，之后，其外曾孙还编有《元文后编》；以上著录今皆不存。今存《次山集》“盖后人摭拾散佚而编之”（《四库全书总目提要》），今人孙望据明正德十二年刻本《唐元次山文集》，校订为《元次山集》十卷，前三卷为诗，后七卷为文。元结另有《箧中集》一卷，收录沈千运、王季友等七人24首诗。

元结现存诗文中有一些集中表现他对君主应如何正身、如何治国的看法，如《二风诗》《二风诗论》《皇谟三篇》《说楚赋三篇》《时议三篇》，从中可以看出他明确的王道思想。他在《二风诗》中归纳了治世之王的五种特征：仁，能全仁明以封天下；慈，能保静顺以涵万物；劳，能执劳俭以大功业；正，能慎恭和以安天下；理，能守清一以致无刑。“保静顺涵万物”“守清一致无刑”是元结理想

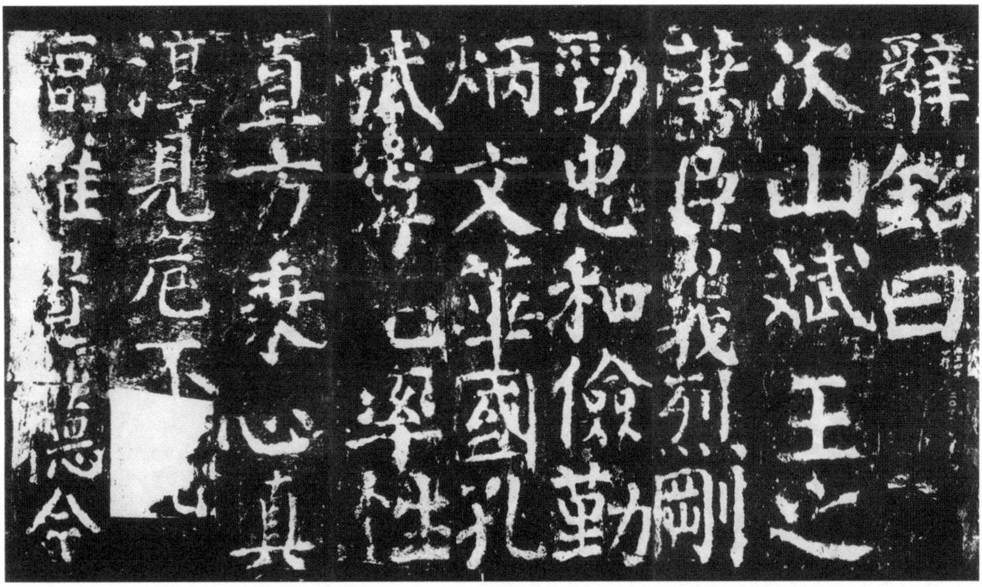

（唐）颜真卿楷书元次山碑（颜真卿为元结作《唐故容州都督兼御史中丞本管经略使元君表墓碑铭并序》并书丹，碑文中称元结“义烈刚劲，忠和俭勤”“率性直方，秉心真淳，见危不挠”。石碑现存于鲁山县。）

中的大同社会的写照，对于如何能达到这样的治世，元结提出了自己的政治准则。在他的《皇谟三篇》里，元结假言于一位“生自山野，顺时而老，心如草木，身若鸟兽”却“知圣人之道”的“古者纯公”力陈为君之道：“夫王者，其道德在清纯玄粹，惠和溶油，不可恩会汤炉，衰伤元休；其风教在仁慈谕劝，礼信道达，不可沿以浇浮，溺之淫末……其赋役在简薄均当，使各胜供，不可横酷繁聚，损人伤农；其刑法在大小必当，理察平审，不可烦苛暴急，杀戮过甚；其兵甲在防制戎夷，镇服暴变，不可怙恃威武，穷黩争战。”

与劝行王道相比，元结更加看重君子修身，他以“为人守分”的准则要求自己，当现实与这个准则发生冲突时，他便转向追慕一种理想社会和人生境界，因而又能够看到他寄情山水、漫然自适的隐逸情怀。元结以“漫”自居，也以“漫”自我标榜。在元结这里“漫”的基本意义是适性逍遥、卓然不羁，即他所说“荒浪其情性，诞漫其所为”（《自释》）。元结以“漫”来彰显自己的个性，并将“漫”作为个人自觉的精神追求，始终坚守着独立的人格。由此看出，元结一生既积极有为，又淡泊名利，其精神内核始终存在着儒道相济、仕隐交织的矛盾思想。

在诗文创作上，元结受儒家传统诗教观的影响，特别强调诗歌的功利性，主张发挥诗歌以诗观风、言志讽谏的社会功用，强调诗歌应具有关注民生社稷的现实内容，反映民生疾苦。元结强调诗要“极帝王理乱之道，系古人规讽之流”（《二风诗论》）；能济世劝俗，补阙拾遗，“上感于上，下化于下”（《系乐府十二首并序》）。他反对当时诗坛“拘限声病，喜尚形似”（《箧中集序》）的不良风气，开新乐府运动之先声。他的诗歌具有强烈的现实性，触及天宝中期日益尖锐的社会矛盾。如《舂陵行》《贼退示官吏》，揭露了人民的饥寒交迫和皇家的征敛无度。《闵荒诗》《系乐府十二首》等也是或规讽时政，或揭露时弊。《贫妇词》借“贫妇”之口表现了当时底层劳动人民的痛苦生活：“所怜抱中儿，不如山下麑。空念庭前地，化为人吏蹊。”《去乡悲》写了古塞关前“羸弱相提将”的“孤老”离开故土时怨声载道的场面，这是诗人基于开元天宝年间，唐王朝所挑起多次非正义的边塞战争而言的。诗人对统治阶级提出了“仁惠诚所望”的企盼。《农臣怨》在表现劳动人民生活时，不像前面两首诗从“贫妇”“孤老”的角度写，而是从“农臣”这样一个原本为统治阶级服务的底层小吏的角度来写。“农臣”所怨的是“不识天地心，徒然怨风雨。将论草木患，欲说昆虫苦”，然而想要将下情上达却“巡回宫阙傍，其意无由吐”，只能“一朝哭都市，泪尽归田亩”，可见当时农业生产所遇到的困境对劳动人民生活所造成的困苦。其诗歌中还有一些呈现浓重的退隐思想。他通过描绘山水田园的幽美景色及惬意的归隐生活吸引友人。在《酬裴云客》中，他说退隐生活是“甚醉或漫歌，甚闲亦漫吟”。同时他还将退隐生活与现实生活进行强烈对比，来劝解友人。常吾直时任摄官，元结在《喻常吾直》中开篇就写了当时的社会生活现状：“山泽多饥人，闾里多坏屋，战争且未息，征敛何时足？”又写了官场的现状：“不能救人患，不合食天粟。何况假一官，而苟求其禄！近年更长吏，数月未为速。来者罢而官，岂得不为辱！”劝常吾直：“欢为辞府主，从我游退谷。谷中有寒泉，为尔洗尘服。”

在诗歌形式上，元结摒弃近体诗，除少数四言、骚体与七古、七绝外，主要是五言古风，质朴淳厚，笔力遒劲，颇具特色。

元结的散文，不同流俗，特别是其杂文体散文，值得重视。如《寱论》《丐论》《处规》《出规》《恶圆》《恶曲》《时化》《世化》《自述》《订古》《七不如》等篇，或直抒胸臆，或托物刺讥，都出于愤世嫉俗，忧道悯人，具有揭露人间伪诈，鞭挞黑暗现实的功能。其文章大抵短小精悍，笔锋犀利，绘形图像，逼真生动，发人深省。

元结的作品虽然不多，但内容和形式都富于创新，超凡拔俗，影响深远。韩愈在《送孟东野序》中说：“唐之有天下，陈子昂、苏源明、元结、李白、杜甫、李观，皆以其所能鸣。”在唐代古文运动中，元结是韩、柳之前在古文创作上成就最高、在文体改革上创获最大的一个人。元结去世后，其好友颜真卿称他“其心古，其行古，其言古”，为“今之古人”（《元君表墓志铭》），这是颜真卿就元结身上所体现出浓厚复古倾向而言的。元结墓位于现今河南平顶山市鲁山县，墓亭的对联很是奇特，上联为“金鼓金鼓金金鼓”，下联为“鼓金鼓金鼓鼓金”。虽然现已无法考证此联系何时何人所作，但是其中的旨意却十分明了，一方面表明了元结金戈铁马的军事生涯，另一方面借用“金鼓”与“今古”的谐音而指出元结的复古思想特点。

（本文参考了陈雷硕士学位论文《元结的诗学思想及其诗歌创作》及李静硕士学位论文《元结及其诗歌研究》，特致谢意）

## • 唐代名将马燧 •

马燧（726—795），字洵美，汝州郏城（今河南郏县）人，祖籍右扶风，即今天的陕西兴平。其先祖是赵国名将马服君赵奢，部分后人以先祖封号为姓，改姓马。扶风马氏以出将才而著称，东汉时代的伏波将军马援、东汉末年的大将马超系出此门。《新唐书》载：“燧姿度魁杰，长六尺二寸。与诸兄学，辍策叹曰：‘方天下有事，丈夫当以功济四海，渠老一儒哉？’更学兵书战策，沉勇多算。”可见马燧少年时就有报国之志。

天宝十四载（755），安史之乱爆发。安禄山集十五万大军于幽州起事，留贾循等守范阳（安禄山在叛乱前为范阳节度使），自己率兵南下攻占洛阳。此时，马燧已弃学从戎，就在安禄山部下贾循的队伍里，当他得知贾循是被安禄山逼迫而反时，就冒险潜入范阳，对贾循说：“禄山首乱，今虽举洛阳，犹将诛覆。公盍斩向润客、牛廷玠！倾其本根，使西不得入关、退亡所据，则坐受擒矣，此不世之功也。”贾循虽为之所动，但犹豫不决，事未举而外泄，被安禄山派人诱杀。马燧闻风而逃，先跑到山西，后又潜逃到魏州。

安史之乱是唐朝历史的转折点，此后内忧外患，战争不断。马燧生逢乱世，忠君报国，征战沙场，在平定军阀叛乱中立下了赫赫战功，成为唐德宗时和李晟、浑瑊齐名的三大名将之一。纵观马燧戎马一生，陕西师范大学于赓哲教授认为他立下了三大奇功。

第一大功是大败李灵曜，收复汴州。李灵曜于大历十一年（776）在守地汴州谋反。汴州即今天的河南开封，为交通要道，战略位置十分重要，所以刚一接到消息，皇帝就立即派马燧和淮西节度使李忠臣前去讨伐。李灵曜搬来救兵安禄山旧部田承嗣增援。原本田承嗣就看中了汴州优越的战略位置，对此觊觎良久，得到这个机会自然不肯放过。于是他派遣侄子田悦率数万大军前来救援。李忠臣眼看援军来到，吓得魂飞魄散，准备火烧驻地向西撤退。马燧制止了他，决定带兵前往，与敌军决一死战。他首先击败了田悦的援军，后又进攻汴州，直逼李灵曜的守地。当时，李灵曜手下有号称“饿狼军”八千精锐，但与马燧交战，却被打得落花流水，四处溃逃。田承嗣不甘心，遂让田悦再带几万精兵，大张旗鼓而来。马燧只带四千精兵又大败田悦部队。田悦逃走后，李灵曜眼见汴州再无指望，便弃城而逃。

第二大功是遏制田悦，驰援昭义。昭义，又称泽潞，是唐朝在今山西、河北一带设置的方镇，时为叛军占据。田承嗣占据魏、博、相、卫、洺、贝、澶七州，拥兵五万，朝廷难以调动，藩镇割据日渐严重。田承嗣死后，田悦接替其节度使之职，继续作乱，发兵攻打其他节度使。马燧临危受命，再次出战。开战前，马燧为了激励战士，拿出所有家产分配给将士们。

马燧自河东挥师东进，追击到洹水，与田悦夹河而阵，他令诸军夜半而进，抄掠田悦后方。田悦退守魏州（今河北大名），马燧穷追不舍。因为马燧的军队远道而来，粮草不足，敌军如果坚守不出，形势将相当不利。有人问：“粮少而深入，何也？”马燧说：“粮少，战利速。兵善于致人。今悦与淄、青、恒三军为首尾，欲不战以老我师，若分击左右，未可必破，悦切来助，是腹背支（受）敌也。法有攻其必救，故趋魏以破之。”所谓攻其必救，就是攻击其最为重要的地方，让敌军不得不撤军进行守护，这样敌方的作战计划将会被全盘打乱。马燧派人绕过田悦据守的城池直趋他的大本营魏州，并在途经的河上架了三座浮桥，然后率军渡河。他故意留下那三座浮桥，派一百多人带着火种潜伏在附近。田悦见形势不妙，带领四万大军从马燧搭建的浮桥上冲刺过去，紧紧跟随马燧的军队。快要追上的时候，田悦见风势正猛非常有利于火攻，就顺势放火，试图火攻马燧的人马。火力借助大风，席卷着树叶、枯草向马燧的军队袭去。但是，田悦没想到马燧早已派人将附近的杂草、树木清理干净。大火烧到唐军附近几百步时戛然而止，这让田悦的将士感到灰心丧气。马燧趁其士气低落之时，派出最彪悍的人马为前锋，一鼓作气，大败敌



三功两过话马燧

军。敌军的残余人马纷纷掉头逃跑，却发现来时经过的浮桥均被马燧伏兵烧掉了。经此一战，田悦损失惨重，人马死伤过半，许多高级将领阵亡，尸横遍野，3 000多人被俘。马燧大获全胜。马燧也因此以尚书右仆射晋升同中书门下平章事，出将入相，成为唐朝统治集团的核心成员。

第三大功是征讨李怀光，平定河中。李怀光原是大唐的忠臣，曾助唐德宗逃过一劫，没想到不久后他也叛乱了。李怀光率领的是郭子仪留下的朔方军，号称唐代第一号功勋部队，战斗力非常强。马燧抓住这支部队急于归附大唐皇帝的心理，先做将领徐廷光的工作。徐廷光感动得拜伏落泪，士兵们也无不流泪，高喊："我们又能做大唐的子民了！"仅用27天就降服了朔方节度使李怀光的叛军，平定河中，勋冠一代。唐德宗下诏书褒奖，升马燧为光禄大夫，兼任侍中，还封其一个儿子为五品官，并赐《宸扆》《台衡》两篇铭文。马燧回到太原，把两篇文章刻在起义堂西边，荣宠无比。

马燧晚年误信吐蕃，力谏德宗皇帝与吐蕃约盟，终致平凉劫盟发生，唐朝被劫将领官员60多名。马燧也因此被罢兵权回朝。唐宋八大家之一的韩愈曾受马燧一家的周济，当马燧孙子马继祖卒世时，韩愈写《殿中少监马君墓志》，称颂马燧："当时是，见王于北亭，犹高山深林巨谷，龙虎变化不测，杰魁人也！"

马燧文武全才，不仅擅长排兵布阵，战功赫赫，还能亲手设计战士铠甲。他设计的铠甲分为三种型号，使任何一个士兵都能挑选到适合自己穿的铠甲，作战非常方便。马燧还设计了一种上猛兽皮的战车，行军时可以载兵，对垒时用来布列军阵，实用价值极高。马燧任地方官时，主持修建筑，兴水利，治民有方。例如，任郑州刺史时，正是安史之乱平定之后，农民抵御天灾的能力减弱，再加上连年大旱，田园荒芜。为了尽快恢复农业生产，马燧深入乡间，劝民力耕，同时制定政策，减轻农民负担，停征一切杂税；核定户籍，一年只征一次税，赢得农民的拥护。此项改革开了杨炎改革税制、推行两税法的先河。另外，唐肃宗时期，他还在长沙修建道林精舍，供文人读书修业，成为当地的文化中心，今天的岳麓书院就是在道林精舍遗址的基础上修建而成的。晋阳（今山西太原）是唐代的商业中心之一，马燧担任河东节度使期间，发现城内井水水质很差，就带领军士开凿渠道，修建引水工程，引汾水绕城，并栽种杨柳，使之成为唐朝著名的山水园林城市。

贞元十一年（795），马燧病逝，享年七十岁。赐谥号“庄武”。其墓今在郏县城南关，据说在20世纪已被盗掘。

## • 抗金名将牛皋 •

牛皋（1087—1147），字伯远，宋汝州鲁山（今河南鲁山县）人，抗金名将，其故里在鲁山县熊背乡石碑沟村。牛皋故里距古鲁阳关仅1.5千米，而鲁阳关又是“三鸦路”上的重镇，这里是自南阳至洛阳的必经之地，也是兵家必争之地。

牛皋青年时代为县中射士，精通技击，擅长骑射。靖康二年（1127）二月，侵占西京洛阳的金军南出骚扰汝州，牛皋激于民族义愤，聚众与金人战，开始是在家乡门口作战，后来是在伏牛山区开展游击战，然后退往襄阳，长期驻扎在鄂州（今湖北武昌）。他参加岳飞指挥的两次北伐，战无不胜，军功甚伟，受到京西道总管翟兴的重视，被荐举为保义郎（初级武官，又称“右班殿直”）。

建炎二年（1128）八月，杜充代宗泽任东京（今河南开封市）留守兼开封府尹。有众70万的“没角牛”杨进盘踞鲁山，叛宋自立，扰乱京西（指以洛阳为中心的豫西地区），袭杀宋廷京西北路制置使翟进。京西道总管翟兴命牛皋率部讨伐杨进，牛皋三战三捷，杨进部众望风而逃。牛皋因功晋升荥州（今河南省荥阳市）刺史、中军统领（中级武官）。次年秋，金军再度侵扰京西一带，牛皋与敌60余战，每战必胜，被时任东京留守的上官悟擢升为同统制（高级武职）兼京西南路提点刑狱。建炎四年（1130）四月，深入江南追击隆祐太后的一支金军主力经荆门（今属湖北）、襄阳（今湖北襄樊）、唐州（今河南唐河）、叶县（今河南叶县）北归。牛皋侦得情报，遂率部设伏于叶县北通汝州必经之道滍水渡口宝丰宋村，一举歼灭这支两万多人的金军，沉重打击了南侵金军的嚣张气焰，在南宋抗金史上写下辉煌的一页。宋村胜利被史家评价为岳飞朱仙镇大捷、吴玠尚原大捷的先声。牛皋因此再升和州防御使、五军都统制，正

牛皋的故事

式跻身高级将领之列。不久牛皋又大败金军孛堇部于鲁山邓家桥，转升京西道招抚使。

建炎四年冬，伪齐皇帝刘豫乞师于金国，寇掠京西地区。牛皋设伏兵于要道，以逸待劳，等敌兵全部进入伏击圈，牛皋所部蜂拥而出，前堵后截，全歼金齐联军，俘虏伪齐将领郑务儿。牛皋因功升迁安州（今湖北省安陆县）观察使，不久又出任蔡州（今河南上蔡）、唐州、信阳军（今河南信阳）镇抚使，知蔡州，加爵亲卫大夫，成为一方大员。这时岳飞受命统管江西、湖北军务，筹划从襄汉进军中原，收复失地。牛皋奔赴临安（今浙江省杭州市）觐见高宗赵构，赵构遂将牛皋所部划归岳飞指挥。牛皋年长于岳飞，加之战功卓著，岳飞为能同这样一员猛将共事而快慰，遂任命牛皋为唐、邓、襄、郢四州安抚使，不久又改任神武后军中部统领。牛皋对岳飞仰慕已久，深为自己终于成为岳家军部将而高兴。伪齐将领李成、王嵩勾结金军侵占襄阳、随州。岳家军部将张宪、徐庆久攻随州不下，岳飞命牛皋前往增援，牛皋令所部仅带三日粮，粮未尽而城已克，斩杀王嵩，得降卒5 000人，收复随州。接着牛皋又乘战胜之威，以骑兵克襄阳，败李成，打开了北进中原的大门。这段时间，牛皋马不停蹄地与金人作战，可谓“烽火连天京西路，战无虚日牛将军”。建炎年间（1127—1130），牛皋与翟兴、董先、彭玘等在京西各自为战，袭扰金人后方，后来连接成为大片游击区域。南宋初年，高宗政权得以再造而偏安于东南一隅，牛皋等在伏牛山区的游击行动有力地牵制了金兵，功不可没。

《宋史纪事本末》有岳飞规复中原的专章，而作为岳飞部将的牛皋自是随岳飞北伐，多立战功，则是绍兴年间（1131—1162）的事情。岳飞两度北伐，牛皋都是参与者。牛皋还是最早规复中原的提出者和实行者，而且他的兵锋也一度直指朱仙镇。绍兴三年（1133）正月严冬季节，牛皋和李横联合行动，收复了颍昌府和汝州、叶县等地。牛、李的行动，打破了金人不可战胜的神话，金人“悉溃而去”。牛皋、李横规复中原的军事行动持续了三个来月。金人与伪齐在这三个月的时间内，已完成了应变的军事部署，而宋廷则没有任何积极措施。最终李横、牛皋等在前线战败，导致了襄阳失守。绍兴三年十二月起，牛皋及其部下都归岳飞指挥，李横留在南昌由赵鼎节度。绍兴四年夏四月庚辰朔，戊子（初九），赵鼎率李横、牛皋、董先赴行在见高宗，尔后牛皋复回江州，听岳飞节制。牛皋谏言宋高宗“伪齐必灭之理，中原可复之计”，可见牛皋有政见、有兵略，决非逞一勇之莽夫，与《说岳全传》所塑造的牛皋形像迥然不同。

绍兴四年冬，金军攻淮西，连破濠州（今安徽凤阳）、滁州（今安徽滁县）。伪齐皇帝刘豫之子刘麟以甲骑8 000为先锋，兵临庐州（今安徽合肥），江防告急。岳飞遣牛皋率2 000骑兵渡江北上，驰援庐州，自统大军为后继。牛皋来到庐州，临阵呵斥金将：“宋将牛皋在此，尝四败金兀术，尔辈何敢进犯我大宋疆土？”金军将士本来就惧怕牛皋，闻听此言，无不失魄丧胆，不战而逃。牛皋率部追击三十余里。金军自相践踏，死者大半。牛皋斩杀金军副都统及千户五人，百户数十人。庐州父老乡亲得以免遭金军铁蹄蹂躏，无不箪食壶浆以迎牛皋，南宋军威大振。牛皋进位中侍大夫。绍兴五年五月，牛皋随岳飞镇压洞庭湖杨幺起义军，于水中擒获杨幺。南宋朝廷令牛皋出任武泰军承宣使、行营护圣中军统制，后改任湖北、京西宣抚司左军统制，加龙神卫四厢都指挥使。

绍兴十年（1140），金人破坏和议，重新侵占已归还宋朝的河南、陕西等地。岳飞命牛皋率部出师河南。牛皋所部在蔡州焚敌积聚，兵锋直指汴京近郊，成功收复怀宁府（今河南汝南）、颍昌府（今河南许昌）。在岳家军于郾城、颍昌大破金军都元帅领行台尚书事完颜宗弼（兀术）诸战役中，牛皋功居第一，升官捧日天武四厢都指挥使、成德军承宣使，提举一行事务。绍兴十一年，宋朝廷主和派占上风，高宗下诏撤兵议和，牛皋被迫随岳飞抱恨班师，转任宁国军承宣使、荆湖南路马步军副总管。

岳飞遇害后，牛皋心怀激愤，时常流露出对朝廷主和派的不满。绍兴十七年（1147）三月三日上巳节，都统制田师中设宴，牛皋应邀赴宴，席间突感不适，急归府第，遂卧床不起。他对身边亲人感慨：“皋年六十一，官至侍从，幸不啻足。所恨南北通和，不以马革裹尸，顾死盘牖下耳。”次日卒。当时社会上即传田师中受秦桧指使毒杀牛皋。牛皋墓在杭州西湖栖霞岭，墓前树有清代陈希贤撰写的《重修宋辅文侯牛公墓记》碑刻，叙述牛皋抗金战功甚详，还有明代铸的田师中跪像。鲁山牛皋故里、宝丰宋村牛皋大败金军处北花山上有牛皋衣冠冢。鲁山县城东关和宝丰宋村建有牛皋祠。

牛皋出身寒微，以射士身份起而聚众，与金人战，战则能胜，其御敌战功彪炳史册。牛皋不仅是勇将、战将，他还是一个有远见、有兵略的大将。尤其是在年长于岳飞、资深于岳飞、官高于岳飞的情况下，牛皋能以抗金大局为重，受岳飞节制，配合默契，这种高风亮节足以垂范千古。

## • 明代文学家、理学家王尚䌹 •

王尚䌹（1478—1531），字锦夫，号苍谷，明代汝州郏县（今平顶山市郏县）人，著名文学家、理学家，官至浙江右布政使。著有《平山年谱》《义方堂集》《维正稿》《嵩游集》《密止堂稿》《西行类稿》等，著作大部分亡佚，现存《苍谷全集》十二卷。

王尚䌹成长于一个具有深厚儒学传统的家庭里。父亲王璇儒学修养很高，清同治《郏县志》称其“警哲有气概。……考定《冠射古礼》及《大学中庸心法》，著《谦卦图赞》，学者称平山先生。”

王尚䌹早慧，弘治二年（1489）随父亲到南郑（今陕西汉中）时，即受到南郑守长的赏识。弘治八年举河南乡贡，弘治十五年考中进士，任兵部职方主事，任职期间努力尽职，革除弊端。弘治十六年，父亲去世，守丧三年。武宗朱厚照即帝位，王尚䌹免丧复旧职。正德三年（1508）调吏部稽勋，次年调验封，升员外郎，后又调稽勋，任郎中。正德七年申请外调，调山西任左参政。同年以祖母和母亲垂老，引疾抗疏，未等皇帝批准即携家南归，在距今郏县三苏园不远的苍谷山下扈涧河畔前后隐居共19年，并给自建的房舍取名为“密止堂”。其间正德十三年调四川任左参政，不就；嘉靖六年（1527）母亲聂氏去世，嘉靖八年免丧，再调山西任左参政，以“禄养弗逮”为由未就任。嘉靖九年调任浙江右布政使。任职期间，夙夜勤勋，颇有政声。任浙江右布政使第二年卒于任上，“士民遮道泣送”。

王尚䌹是明代文学复古运动时期的一位重要文学家。何景明曾将其与王九思、康海、李梦阳、边贡、何瑭一起称为“六子”，何景明在《六子诗·王职方尚䌹》中赞道：“职方吾益友，契谊鲜与同。少龄负奇气，万里飘云鸿。手中握灵芝，高操厉孤桐。读书迈左思，识字过扬雄。为辞多所述，结藻扬华风。寸心索相许，抚志惭微躬。”对其文学才华与创作水平给予了高度赞许。

长期的家乡生活，使王尚䌹对河南汝州、郏县、宝丰等中原文化核心地区的历史文化十分关切，留下了大量的诗文创作，全面而深刻地反映了中原地区的历史与文化，为我们提供了认识中原文化的宝贵文献。如《过辅城寺偶题》中写道：“城父何年寺，龙山此日游。地形分汉楚，天堑自春秋。路古河流断，祠荒草树浮。问津思责沈，定鼎忆尊周。”勾勒出宝丰重要的地理区位优势，反映了其悠久的历史人文传统。对历史名刹汝州风穴寺，王尚䌹倾注了大量的感情，先后留下《风穴赋》1篇，《风穴寺八景》8首。《风穴赋》被黄宗羲选入《明文海》。他还为中国古代“四大书院”之一的嵩阳书院题写了《兴复嵩阳书院题名记》。《苍谷全集》中描写郏县风物的诗文很多，如《出苍谷山二首》《扈涧观涨》《苍谷寺》《建题名塔记》等。在《建题名塔记》一文中，王尚䌹充满感情地写道：“郏自春秋来，文武风节，政事勋烈，铿鍧炳焕，后先辉映。粤汉以下，或以德行、以道艺、以贤良、以孝廉、以茂才明经诸科，法各为殊。举于嵩麓汝崖之间者，彬彬如也。代有名臣，义不绝书。”对自己家乡厚重的人文历史进行了高度的赞美，对长眠于郏县的“三苏”表示了由衷的钦敬，隐居期间拜祭苏坟，拂尘扫土，并写下《祭三苏先生文》，文中说：“予髫龀获诵苏文，焕兮风水，郁兮春云，乃桥用梓，乃桂乃椿，壮兹气节，钦耳风神。”《祭东坡颍滨文》中写道：“一门萃美，百世扬芳，钟灵锦里，托体嵩阳，名兮盖世，神兮此方。”王尚䌹还在三苏坟园正门处建造了牌坊，坊额“青山玉瘞“四个阴文大字即其亲自题写。

《苍谷全集》中大量关注民生的诗文，深刻地反映了那个时代人民的苦难生存境遇。如《田禾叹》一诗：“夏来田禾旱，秋来田禾水。大旱禾无根，大水禾生耳。冬寒苦夜长，日长怨春晷。长夜尚可支，日长忍饿死。饿死忍有期，租税从谁起？哀哀叹田禾，往诉明天子。天子省田家，沟中乱如麻。”描写了自然灾害和社会负担给人民带来的无穷痛苦。《蓝靛根》一诗写道："莨莠不成米，蒺藜未可飧。何知蓝靛草，结根傍水村。顾维通稔岁，秖以厌鸡豚。乃今华屋子，竞取供朝昏。"深刻反映了人民群众在自然灾害和繁重赋税的双重打击下凄苦的生活状态。触目所见到处都是"蓝缕无完衣，伛偻私相语。虽然今日活，不知明日死"的凋敝景象。

王尚絅还在文学创作上形成了自己的主张：一是强调诗的教化作用。他指出："感天地，动鬼神，莫如《诗》"；二是重视诗歌与现实的关系，主张诗歌要言之有物、切于世用，即"劝善惩恶，移风易俗，感天地，动鬼神，理万物"，把那些空洞无物的诗歌比作"虚车窾柜"；三是强调文章以神为主，主张要以"神"统摄"理"与"气"。这些见解表明，王尚絅具有清醒的理论自觉意识，对当时的文学现象进行批判，引导文学的健康发展。

王尚絅还是明代重要理学家之一。其理学成就在于其客观评价"二程"在理学上的贡献，自觉维护"二程"及其学说的地位。他为程氏学说正本清源，维护"二程"历史地位，保持洛学独立及其纯洁性，对诋毁程氏学说的现象予以坚决反驳，为程学的传播做出了积极贡献，对我们认识"二程"理学有重要的参考价值。另外，王尚絅还直承张载"气一元论"思想，认为各种自然现象和社会现象的形成都是由"气"及其变化决定的，丰富了明代中期的"气本论"理论体系。王尚絅在伦理道德方面也卓有建树。他重视孝道和夫妇之道，认为夫妇关系是"人道之始，王化之端"，强调伦理道德的"养心"教化作用。他说："社五土，稷五谷，神司之，养人之身者也；人伦之教，孔子司之，养人之心者也。人莫大于心死，而身次之。土谷不可一日而亡，则孔子之教，顾可一日而亡于天下也哉？"（《重建虎亭文庙记》）他强调身心兼养，而且养心重于养身。因此，他非常重视教育的作用，强调书院在造就道德之士中的重要作用，明确指出书院与学校的功能不同："庠校以储文学登用之才，书院又以养性命道德之士"（《汝州书院第二议》），他认为书院的重要职能在于使"有司于以专祠先师，以缘升道德之士，以端士向，以建民极，以隆化本"（《汝州圣学书院碑铭》）。王尚絅曾撰写《明伦铭辞》和《敬身铭辞》，提出个人修养的标准和典范，以自励自勉。前者通过列举江革、薛包、王祥等著名历史人物在“德”“仁”“义”“孝”“敬”方面的感人事迹，树立父子、君臣、夫妇、朋友等伦理关系的典范；后者则从衣服、饮食、义利、忧乐、敬诚、俭奢等方面提出修养的标准。王尚䌹以其在理学方面的贡献得到了时人和后人的高度评价，确立了他在中国哲学史上的地位。明代著名学者薛应旂指出：“先生文追秦汉，诗逼苏李……先生平生每右‘两程’‘左三苏’，崇理学而鄙词翰，使假之以年，当必有继往圣而开来学者。”明末清初著名学者孙奇逢在《中州人物考》中将王尚䌹列入“理学”人物，与何瑭、崔铣和王廷相等并列。

现存王尚䌹文集国内主要有两种版本：一种是明嘉靖三十年（1551）王同刻本《苍谷集录》，十二卷，现存残卷四册六卷，藏于国家图书馆；另一种是清乾隆二十三年（1758）王纯“密止堂”刻本《苍谷全集》，12卷，附录1卷，现藏于中国科学院图书馆、河南省图书馆和河南大学图书馆等。日本东洋文库藏有明刊本王綖编《苍谷集录》，6册12卷。

## 清代文学家李绿园

李海观（1707—1790），字孔堂，号绿园，晚号碧圃老人，以号行世，清代文学家，著有长篇白话小说《歧路灯》一部、戏曲剧本《破山斧》《东郭传奇》两部（存目）及《绿园诗钞》（今已不全）一部，还采用戏剧的样式编写了《四谈集》（编者按：《四谈集》即《谈大学》《谈中庸》《谈诗法》《谈文法》）作为他的教学读本，将儒家的经典理论用形象生动的文学形式传播，寓教于乐，在清代河南的教育领域里显现出了积极的开拓意识。

李绿园祖上世居洛阳府新安县北冶镇马行沟。康熙三十年（1691），洛阳大饥，李绿园祖父李玉琳负母携子外出逃荒，流落到滍水（今沙河）北岸水牛屯，不久又迁到滍水南岸之河岸李村，靠种菜度日。后得地方望族同宗推荐，到鱼齿山寺执教义学。喜当地风土淳厚，于康熙四十二年（1703），卜居鱼山东麓宋家寨（今平顶山市湛河区曹镇乡宋家寨）。李绿园之父名李甲，曾入宝丰学，初以刻苦经营、持以耕读，家境渐渐进入小康。李绿园幼年即从祖父读书于鱼齿山寺。李绿园30岁时，中乾隆元年（1736）恩科举人。中举之后，李绿园的仕进之志更加强烈，然而造化弄人，三次会试终未博春官一第。李绿园并没有灰心，决定留在京城等待时机，于是开始了在京城为举子授课的三年教书生涯。据李绿园的第七世孙李春林说，李绿园在京教书期间，其弟子中有福建人李生者，居然得中状元［编者按：史书记载，乾隆年间（1736—1795）并无福建李姓者得中状元之事，或为其他达人也未可知］，于是举荐李绿园漕运之职。任职后的李绿园，足迹遍及长江中下游及运河南北，至66岁时仍由李生保举，出任印江县知县，一年后蒙总督超擢代理思南府知府。关于超擢代理知府一职，还有一段趣闻。

据说李绿园被委任为贵州印江县知县之前，早已文名远扬，书艺超群。但印江只是黔西南小县，山高皇帝远，衙署职事与县内文人不知海观大名。一些地方才俊，更是看不起这个来自中原的举人县令。然而不久到来的县试却让他们彻底改变了对县令李绿园的看法。县试时，李绿园亲自拟定了试题“学而时习之”。一些

李绿园像

考生看了题目，讥笑说：“我们这位新任县公看来没有读过几本书，只好拿孔夫子的这句老话考我们，这场考试再不费难了。”于是轻轻松松交了卷。但待第二场考卷发下来时，又是那个“学而时习之”的题目，许多考生心里慌了神，弄不明白这个县令葫芦里到底装的是什么药。怎么才能写出文章呢？这一回，确实让他们犯了难。最后，满考场数百名考生，只有十几位勉强胡诌一通交卷了事。他们心想这一场是没希望了，只有看最后一场了。谁知第三场开卷后，题目依然是“学而时习之”。这一次，全场考生窘无人言，也再难以下笔应试。到考试结束时，竟无一人能够交卷。尴尬之时，竟有一些学生当场

起哄，说这个知县老爷的官一定是拿钱捐的，肚里的学问就这么一句，说不定还是半道偷听来的。看到这个场面，李绿园随即让监考召齐考生，当场拿出案头文笺，三场时间内，篇篇以“学而时习之”为题，草成文稿十余篇，而且篇篇立意深远、新奇雅致，可谓字字珠玉、句句警言。他在文章中告诫年轻学子需沉心养智，不但读完诸子之书，更要读懂人世之学，这才是求学之道。众考生传阅绿园之作，个个目瞪口呆，包括那些宿儒、学官、塾师在内，都佩服得五体投地。此后不久，云贵总督和贵州巡抚顺应印江百姓的意愿，拨款兴修印江天爷庙，但到书天爷庙大匾时，却无人敢执笔，说是唯恐写不好以遗人话柄。李绿园虽为七品县令，身份卑微，但他身怀雄才，成竹在胸，挺身自荐一试。总督与巡抚也听到过李绿园主考印江“一题三试”的事情，知他颇有才华，就准许书丹。只见李绿园大笔挥处，“红云一朵”四字已落匾上，众人览书惊喜不已，督抚二官亦是赞叹有加，随即邀李绿园馆驿相谈，所及学问无不言敏思精、新意独具，遂暗叹李绿园大材小用，恰好此时思南府知府空缺，于是便下令让他代理思南府知府一职。

贵州的为官经历尽管成就了李绿园的仕进理想，但秉性耿直、为官清正、爱民如子的李绿园注定要离开让他欢喜让他忧的仕宦生活。清康熙六年十一月，玄烨帝“命各地复开鼓铸”，“运铅之役”开始。贵州作为产铅的大省，在当时便成为了“运铅之役”的主要承担者，印江作为贵州的一个产铅地，自不能免去这样的劳役。“运铅之役”工程浩大，运输困难，开支惊人。乾隆八年二月，贵州总督兼巡抚张广泗在奏书中就说：“黔省加运铅觔，由威宁发运者，二十余万，运脚维艰。……黔省起运，俱于重庆雇觅大船，载至汉口更换，每有坏船之患。……黔省办运京铅，系沿途雇募船只，每多勒掯、耽误等弊。”繁重琐屑的运铅之役使李绿园认识到了官场并非世人所谓的安乐之所，也让他认识到了生活的快意其实更在于“禅关”。于是，乾隆三十九年（1774），67岁的李绿园在印江生活一年多后，便因“运铅之役”辞官归乡了。

辗转近一年的时间，李绿园返回了河南老家。又过了一年，受新安族人的邀请，李绿园去了新安马行沟，一方面为祖宗守灵，另一方面课授子侄。也就是在新安的两年，李绿园开始续写搁置了20年的

《歧路灯》，完成了后20回的写作，其时已是乾隆四十二年（1777）。当年八月，《歧路灯》在河南新安脱稿，随后即由李绿园的学生抄写流传，渐及豫西一带。乾隆四十四年，李绿园辞去新安教职，回到宝丰宋寨，把《歧路灯》的稿本带回家中，又由宝丰人传抄，在河南豫西地区广为传诵。

《歧路灯》是李绿园的代表作品，也是展现李绿园文化品格的重要文献，更是众人瞩目李绿园的焦点所在。这部小说共108回，70余万字，以写实的手法描写了18世纪中国封建社会小市民的普通生活，与《儒林外史》《红楼梦》等同为清中期文坛上的现实主义力作。小说主要以康、乾时期的社会生活为背景，讲述了富家子弟谭绍闻波澜起伏的一生。谭绍闻丧父之后，被其母娇纵溺爱，加上庸师误诱，先是抛却书本，荒废学业，奸淫母婢，吃酒嫖赌；继而受浮浪子弟引诱，拈花惹草、狎妓宿娼，玩蟋蟀、斗鹌鹑、炼黄白、铸私钱，放荡挥霍，最后导致倾家荡产。在饱受饥寒交迫、穷困潦倒之后，谭绍闻逐渐悔悟。在父辈朋友劝说和义仆王忠扶持并在族兄谭绍衣的提携下，终于改邪归正，重振家业。这是中国古代小说史上仅有的一部以“浪子回头”为主题的长篇白话小说。作为一部文学作品，李绿园用他的如椽健笔丰富了中国文学艺术的人物长廊，作为一部活生生的社会风俗画，这部作品为后人了解封建社会提供了宝贵资料。书成之后，新安学者吕中一评李绿园是“以左丘、司马之笔，写布帛菽粟之文章”；近代小说史家蒋瑞藻也称《歧路灯》“描写人情，千态毕露，亦绝世奇文也”；现代文学家朱自清更是认为：“《歧路灯》只逊于《红楼梦》一筹，与《儒林外史》是可以并驾齐驱的。”

乾隆四十九年，李绿园78岁时，其次子李蘧官御史，将其迎养京邸。乾隆五十五年六月二十八日巳时，李绿园卒于北京宣武门外菜市口米市胡同，享寿84岁。

## •农民起义领袖白朗•

白朗（1873—1914），平顶山市宝丰县人，因其身材高瘦、腿长行快，且以其名谐音而绰号“白狼”，官方也诬称其为“狼匪”。

农民出身的白朗，青年时代曾投巡防营当兵，枪法颇精，胆略过人，后因“犯律潜逃”回乡。民国初年，河南农村连年荒旱，袁世凯表弟张镇芳1912年3月任职河南都督，上任后横征暴敛，专务朘削，物价暴涨，民不聊生。人祸天灾交相煎迫，致使社会上饥民流离失所，乞丐成群，出现了“千百成群，揭竿起事”的局势。豫西一带山区民情向称强悍，穷人求生不得，便纠众打家劫舍，俗称“拉杆”，为首的称“杆首”或“架杆”。据当时官方资料所载：1912年5月间，仅宝丰、鲁山、汝州一带著名的杆首就有24人。白朗从巡防营回到家乡之后，便“拉杆”起事，成为啸聚山林的绿林头目。据记载，他性豪爽，善驭人，疏财仗义，是以能得众，奔走于汝、鲁、宝之间，结识豪侠，发展很快，但因武器缺乏，未能大举，乃将宝丰县长的儿子劫去勒赎，索价新式五响钢快枪十支，随后队伍很快得到发展。白朗以舞阳县母猪峡一带为基地，四处活动，并以“打富济贫”为旗号，鼓励穷人造反，被裁士兵、游民、饥民等，闻风归附。各地著名杆首如李鸿宾、宋老年、丁万松、宋一眼、王心传等各率所部与之合并，听其指挥。到1913年春，各杆头在白朗领导下所带的人马共二三千人，所着服装错杂不一，时聚时散，飘忽无定，聚则成军，散则为农工商贩。由于“贫苦之家甘为窝主，乞丐游民愿作彼探”，白朗军消息灵通，神出鬼没，各县多次派兵围剿，都未能把他们镇压下去。相反，白朗却不时给各地方官吏和豪绅地主团练以打击。这时，白朗政治目标并不明确。

1913年5～6月，袁世凯把驻在信阳的第六师调入湖北境内，仅留河南陆军第三旅王毓秀部在京汉铁路沿线设防，豫西南一带空虚。这时河南国民党人熊嗣鬻为了武装讨袁，与白朗联络。白朗一面委派熊嗣鬻赴南方联系反袁力量，一面借“二次革命”之机，号召群众乘机展开活动。高鑫、宋一眼等各杆数百人袭扰叶县、襄城等地，白朗亲率各杆一千余人南下，意图攻取唐县（今唐河）、泌阳。5月31日攻克唐县，旋即返回鲁山，6月奇袭攻取禹州城。之后又率军向西南方向发展，在豫西南和鄂北边境20多个州县辗转作战，采取灵活机动、避实击虚的战法，袭卢氏、破淅川、据枣阳、取宝丰，半年之内，攻破10多个城镇，队伍发展到近万人，并打出“中华民国抚（扶）汉讨袁军”旗号，给北洋政府和豫鄂地方军以沉重打击。孙中山发动的“二次革命”失败后，袁世凯为复辟帝制，加紧对起义军进行镇压。11月，北洋政府调集军队3万多人，企图把白朗起义军围歼于豫西南地区。为打破“围剿”，白朗率主力于年底跳出包围圈，挺进京汉铁路以东，先后攻克豫东南的光山、光州（今潢川）、商城和皖西六安，打败了北洋政府的第一次“围剿”。起义军进据皖西后，北洋政府又调集军队2万多人进行“围剿”，企图把起义军围歼于霍丘、霍山、叶家集之间。白朗起义军声东击西，先克霍山，南攻英山，转北向西，突破重围，从信阳南部进取湖北老河口，又一次打败了北洋政府的“围剿”。

白朗起义异军突起，在1914年春发展到顶点，起义军发展至2万多人，成为国内一些大报纸的每日要闻之一，为全国各阶层、各派别（包括中华革命党人）所注目。袁世凯政府心劳日拙，动用北洋军数万，而不能控制白朗军在广大地区策马长驱的局面。面对起义军的节节胜利，袁世凯决定对起义军发动更大规模的“围剿”，遂命北洋政府陆军总长段祺瑞兼河南都督，赴信阳“督剿”。当段祺瑞调兵部署，计划进行八路“兜剿”之际，起义军做出了西征陕甘、伺机入川的决策。其时，起义军改称“公民讨贼军”，提出“驱走袁世凯”“设立完美政府”的奋斗目标。1914年3月17日，起义军由荆紫关分路西进陕西。袁世凯先后调动北洋军和豫、鄂、陕、甘、川等省20万大军围追堵截。起义军29日攻占镇安，欲南下入川受阻，遂北出秦岭，渡渭水，连破渭北7州县，4月底由陕甘边境固关进入甘肃。5月4日破秦州（今天水）后，取道徽县入川，为川军所阻。转西破阶州（今武都），拟从碧口入川，又受阻。折向西北破岷州（今岷县）、洮州（今临潭东），引起当地藏民和回民的反抗，在北洋政府军围追下陷入危境。白朗遂在洮州县署召开军事会议说：“我辈今日势成骑虎，进退两途，取决会议。”白瞎子高声叫道：“请大哥黄袍加身，事成则为明洪武，不成亦可为太平天国。”许多头目鼓掌赞成。但谋士中无一人响应，白朗亦不以为然。有人建议取道松潘攻成都，各首领多反对，而主张回河南。白朗军各级头目大多是河南人，长期苦战，不得休息，思乡心切。于是，白朗决定带队回河南家乡。5月末，白朗亲带前队3 000多人由洮州出发，经漳县、宁远趋秦州，后队由李鸿宾、孙玉璋、尹老婆等率领相继出发。白朗军在漳县、宁远等地遭敌军截击，伤亡惨重，但终于突破敌军对岷洮地区的包围，于6月4日再占秦州。接着，经过几场激烈战斗，白朗军突破了北洋军在宝鸡附近的防线，进入陕西，后突围荆紫关，于6月底到达豫西地区。返豫后，队伍损失惨重，虽仍有数千人，但枪械弹药缺乏，战斗力大大削弱，无力与官军公开对抗，只得分散为数股。8月初，白朗率领数百人在鲁山县石庄一带与敌军搏战，不幸负伤，数日后死去。宋老年等各杆也先后失败，部众瓦解星散。

白朗起义历时三年，先后转战豫鄂皖陕甘五省，征程数千里，根据敌众我寡的特点，采取避实击虚、声东击西、机动灵活的战略战术，攻破县城40余座和许多关隘，所到之处“劫富济贫”， 沉重打击了各地的封建势力，冲击了袁世凯的反动统治。

起义军虽然接受了资产阶级革命派反袁的口号，但没有明确的政治纲领，加上组织不严密，以及西征陕、甘的战略失策，以致重蹈中国历代农民战争长期流动作战的覆辙，最终难免于失败的命运。但白朗起义军的英雄气概将永远为后人所敬仰!

## • 河南新文学第一人徐玉诺 •

1917年开始的中国新文学，地处中国中部的河南不是中心，甚至可以说离中心很远。但是，虽然远不像江浙那样涌现出引领全国新文学潮流的作家群体，在那个不算太短的历史过程里，河南也向全国文坛奉献了自己的文学英才。而率先走出中原腹地、在全国文坛占有一席之地的河南新文学作家就是诗人徐玉诺。

1956 年（62 岁）时的徐玉诺

1894年11月5日，徐玉诺出生于河南省平顶山市鲁山县辛集乡徐营村一个贫苦的农民家庭。徐玉诺的祖父徐名成、父亲徐教芳都是精明能干的庄稼汉，在徐玉诺出生时，除了自己开垦的几亩薄田外，又租种了邻村张姓人家的十几亩地，才勉强维持一家人的艰难生计。徐玉诺的父亲农闲时常在本村同姓秀才徐名贤开的油坊打工挣钱，补贴家用。徐玉诺11岁时，徐名贤开塾授课，徐教芳恳请东家少算工钱，只求小儿入塾读书识字，徐玉诺才得以走上读书求学之路。1912年秋，17岁的徐玉诺在本家远房叔叔徐兴斋（同盟会会员）的支持下，考取鲁山县立高等小学，开始接受新式教育和新的思想。

1916年，徐玉诺高小毕业后，以优异成绩考入公费的河南省立第一师范学校。在省会开封，徐玉诺不但比较系统地学习知识，更直接受到了新文化和新文学的洗礼和熏陶，特别是在北京大学毕业的新派教员嵇文甫等老师的教诲、鼓励下，徐玉诺开始练习写作新诗，初步显露了文学才华。1919年5月，五四运动在北京爆发后，徐玉诺与曹靖华、屠亚超、李仁荣、李九朝等人被学生代表推举为学联理事，共同领导了河南的学生运动。在他们的领导下，开封的学生运动一直持续到1920年春。后来省政府当局靠收买学联中的不坚定分子，另立“同志会”致使学联分化。徐玉诺见此情景，异常愤慨，意欲用卧轨自杀来警醒同胞。幸得同学及时发现、嵇文甫悉心劝导，徐玉诺才打消轻生念头，并将心中的激愤写成短篇小说《良心》和新诗《夜》。年底，他将《良心》寄给了时任《晨报副刊》特约撰稿人的郭绍虞，经郭绍虞推荐，《晨报副刊》于1921年1月7日发表了《良心》，这是徐玉诺迈上文学道路的起点。

1919年河南省立第一师范学校求学时徐玉诺（后排左）与同学合影

此后，徐玉诺又接连在《小说月报》发表《一个可怕的梦》《小土车》等小说，引起文坛注意，于1921年春夏之间，由郑振铎介绍加入文学研究会（入会号

56），并到苏州访晤叶圣陶。1921年7月30日，诗歌《冲动》发表于《文学旬刊》第9期后，徐玉诺遂进入文学创作的爆发期，诗歌、小说、短剧等频繁见诸报刊。1922年，他与文学研究会同人朱自清、周作人、俞平伯、郭绍虞、叶圣陶、刘延陵、郑振铎合出诗集《雪朝》（收徐玉诺诗18题48首），不久商务印书馆出版发行了他自己的诗集《将来之花园》（这是继胡适《尝试集》、郭沫若《女神》等之后公开出版的第七本个人诗集，收诗90题116首），1925年他又和朱自清等文学研究会同人合作出版了诗集《眷顾》（共收录30位新诗人的60首诗作，其中收徐玉诺诗9题11首）。

徐玉诺的诗文创作在当时的文坛产生了较大的影响，引起了新文学界的广泛重视。叶圣陶写出万言评论《玉诺的诗》，对他的诗歌给予了充分肯定，郑振铎、周作人、王统照等人也对他称赞有加；王任叔（巴人）则不无夸张地称他为“天才诗人”；闻一多也说他的“《将来之花园》或可与冰心的《繁星》并肩。我并不看轻它”，称徐玉诺是文学研究第一等的诗人。甚至连鲁迅也“三番五次嘱咐孙伏园”给徐玉诺写信，让他“把发表在《晨

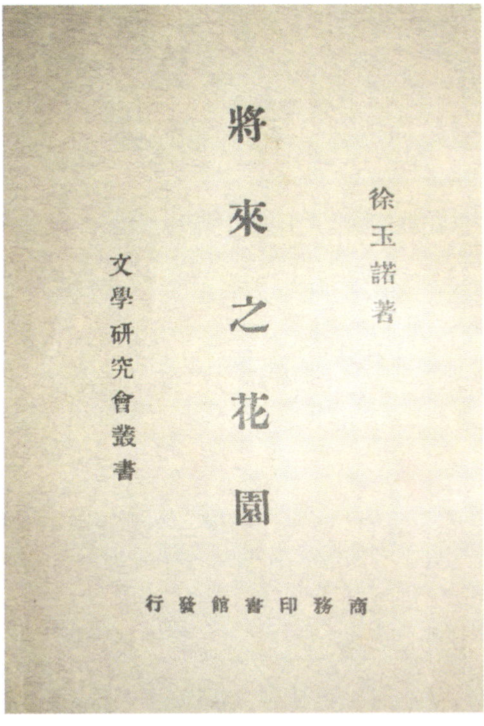

徐玉诺诗集《将来之花园》初版封面（1922年8月）

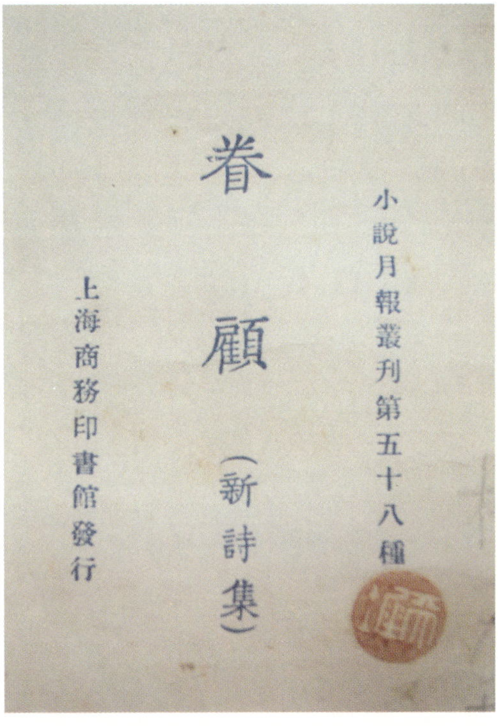

文学研究会朱自清、徐玉诺、俞平伯等人诗集

报副刊》等的二十来篇小说收集出版”，并“自愿作序”。1935年赵家璧、茅盾、朱自清等人汰选新文学作品、筹划编纂《中国新文学大系》时，尽管徐玉诺已经很长时间在文坛销声匿迹，鲁迅和茅盾先后发出“不知他哪里去了”（“是否尚在人间”）的疑问，徐玉诺仍然有十首诗歌、两篇小说分别入选《诗集》和《小说一集》。茅盾在《导言》中把他定位为描写农村生活的代表作家，并用“一方面是热情的，带点原始性的粗犷的，另一方面却是个Diana（月亮女神）型的梦想者”来概括他的小说和诗歌创作特色。

徐玉诺去世后，河南省文联编辑出版的徐玉诺小说集

尽管茅盾预测徐玉诺“有向更高阶段发展的基本美质”，但是动乱年代文人谋生实在不易，纵使徐玉诺笔耕不辍，可以一日数章、十几天一本诗集，仍不足以维持一家老小的生活。因此，自1921年暑期徐玉诺从河南省立第一师范学校毕业起，他便开始了近30年的教书生涯。尤其20年代末期以后，随着子女的日渐成长、父母的相继亡故，家庭生活的重压迫使他为谋生四处奔波。再加上连生几场大病，他渐渐地心灰意冷，失去了创作的热情，在长达20多年的时间里，鲜有作品问世，成了一个名副其实的教书先生。据学生回忆，徐玉诺讲课旁征博引，口若悬河，又幽默风趣，妙语连珠，深受学生喜爱，但怎奈长时间养成的自由散漫性格使他时常做出常人难以理解的举动，往往被人称为“怪物”，这就得罪了学校当局。而他自己又秉性难移，做事喜欢率性而为，所以他任教的地方时常变换。到一个学校工作多则一年，少则几月，20年间先后辗转奔波于河南的鲁山、临颍、开封、淮阳、洛阳、信阳、南阳、镇平、邓县等县市和吉林、山东、福建等省包括小学、中学、师范到大学等多种层次的20多所学校，饱受颠沛之苦。抗战结束后，徐玉诺索性回家

乡徐营办起了私塾，直至1947年秋鲁山解放，人民政府爱惜人才，确定由他主持筹办第一所县立中学。经过紧张筹备，鲁山县中学于1949年春顺利开学。不久，全国解放，省里即安排他参加文联的筹备工作。中华人民共和国的诞生激起了他多年未有的创作热情，他连续写出了《朱家坟》《李翠的故事》《朱家坟夜话》等小说和一些诗歌。此外，他还致力于戏剧创作和旧剧的改编工作，热心扶持河南地方戏曲（如越调）。然而正当他准备在新时代大显身手的时候，孰料竟患上食道癌，于1958年4月9日在开封逝世。

纵观徐玉诺一生，20世纪20年代（特别是1921～1925年）是他文学创作的高峰期，短短几年时间，陆续在全国各种刊物上发表了400多篇作品，其中大部分是新诗，约340余首；小说次之，近30篇；杂感随笔和学术文章等35篇；另有短剧剧本3篇。

# 寻根问祖

## ——滍汝大地是故乡

据传说，中国之姓氏源于太昊伏羲氏。他之所以成为中华民族之始祖、三皇五帝之第一，其重要的贡献之一就是初定姓氏、区别血统、制定婚嫁规范。姓氏是表示一个人的家族血缘关系的标志和符号。姓氏的产生，标志着从群婚制到以血缘关系为纽带的婚姻制度的转变，是人类文明进步的一个重要的里程碑。姓氏的起源可以追溯到人类原始社会的母系氏族制度时期，所以中国的许多古姓都是“女”字旁。姓产生后，世代相传，一般不会更改，氏则随着封邑、官职等的改变而改变，因此会有一个人的后代有几个氏或者父子两代不同氏。通俗地讲，姓代表着一个人的血统关系，氏则代表了一个人及其家族的居住地、地位与声望。到了后来，姓与氏逐渐合为一个词。通过姓氏，我们知道自己的血脉传承，由姓而家庭，由家庭而家族，由家族而民族。姓氏让我们知道我们是谁，从哪里来。

河南是姓氏产生最多的地区，平顶山市地处中原腹地，也是许多姓氏的起源地。近年来到平顶山市寻根问祖的海外华人非常多，也与平顶山地区是一些姓氏的起源地和郡望地不无关系。根据有关文献记载，在平顶山地区起源的姓氏有应、刘、叶、墨、黑、郏、梁、汝、栢、鲁等。平顶山除是以上姓氏的祖源地外，也是一些姓氏的郡望地，如张姓——因汉代张良的故里在郏县李口乡；冯姓——因东汉“大树将军”冯异的故里在宝丰县李庄乡；韩姓——东汉政治家韩棱的故里舞钢市庙街乡；岳姓——水北渡镇，宋代抗金名将岳飞的后裔（也有说是岳家军留下的一支，在岳飞被害后，集体改为岳姓）。他们的后人迁徙四方后，就以平顶山地区为祖居地或郡望地。

# • 叶姓——叶公沈诸梁的后裔 •

叶姓是现代中华诸姓氏中人口增长较快的族群。在北宋出现的《百家姓》所收录504个姓氏中叶姓排在第257位，至1987年叶姓已位居中华100个大姓的第49位，500余万人。叶姓绝大多数居住在长江以南的浙江、广东、福建、江西、广西、贵州、四川、重庆、云南、上海、台湾及江苏南部、安徽南部。2010年，根据第六次全国人口普查主要数据，叶姓总人口600余万，依然稳居中国人口前50名姓氏的第49位。

## 叶姓起源

叶姓起源于古叶邑，即现在的平顶山市叶县。关于叶姓的起源，历史上有两种说法。

其一是桐叶封弟说。相传，周武王得了天下之后，大封群臣。他的一个弟弟就问他："你要把我封到什么地方呢？"周武王逗弟弟说："你要什么地方？"弟弟就说："您现在是天子了，金口玉言，不能答应了不算。"周武王说："那是当然，这样吧，我把眼睛闭上，在这庭院里转一圈，抓到什么就封你什么。"弟弟拍手答应："可以可以！"周武王就闭上眼睛，伸着双手在院里抓东西，有好几次就要抓住了，却又错过。弟弟急得直跳，惹得周武王哈哈大笑。最后，一个东西正好落到他的手上，武王不想再逗弟弟了，就一把抓住。睁开眼睛一看，是院子里大桐树上落下的一片树叶，武王就说："我就把这个封给你吧。"说完哈哈大笑，扬长而去。弟弟拿着桐叶发呆，不知道如何是好。这时候，身边的随从跪下对他说："恭贺叶公！桐叶如朝圭，岂不是大王要封你叶地吗？"听了随从的话，武王的弟弟豁然开朗，第二天一早就拿着那片桐叶径直入朝，向武王叩拜谢恩。武王早把昨天的事情忘了，听弟弟谢恩封为叶公的话，感到着实可笑，无奈当着满朝文武，又不好意思否定，只好让侍臣拟下圣旨，封弟弟到叶地为公。也有记载说周武王桐叶封其弟于应国的。应劭注《汉书》引《韩诗外传》曰："周武王与弟戏言：'以桐叶为圭，吾以此封汝。'周公曰：'天子无戏言。'王应时而封，故曰应

叶

叶公陵园

后乡是也。”对此说法，颜师古就进行了驳斥：“武王之弟，自封应国，非桐叶之事也。应氏之说，盖失之焉。汲郡古文，殷当时已自有国，非成王之所肇也。”明确指出应劭是把叶与应混为一谈，所谓桐叶封地之说不能为据，“应后乡”之说也与应国历史不甚相符。因而清《叶县志》在《辨疑》篇中讲：“按《左传》，邘、晋、应、韩，武之穆也，当以《左传》为据。”按古代宗庙次序，父居左为“昭”，子居右为“穆”。封于应国的，当是周武王之子。

20世纪80年代，在平顶山市西郊薛庄南土岗上出土的应国墓群及众多出土文物为证，这里即春秋时期应国王室墓地，现已掩埋于白龟湖万顷碧波之下的原中州名镇滍阳，即古应国都城所在地，在20世纪50年代修建白龟山水库时，已淹没无存。而叶在当时只是应国辖内一古邑而已，在五霸之一的楚庄王向北推进灭了邓、应等江淮姬姓封国，拓地千里，封畛于汝，以“汉水为池，方城为城”之后，这里才成为军事重镇。无论是史籍记载还是考古发现，都证实了“桐叶封弟”说不可靠，因此说叶姓源于桐叶封弟之“叶”就不足为论了。

叶姓起源的第二种说法，是以叶公沈诸梁为始。叶公原姓沈，字子高，名诸梁，楚国贵族，公元前505年被楚昭王封于古叶邑，成为叶地的第一任军政长官，其后代以封地为姓。这一说法现已为海内外叶姓华人所普遍认同。至今发现的叶姓族谱对祖源情况均持此说，如槟州南阳堂叶氏族谱、台湾南阳堂叶氏族谱及闽粤诸谱，以及马来西亚雪阑莪叶氏宗祠百年纪念特刊等。这说明在姓氏起源方面，该姓族内是认识一致的。清《叶县志》称："叶氏之先本楚同姓，春秋时沈诸梁之后也，食采于叶，号叶公子孙，因以为氏……叶之得姓始此，自是支流散漫四方，不能悉究其巅末矣。"笔者经考证认为这一说法比较符合历史事实。

叶姓历代著名人物有叶姓始祖沈诸梁、唐代术士叶法善、宋代思想家叶适、宋代词人叶梦得、明代大儒叶兑、一代武术宗师叶问、北伐名将叶挺、开国元帅叶剑英、开国上将叶飞、现代著名教育家叶圣陶等。

## 叶姓早期的流徙情况

叶姓的后裔流徙情况，同中国其他各姓后裔一样，是极其复杂的，出于史料原因，很难一一弄清，只能结合史籍记载、族人分布、谱牒传录、民间口碑等比较考察，把握叶姓流徙概况。经过梳理，笔者认为叶姓的流徙情况可分为三次大的行动。

第一次大迁徙是在秦灭楚国之后。进入战国时期，楚国一直走下坡路，楚国在中原的贵族难再立足，叶公后人也即在此时逃离叶邑。为让后代牢记其祖居地，其中一支或数支改沈为叶，尊沈诸梁为祖而成为叶姓之始传，后辗转流离于河北河间、陕西雍州、江苏下邳等地。这也是叶县虽为叶姓发源地，而叶姓族人并不多的主要原因。河南一带叶姓，多为后来南迁重返故乡留下来的。

第二次大迁徙是在晋末。人们为躲避战乱再次背乡离井，陕西、河北等地叶姓也随着往南流离，也就在这一时期，有一支叶姓族人重返中原，祖居地当然是主要选择，使叶姓形成了"南阳堂"的祖居地概念，因而现在闽台及海外叶姓支系，都冠以南阳堂的谱名，这也证明了晋唐数百年间，叶姓之主体族系一直在南阳一带生活定居。考南阳和南阳郡的设立，是在秦昭襄王三十五年（前272），辖宛襄地区，汉代之后一直是江淮大郡，叶地归其辖，无论从祖源地或是祖居地来说，闽台港等地叶姓冠以南阳堂都是对的。

第三次大迁徙是在唐宋间，这一次因支系众多流迁，有避唐末之乱的，有在宋为官随宋室南渡的，情况较为复杂，其从南阳一带迁出，到达豫皖交界大别山麓之光山、固始一带是有可能的。今豫皖交界处叶集为一大镇，是叶姓先民唐末南迁的重要间居地之一，这里北有淮河，南有大山，人口稀少，土地肥沃，是理想的休养生息之所。中原其他姓氏的流民也纷纷在此扎根，即闽台许多客家人所讲的“根在固始”。这个根，多是在唐宋间南迁避乱时扎下的，叶姓当不例外。福建仙游《古濑叶氏族谱》载：“始祖叶诣，世居雍州，五季之乱，举族流徙莫定，至宋，卜居光州固始，若祖有叶炎会者，随宋南渡，卜家仙游之古濑。”福建佛岭《叶氏谱序》曰：“吾稽叶氏，居雍州，徙居光州固始县。”《思实公重修族谱序》曰：“吾祖河南固始人也。”《明元公谱序》曰：“吾宗始自光州入闽。”这些足可证明，叶姓之一支在唐末大迁徙中流居固始，宋室南迁后，叶姓不愿沦为亡国奴，才又翻越大山，渡过长江，在福建仙游、江西松阳、浙江丽水等地定居。赴闽叶姓为叶昂、叶洙、叶霆三人，分别为安柄、佛岭、莲溪之始祖。叶大经初据开封为官，宋末流寓广东，其后裔散居潮汕、惠州、嘉应等地。世居下邳之叶姓，亦在此时南迁浙江括州、宁波一带。自此，叶姓成为江南望族。唐宋两季，族贤辈出，仅《唐书》《宋史》所立传者就有20余位。福建泉州《莲溪叶氏族谱》说：“始祖叶文柄，祖居河间府，有子三，曰颜、曰颛、曰颙。颙事宋。当高宗之世，颙父文炳之南，应在北宋之末。”这也说明叶姓在唐宋期间有多支南迁。《通志·氏族略》称“叶，在宋为著姓”是有一定道理的。

## 叶姓向港台及海外的发展

叶姓向港台及海外发展是在明清期间。随着资本主义思想和经商观念的盛行，沿海一带有志之士纷纷谋求到海外去发展，如福建海澄《大观叶氏族谱》所述：“世居大观山麓，自明季滨海播迁，旧谍散失，亡其世系，战事之故，历代播迁，均付缺如。”虽然该系旧谱无存，不知所祖，但在明代过海到台湾是无疑的了。入清之后，到台湾开辟基业的就更多了。据台湾有关方面统计，叶姓在台湾地区的人口已达20余万，在各大姓中排在第20位。

到了近代，主要在清末民初和抗战爆发之后，有的为实业发展，有的为谋求出路，有的为求取学业，有的为生计所逼，沿海和港、澳、台地区的叶姓儿女开始向更远的地方进军，他们到南洋诸国，特别是新加坡、马来西亚、菲律宾的最多，再就是美、加、澳、日等国，也出现了一批叶姓的贤达与精英，如旅居马来西亚的叶亚来，就是吉隆坡的开埠功臣，其后裔在马来群岛人丁兴旺，成为大族。如今的叶姓华人，已经遍布全世界许多国家和地区。

## 叶姓的郡望与堂号

郡望有：

1.南阳郡：战国秦昭襄王三十五年（前272），秦国夺取楚国宛，以宛（今河南南阳市）为治所，置南阳郡。两汉之际，南阳郡辖26县，其时辖地在今河南伏牛山以南叶县内乡之间和湖北省大洪山以北应山郧县之间的大部分地区。

2.下邳郡：秦朝在今江苏睢宁西北一带设下邳县。东汉永平十五年（72）将临淮郡改为下邳国，东汉建安十一年（206）时改为下邳郡，治所在下邳（今江苏睢宁县西北），其时辖地在今北至江苏省新沂县、邳州市，南至安徽省嘉山县，东至江苏省涟水县、淮安市和清江市一带。东晋时期辖地在今江苏省睢宁市、邳州市一带地区。金国时期移睢宁到西北古邳镇。到了明朝时期，下邳郡被废。

堂号有：

1.南阳堂：以望立堂。叶氏得姓于叶邑，而叶邑在古代秦、汉时期属南阳郡，加上叶氏为南阳望族，故以南阳为堂号。

2.下邳堂：以望立堂，亦称睢宁堂、邳州堂。

3.梅州堂：以望立堂，亦称兴宁堂、嘉应堂、梅山堂。

4.崇信堂：宋朝时有翰林学士叶梦得，在朝廷南渡的时候任江东安抚使，领兵分据江津，使金兵不得渡江。南宋朝廷升他为观文殿学士，调他担任福建安抚使。他打败金兵50多次，官至崇信军节度使。

另外，还有敦睦堂、点易堂、续古堂、继美堂、百忍堂、天叙堂、永思堂、享裕堂、天秩堂、青枝堂、济美堂、崇本堂、双留堂、国望堂、序秩堂等。

## 叶姓文化的研究与开发利用

自20世纪90年代初开始，平顶山市的专家学者着手研究叶公、挖掘叶姓文化资源，并编撰出版《叶公沈诸梁考论》《叶公沈诸梁与楚“方城之外”》《叶姓溯源》等书籍及叶姓宗谱考证等，赢得海内外特别是港、澳、台、东南亚叶姓后裔的盛赞和广泛支持，得到了省内外史学界的关注与肯定；叶姓祖居地叶县县委县政府也投入了大量人力物力，修整了叶公陵园；许多海外叶姓同胞每年回到叶县寻根问祖、投资助教、兴办实业，为祖居地的建设做出了积极贡献。

2009年5月15～18日，世界叶氏联谊总会第三次代表大会在叶县召开，5月16日，拜祖大典仪式在叶县叶公陵园内隆重举行，院内搭建的临时邮局前人头攒动，前来办理叶公明信片、邮资纪念封的叶氏后裔络绎不绝。叶县邮政局刻制了第三届世界叶氏联谊总会纪念戳，供叶氏后裔免费加盖。在这枚直径为3.5厘米的纪念戳上刻有“世界叶氏联谊总会第三次代表大会”字样，中间为二龙戏珠图案及篆体“叶”字。在叶公文化研讨会上，与会专家学者及部分叶氏后裔代表就电视连续剧《叶公》的剧本创作及叶公文化等进行了深入探讨和研究。这只是近年叶县举办的多次有关叶公文化研究和叶姓寻根问祖活动的其中一次。

## • 刘姓——源自刘累豢龙的故事 •

### ■ 刘姓源自帝尧，祖自刘累

最近一次中国人口普查的数据显示，刘姓是中国第四大姓氏。刘姓来自何方，根在哪里，祖源地、郡望又在哪里？历史上有哪些刘姓名人？刘姓在中华民族的发展过程中又有哪些影响？

宋代史学家郑樵的《通志·氏族略·以邑为氏》说：“帝尧陶唐氏之后受封于刘，其地今定州唐县也。”尧是中华民族传说时期的一位贤德明君，祁姓，名放勋，自幼聪明，后接替帝喾成为中原君王。司马迁的《史记·五帝本纪》描述道：“帝尧者，放勋，其仁如天，其知如神。就之如日，望之如云。富而不骄，贵而不舒。……能明驯德，以亲九族。九族既睦，便章百姓。百姓昭明，合和万国。”尧在位七十而让贤于舜。尧死之后，天下百姓如丧考妣。他与其后的舜帝为中华民族的大融合、大统一做出了极其伟大的贡献，两人的统治阶段被后世称为“尧天舜日”，成为数千年为政昌明者千方百计追求的治国极致。

## 刘姓始祖刘累与鲁山

帝尧是中华刘姓的血缘宗圣，其后裔刘累则是刘姓的开基鼻祖。刘累生活于夏朝第十四代国王孔甲时期，《左传·昭公二十九年》载：“有陶唐氏既衰，其后有刘累，学扰龙于豢龙氏，以事孔甲，能饮食之。夏后嘉之，赐氏曰御龙，以更豕韦之后。龙一雌死，潜醢以食夏后。夏后飨之，既而使求之。惧而迁于鲁县，范氏其后也。”后司马迁《史记·夏本纪》、郦道元《水经注》俱沿袭此说。《砂罗越刘氏源流考》载：“刘累事夏孔甲，赐御龙氏。其生也，两掌成‘刘累’二字，因以为姓。”《安徽凤阳刘氏谱序》亦称：“我刘氏之先本出于帝尧苗裔，夏之时帝尧陶唐氏子孙生子有文在手曰刘累，因以为刘氏。此我刘氏之端也。”

刘累就是刘姓的始祖，而刘累惧罪逃走定居的地方鲁县，即今天的河南鲁山县，是刘姓的祖源地和发祥地。考鲁山历史古老，其古邑所在地位于今县城西南的昭平湖水库内的邱公城，这里在汉代以前一直是鲁山的政治、经济、文化中心。经考古发现，邱公城文化层从两汉、商周、龙山到仰韶晚期叠压明显，1963年被河南省人民政府公布为省级文物保护单位。

刘累

2000年6月，在水库西侧二龙岗下的湖岸边发现水浪冲刷出了大型日月土龙图案，给刘累豢龙故事的真实性以有力的佐证。故中国社会科学院考古研究所研究员郑光在《说姓氏古义谈刘姓与刘累》中说：“刘累所迁的鲁县则明确无误是在鲁山县，可以认为这里是刘姓已知最早的祖居地。”（《黄河文化》2000年2、3期合订本）

刘姓以两汉帝国之国姓，在中国历史上分封普遍，迁徙频仍，后裔众多，名人济济，且支系复杂，郡望多出，形成了“遍地刘姓”的洋洋大观。刘姓名人有刘姓始祖刘累、汉高祖刘邦、汉光武帝刘秀、蜀汉皇帝刘备、唐代文学家刘禹锡、清

刘

代政治家刘墉、中华人民共和国主席刘少奇、开国元帅刘伯承等。

## 刘姓的郡望与堂号

刘姓由于在中国古代有多个族人建立王朝、担任王公将相，后裔涉地广泛，形成了多个郡望，具不完全统计，刘姓郡望达25个，其中有名的有18个。

1.彭城郡：西汉置郡，当时将楚国改为彭城郡，后又改为彭城国，治所在彭城。此支刘姓是汉高祖刘邦的后代。

2.沛郡：西汉置郡，治所在相县。

3.弘农郡：西汉置郡，治所在弘农县。此支刘姓开基始祖为西汉荆王刘贾。

4.河间郡：汉初置郡，治所在乐成县。此支刘姓开基始祖为东汉章帝之子河间王刘开。

5.中山郡：汉初置郡，治所在卢奴县。此支刘姓多出自汉景帝之子中山靖王刘胜。

6.梁国：汉高帝时置国，治所在雎阳（先都定陶，文帝时移都雎阳县）。此支刘姓为汉文帝之子刘武所开基。

7.顿丘郡：西晋时置郡。此支刘氏多出自匈奴刘氏。

8.南阳郡：战国时置郡，治所在宛县。此支刘姓开基始祖为西汉景帝之子长沙定王刘发。

9.东平国：汉晋置国，治所在无盐县。南朝宋改为东平郡。此支刘氏基始祖为汉宣帝第四子东平王刘宇。

10.高密国：西汉置国，治所在高密县。南朝宋时改为高密郡。此支刘氏为广陵王刘宏所开基。

11.竟陵郡：西晋置郡，治所在石城。此支刘氏为东汉刘焉所开基。

12.河南郡：汉初置郡，治所在洛阳县。此支刘氏出自匈奴刘氏。

13.尉氏县：春秋时为郑国邑，秦时置县。此支刘姓开基始祖为东汉章帝十一世孙刘通。

14.广平郡：西汉置郡，治所在广平县。此支刘氏为西汉景帝之孙刘苍之后。

15.丹阳郡：西汉置郡，治所在宛陵县。此支刘氏为临淮刘氏分支，开基始祖为东汉光武帝刘秀七世孙刘会。

16.广陵郡：西汉改江都国置广陵国，治所在广陵县。东汉改为郡。此支刘姓开基始祖为广陵王刘胥。

17.长沙郡：战国时置郡，治所在临湘县。此支刘姓开基始祖为长沙定王刘发。

18.临淮郡：西汉置郡，治所在徐县。

此支刘姓开基始祖为东汉光武帝刘秀六世孙晋永城令刘建。

各个郡望的族人不断流动迁徙，为记载本组郡望祖居地，便形成了各个谱系与堂号，主要有：

1.豢龙堂：夏代刘累善于养龙，被封为御龙氏，此堂号为刘姓原始祖堂。

2.彭城堂：这是刘氏使用最普遍的堂号，因为彭城刘氏源出西汉皇族，时间较早，人口、支脉较多，影响较大，因此被刘氏看作郡望堂号的正宗。

3.藜照堂：汉代的刘向，元帝的时候校书天禄阁，有一天，一个老翁穿着黄衣、拿着藜杖，藜杖上的火焰照亮暗室。他拿出天文、地理的书给刘向。刘向问："你是谁？"他回答说是太乙之精，听说他好学，特来看他。刘向见了老翁后，才思更加敏捷了。刘氏后人为纪念这一传说，鼓励族人发奋读书，就以"藜照堂"为堂号。

4.南阳堂：东汉皇族一支，以纪刘秀在南阳起家成就汉室大业。

刘累豢龙

## 近年刘姓文化活动

随着文化的繁荣和发展，姓氏文化的研究和宣传越来越受到各地的重视，作为刘姓的祖源地，河南鲁山县已经召开了两次世界刘姓祭祖大典，刘累墓也已经修葺一新，建立了祠宇、碑林、陵园和游园，成为天下刘姓寻根问祖的圣地。此外，当地召开了数次国际、全国刘姓文化研讨会、尧文化研讨会、尧山文化论证会等，编印了有关书籍、画册、书画展览。平顶山市在评选"鹰城十大历史名人"时，刘姓始祖刘累名列榜首，并在刘累墓园雕塑了刘累像，成为城市文化名片。

# • 应姓——古应国的裔传子孙 •

应姓是古老的姓氏，源于平顶山市，现有人口50余万，约占全国汉族人口的0.023%，按人口排序，在全国姓氏中居281位。应姓分布很广，遍布全国及世界各地，尤以中国东南沿海居多。其中浙江、上海、福建的应姓人口占全国应姓人口的50%以上。平顶山市虽为应姓祖源地，但人口较少，据2010年统计，全市只有164人，占全市人口的0.003 3%，散居于全市10个县（市、区）。

## 应姓起源

应姓来源于应国，应国来源于古应龙部族的图腾崇拜。

《辞源》对应龙的解释是："有翼的龙。龙五千年为角龙，又千年为应龙。"龙是中国传统文化的结晶，《山海经·大荒北经》："蚩尤作兵伐黄帝，黄帝乃令应龙攻之冀州之野。应龙畜水……遂杀蚩尤。"五帝时期，龙作为半神半人的形象趋于明朗，逐渐开始走出神话。而这个故事发生及应龙的出现地正是五帝时期的中原地区。远古时期，应龙氏族就是一个生活在中国黄淮流域的古老部族，它以翼龙为部落图腾，是中华民族文化龙形成过程中的主要形象。在汉画像石或画像砖中，都有着丰富的应龙形象。三皇五帝时代，特别是黄帝和尧舜禹时代，都流传下来许多有关应龙部族的神话传说故事。应龙是能征善战的典型。到了商代，商汤把应龙部族分封后，才有了古应国的产生。在中国古文字中，应与鹰是通用的。所以，古应国图腾，也细化为展翅翱翔的雄鹰被固定下来。后来，应国屡迁，到商后期，在淮河上游伏牛山东麓的黄淮平原扎下了根。并在滍水之阳的龙山下建立国都，就是后来的滍阳。殷墟甲骨卜辞有"王步于应，应侯来朝"，《汲郡古文》称："殷时已有应国，王步于应。"今本《竹书纪年》云："盘庚七年，应侯来朝。"这些记载证明商已有"应"，应是商时方国，且与商王朝保持着密切关系。

应国墓地出土的五鼎四簋四鬲

西周初年，周武王封其四子姬达于应地为应侯。姬达是周王室庶子，又称应叔。西周应国在宗族国中，辈分极高。应侯在朝野之中，都有着极高的影响和声望。《诗经·下武》也记载了“媚兹一人，应侯顺德”的周天子款待应侯的盛况。在近年出土的西周古应国贵族墓地中，有大量的周王室赐予的青铜礼器，其中国家一级文物线雕玉鹰极具历史和艺术价值，是古应国王族的传国之宝。

商时应国与西周应国均因地名封国，同属一地，只不过是武王灭商，姬姓应侯取代商之应国。姬姓应国立国350余年。姬姓应国是应姓人口得姓的最为鼎盛的时期，而源于姬姓的应姓是今天应姓繁衍传承的主要支流。应姓历史名人有西汉隐士应曜、东汉才子应顺、礼仪学家应劭、“建安七子”之一应玚、晋代镇南大将军应詹等。

## 应姓在古代的迁徙与分布

应姓在大陆和台湾都没有列入百家姓前一百位。应姓大族其主要分布在：

1.滍阳应氏：滍阳，应国故城，为应姓祖源地，在今河南省平顶山市。有西周应国贵族墓，发掘出大量文物。

2.南顿应氏：汉代有南顿应氏。南顿，在今河南省项城市北25千米。

3.大田里应氏：东晋时，应詹随晋元帝渡江而南。应詹有两个儿子，其中一子应诞留居江西宜黄，另一子应玄随父留居永康大田里，即今浙江省永康市芝英镇一带，其后代析居江南各地。

4.仙居应氏：浙江省台州市仙居县下各镇东部、双庙乡及田市镇有大量应姓后裔。特别是原下各乡中心镇区基本上是姓应的。他们都是明朝刑部尚书应大猷及其兄弟的后代。另外浙江省的永康市及浦江县也是应姓的聚居地。

5.关东应氏：祖籍山东省威海市鸭湾，清朝初年，一迁至辽宁省瓦房店市长兴岛镇，二迁至辽宁省大连市普兰店区城子坦镇应家村，三迁至吉林省东丰县黄河镇丰源村。

6.峡阳应氏：唐光启元年（885），应世哲从河南光州固始县随王审知入闽，定居峡阳，是为峡阳应氏开基之始。峡阳应氏繁衍相传，迄今已至32代，子孙人口众多，历代又有流迁往外，遍布国内各省、市和台湾地区、香港特别行政区，以及美国、日本、新加坡、加拿大、马来西亚等国。

## 应姓郡望堂号

郡望有：

据《姓氏考略》记载，应氏望出汝南郡、颍川郡，全国各地应氏也是从这两地分支而出。

堂号有：

1.淮阳堂：汉初，应曜在淮阳山里隐居。汉高祖派大臣请他和商山四皓一起到朝廷为官，应曜坚决不去。后来商山四皓被太子刘盈请去露了一下面。当时的人说："商山四皓，不如淮阳一老！"

2.择善堂：浙江省缙云县三溪乡西应村应氏祠堂，堂号为"择善堂"。语出《论语》："三人行，必有我师焉。择其善者而从之，其不善者而改之。"

3.燕翼堂：福建省南平市峡阳镇应氏宗祠，堂号为"燕翼堂"。"燕翼"的意思，就是希望散居在各地的子孙都能像燕子回巢一样回到祠堂，来看看祖先居住的地方。燕翼堂每年结合祭扫活动，都要举行对年满16岁青年的"成人节"教育活动，向青年学生讲述前贤典型故事，介绍"燕翼堂"牌匾的来历，要求青年学生牢记祖训、不忘家乡。

4.报本堂：浙江省宁波市江北慈城镇应氏宗祠，堂号为"报本堂"。

5.徵德堂：浙江省永康市芝英镇应氏大祠堂，堂号为"徵德堂"，是祭祀芝英地区应氏祖先的场所。

## 应姓的研究与应氏文化的开发利用

20世纪80年代，在平顶山市西郊、现在的新城区发现西周应国贵族墓地之后，应国、应都的具体位置才被学界肯定，此项发现被评为1998年度全国十大考古发现之一。结合史料可确认，周代初年的应国在中原的河南省平顶山市。

平顶山市市委、市政府把主要为原滍阳库区移民的薛庄乡更名为滍阳镇，新的滍阳镇在平顶山市新城区规划之内，把西周应国贵族墓地规划为新城区旅游观光的生态保护园区，召开了多次有关应国的学术研讨会，出版了两部应国研究专著，发表了有关学术论文，得到了国内史学界的肯定。平顶山市还把"鹰城"作为本市的别称，现在，鹰城的名字已经为海内外所熟知，应国贵族墓地出土的国家一级文物玉鹰被认为是古应龙氏部族的族徽、应国的传国之宝，如今则成为鹰城的象征。

# • 梁姓——出自古梁地的姓氏 •

## 梁姓起源

梁姓的起源地在汝州市。汝州古称梁，三皇五帝时是颛顼部落的辖地。商代为霍国，西周为王畿地，由周天子直接管理。东周初周平王在汝州设梁邑，封给儿子姬唐，霍阳山改为梁山，发源于此的河流改为梁河，都城叫梁城。从梁邑设置始，“梁”在汝州存在数千年。姬唐的后人就以国为姓，始有梁姓。在中华姓氏中，梁姓排行名列第20位，人口约1 353万，占全国人口总数的0.85%左右。广东是梁姓人口分布最稠密的地区，梁姓占全省人口的4.7%，占汉族梁姓的35%；梁姓人口在北京排名第21位，在台湾排名第44位。梁氏后裔在港、台、澳，东南亚等华侨聚集地名门望族很多，影响力也较大，在新家坡有南洋梁氏公会与星洲梁氏总会。近年不断有新加坡的梁姓宗亲到汝州寻根问祖，他们对汝州是梁姓的祖籍地深信不疑。汝州梁城被认为是最早的梁姓起源地，因此，平顶山市汝州是世界梁姓寻根的主要地点。

## 梁地的变迁

到了春秋末期，周王室衰微，西南戎族勃兴，不断蚕食中原，梁邑丢失。楚国兴起后，被楚王派到叶邑统领方城之外广大地区的叶公沈诸梁，在平定内忧外患之后，以一夕之期，突袭梁地的戎蛮，夺回梁邑，保留梁的建制，委派将领进行管理。战国时，梁地归韩国管辖，为区别山西的梁，改称为南梁。秦始皇灭东周，将周末代天子周赧王姬延安置在梁城，实行郡县制后，设梁县。

汝州现存两个梁城遗址：一个是今汝州城，是唐代新迁的梁城，有1 000多年的历史；另一个是东周始建的梁城，为梁故地，有2 780年的历史，现为省级文物保护单位，城垣大部分还在，城内有春秋时期的冶铁遗址。

梁姓自得姓后，在梁河边继续繁衍生息。秦汉之际，梁姓裔族散居于河东地区，到西汉末年，又陆续由河东移居西北，逐渐形成了安定（今属甘肃）、天水、扶风（今属陕西）等郡望。其中安定梁

梁

氏形成最早、影响最大，扶风梁氏是安定梁氏的分支。东汉时，居于西北地区的梁姓人又陆续返迁中原，并在洛阳一带发展成新的郡姓望族，号称河南梁氏。这也是汝州梁的回迁。

梁姓历史名人有唐代文学家梁肃、南宋巾帼英雄梁红玉、明代诤臣梁储、明代戏剧家梁辰鱼、清代东阁大学士梁诗正、清代书法家梁同书、清末改革家梁启超、北洋政府总理梁士诒、现代文学家梁实秋等。

### 梁姓文化研究与开发

近年来，平顶山市和汝州的专家学者投入很大精力，对起源于汝州的梁姓文化进行多方面的研究。海内外也不断有梁姓后裔造访汝州寻根问祖。经过调查，汝州以梁姓冠名的村庄有10多个，分布在梁城周围。目前，汝州市成立了汝州梁姓文化联谊会，与平顶山市和汝州炎黄文化研究会正在筹备汝州梁城建城2780周年暨世界梁姓首届宗亲大会，力争把梁姓文化研究和中华梁姓寻根恳亲活动打造为汝州一个闪亮的文化品牌。

## • 汝姓——以水为姓的家族 •

### 汝姓之源

汝姓起源有三：

其一源于姬姓，出自东周平王幼子，属于以居邑名称为氏。据唐代张九龄的《姓源韵谱》：“周平王少子封于汝州，其后有汝氏。”中原有一条河叫汝水，就在现今河南省，至今仍叫汝河，汝氏的先祖就生活在汝河两岸。两周之际，周平王姬宜臼将国都从镐京（宗周）迁到洛阳（成周），史称东周。之后周平王将功臣和王族分封为各地的首领，其中他最小的儿子姬武被封于淮河北岸的汝水流域（今河南汝阳、汝州一带，抵至宝丰），为侯爵，时人称之为“汝侯”。在汝侯的后裔子孙中，有以先祖封地名称或爵号为姓氏者，称汝氏，世代相传至今。

其二源于地名，出自东周时期王畿汝邑，属于以居邑名称为氏。汝邑，在东周时期为王畿之地，后在公元前720年的郑攻周之战后成为郑国之地，建有古临汝城，故址在今河南省汝州市的临汝镇。公元前678年，楚文王攻郑，汝邑又一度成为楚国之地，改称梁，又改称霍。汉朝在汝邑之地设梁县。到了北魏时期，其地隶属于汝北郡。隋朝时期，隋文帝杨坚将汝北郡的郡治移到陆浑县北部（今河南嵩县东北部），改称汝州。在汝州之地的古代居民，经过历代政区变革和家族外迁的，就以居邑名称为姓，称汝氏，世代相传至今。从大的方面说，以上两个起源有近似之处，也可以说是一源两说。

其三源于姒姓，有观点认为汝姓出自商代汝鸠、汝方，属于以先祖名字为氏。史籍《元和姓纂》记载：“《尚书》有汝鸠、汝方。”在殷商王朝时期，有名叫汝鸠和汝方的，传说两人是大禹的后代，皆为商汤执政时期的贤大夫。在汝鸠、汝方的后裔子孙中，有以先祖名字为姓氏者，称汝氏，世代相传至今。汝氏族人大多尊奉汝鸠为得姓始祖。

汝姓名人有商汤贤臣汝鸠、东汉鲁国国相汝郁、明代书法家汝讷、当代美学家汝信、当代教育家汝企和等。

## 汝姓的分布与迁徙

汝姓是古老的汉族姓氏，在几千年的社会发展中，从中原流徙至全国各地，甚至远及海外。但汝姓人口总数并不多，在中国的大陆和台湾省均未列入前300位，在宋版《百家姓》中排序为第462位。今河南省的信阳市固始县、汝南县，安徽省的利辛县、淮北市，甘肃省的天水市、平凉市，新疆维吾尔自治区的乌鲁木齐市，陕西省的富平县，北京市，黑龙江省的七台河市、大兴安岭地区，江苏省的苏州市、吴江市，浙江省的杭州市、嘉兴市，山东省的济南市平阴县、聊城市东阿县，湖北省的武汉市，云南省的普洱市宁洱县、曲靖市陆良县，非洲尼日利亚等地，均有汝氏族人分布。

## 郡望与堂号

1.天水郡：亦称上邽郡。西汉元鼎三年（前114）置郡，治所在平襄县（今甘肃通渭县），其时辖地在今甘肃省通渭县、秦安县、定西县、清水县、庄浪县、甘谷县、张家川县及天水市西北部、陇西县东部、榆中县东北部地一带地区。东汉永平十七年（74）改为汉阳郡。三国时期曹魏仍改为天水郡。西晋时期移治到上邽县（今甘肃天水），北魏时期仍改回为天水郡，其时辖地在今甘肃省天水市、秦安县、甘谷县等市县一带地区。

2.渤海郡：渤海郡另一称谓为渤海

国。西汉时期从巨鹿、上谷之地分出渤海郡，治所在浮阳（今河北沧州东关），其时辖地在今河北省、辽宁省之间的渤海湾一带。唐朝时期的东北靺鞨，以粟末部为主体亦建立过渤海郡，先称振国（震国），其辖地在今东北松花江以南至渤海地区，后来唐玄宗册封粟末靺鞨首领大祚荣为渤海郡王、忽汗州都督，遂名渤海国。后唐同光四年（926），渤海郡为辽国所灭，以后不复存在。

汝姓以望立堂，有天水、渤海堂号。

## 墨姓——一个古老的姓氏

### 墨姓起源

墨姓起源比较复杂，有多个说法。

最常见的说法认为墨姓在尧舜时代就有了。其有记载的鼻祖是大禹的老师墨如。墨如教禹三年，使大禹深谙治国理政之道，深受禹王尊重。故墨氏后人奉墨如为墨姓的得姓始祖。大禹的儿子夏启建立了中国第一个奴隶制国家夏之后，敕封墨如的儿子为孤竹国的国君，称墨台氏，其后有族人省文简为单姓墨氏，世代相传至今。据史籍《通志·氏族略》记载：“本墨台氏，后改为墨氏。”在墨如、墨台氏的后裔子孙中，多有称墨氏者，世代相传至今，史称墨氏正宗。墨氏族人大多尊奉墨如为得姓始祖。

墨子

其二源于蒙古族，属于汉化改姓为氏。据史籍《清朝通志·氏族略·蒙古八旗姓》记载，蒙古族墨尔齐氏，满语为“Morcin Hala”，亦称墨勒济氏、墨尔秦氏，后有满族引为姓氏者，清朝中叶以后多冠汉姓为墨氏。

其三源于满族，属于汉化改姓为氏。

据史籍《清朝通志·氏族略·满洲八旗姓》《黑龙江志稿·人物志》记载，满族阿图拉墨氏，亦称阿图拉莫氏，以地为氏，清朝晚期以后多冠汉姓为墨氏、莫氏等。满族墨佳氏，满语为“Mogiya Hala”，祖先原为汉族，东汉末期被辽东鲜卑乌桓部虏携后融入鲜卑族，后逐渐演化为辽东女真，世居辽阳（今辽宁辽阳），后所冠汉姓即为墨氏。满族墨呼氏，亦称莫勒特氏，满语为“More Hala”，世居叶赫城（今吉林梨树叶赫满族镇南部），后改汉姓为墨氏、梅氏等。还有多支满族后裔，汉化后改为墨姓。

其四源于达斡尔族，属于汉化改姓为氏。据史籍《黑龙江志稿》记载，达斡尔族墨尔丹氏，亦称莫尔登氏、孟尔丁氏、孟尔的音氏、莫塔哈利氏，世居布特哈（今嫩江流域和大小兴安岭）。后有满族引为姓氏者，满语为“Mordin Hala”，清朝中叶以后，达斡尔族、满族莫尔登氏多冠汉姓为墨氏、孟氏、莫氏、苍氏、利氏等。

其五源于战国初期哲学家墨翟，属于以先祖名字为氏，是目前最令人信服的说法。

在墨子的后裔子孙中，有以先祖名字为姓氏者，称墨氏、翟氏；墨家后学三支相里氏、相夫氏、邓陵氏，也以墨姓自居，皆世代相传至今，是为豫中南墨氏。墨氏皆尊奉墨子为得姓始祖。

墨姓名人有鼻祖墨如、得姓始祖墨翟、明代兵部侍郎墨麟等。

## 墨姓与黑姓的关系

墨姓是一个古老的汉族姓氏，但人口总数很少。

在平顶山市鲁山县，有一个与墨姓有关的传说，那就是黑姓的产生。据说秦始皇建立秦国后，消灭百家识字的人。墨家被迫转入地下，形成了以侠为使命的组织，他们为了保护墨家不被消灭，就建立了隐灵教。隐灵教十分隐秘，其掌门人被称为巨子，巨子下边设若干个灵子。灵子又分为外放灵子和内廷灵子。外放灵子的任务是实践墨家治国理念。内廷灵子则研究墨学理论和技艺发明。内外灵子不交叉，特别是外放灵子，终生不得再回隐灵教廷。传说墨子在去世之前，就选好了鲁山熊背乡的大山作为长眠之地。他去世之后，就葬于该地。他的学生也在此地定居，便把修建的墨子洞作为首座隐灵教庭。其后人为了杜绝世人耳目，当地的墨家人把墨字下边的土字去掉，改墨姓为黑姓。并把埋葬老师的山沟叫作土掉沟，以留作纪念。如今，鲁山一带的黑姓都尊奉墨子为其始祖。

## 郏姓——因地为姓

### 郏姓起源

郏姓是一个古老的姓氏，以地为姓是其主要特征。古郏邑即今平顶山市郏县，平顶山市北边横亘数十里的大小龙山，在古代又叫郏山。现在的龙山南麓脚下还有一个名叫“郏山阳”的村庄。按照一些姓氏研究资料的说法，郏姓源出有三：

其一，郏姓出自姬姓，是周文王姬昌的后裔，以地名为氏。据《元和姓纂》记载，周成王姬诵定鼎于郏鄏，他的子孙中有迁往这个地方居住的，改为郏姓。

其二，郏姓源于春秋时期的郑国，以地名为氏。周平王东迁后，郏成为郑的一个邑。据《姓苑》载，郑国有大夫叫郏张的，因为他的祖上受封于郏地，于是他的后代就以封地作为自己的姓。

其三，郏姓出自芈姓熊氏。芈姓为春秋时期楚国的王族。楚康王在位15年，死后由其子熊员（字敖）为楚王。熊员让其叔叔公子围出任令尹治理国政。四年后，公子围借故发动兵变，敖和两个儿子都被公子围杀害。他们父子三人都被葬在楚国北境的郏邑，即现在襄城县与郏县交界的紫云山山坳处，称熊员为郏敖。公子围自立为王，史称楚灵王。公元前529年，其弟公子弃疾又发动兵变，占领楚国都城，杀死了楚灵王的两个儿子，并逼楚灵王自杀。公子弃疾登上王位，为楚平王。楚平王把楚灵王及其两个儿子与郏敖父子葬在一起，形成了今天襄城县紫云镇的六王塚。因熊员被封郏敖，他这一支的子孙就以郏作为自己的姓氏。

郏姓虽传说多元，但都与古郏地不无关系。因此，郏县是郏姓的祖源地得到广泛认可。

郏姓在大陆和台湾都没有列入百家姓前100位。历史上郏姓人丁不旺，后又因中原战乱四处流徙，逐渐发展到全国各地。

郏姓历史名人有春秋时期郑国大夫郏张、春秋楚王郏敖、北宋水利学家郏亶等。

## 郡望堂号

郡望有：

1.荥阳郡：三国魏时置郡，相当于今天的河南省郑州市。

2.武陵郡：汉时置郡，治所在义陵，相当于今天的湖南省溆浦县南部。

堂号有：

司农堂：源自宋代的郑亶和郑侨父子。郑亶向朝廷献了《吴中水利论》，朝廷委任他为司农丞。后来皇帝听信了奸臣的话，罢了他的官，他回到家以后按自己书中所写的方法兴修了水利农田，一年以后就获得了特大丰收。皇帝知道了他的方法是对的，于是恢复了他的官职。郑侨继承父亲完成了《水利书》的编撰。此堂号因郑亶任司农寺丞而起。

# • 鲁姓——以图腾为特征的古老姓氏 •

鲁姓在全国分布广泛，河南、山东、安徽等地都有较多鲁姓。鲁姓是当今中国姓氏排行第119位的姓氏，人口较多，约占全国汉族人口的0.2%。

## 鲁姓起源

鲁姓有多个支系，从宽的讲，有汉族和回、满、蒙、鲜卑等少数民族。在历代民族大融合中，多数鲁姓少数民族也已经汉化。这里只讲一下汉族鲁姓的五个主要来源。

来源一，出自炎帝。鲁姓部族是炎帝彤鱼氏的一支，彤鱼氏先民主要生活在距今7000～5500年前的河南伏牛山伊洛河流域和滍水流域，河南省鲁山县即其活动中心。炎帝以火和太阳为图腾，而彤鱼氏的图腾为鱼下有日、日上有鱼，它显示古老的彤鱼氏部族以捕鱼为生。作为炎帝部族的一个分支，其图腾在鱼下铭日，以示所出。其后人即以图腾为姓，是为“鲁”姓。20世纪90年代，鲁山县在修建尧山风景区道路时，还在山道旁边发现上鱼下日的古代石板图案。

来源二，出自黄帝。炎黄部族融合后，重新划分管辖地域，黄帝部族的一支就在原彤鱼氏所居地方生活，其后人亦以鲁为氏。鲁山至今流传着黄帝妃嫘祖始劝蚕的故事，鲁山丝绸世代闻名，号曰“仙女织”。

来源三，源于鲁阳，出自姬姓。周

鲁山县露山坡

代，在周武王灭纣大封群臣时，周公旦被封鲁地，因要留在京城辅政，乃遣其子伯禽就封于鲁，史称西鲁，也是中原古鲁地，即平顶山市鲁山县。

来源四，源自鲁国（都城在今山东省曲阜市）。周武王之弟周公姬旦在成王（前1040—前1021）三年东征，平定武庚和三监之乱，灭薄姑、商奄和熊、盈等十七国。成王五年，周公制礼作乐，七年还政于成王。成王就把天下最富饶之地之一的商奄改封给周公之子伯禽。伯禽到商奄，依旧为鲁国公，史称为东鲁。鲁国下传34代，到公元前256年鲁顷公时，鲁国为楚国所灭，其子孙遂以国为氏，称鲁姓。他们尊姬旦为鲁姓的得姓始祖。

来源五，源自鲁阳文君。鲁阳文君，芈姓，名宽，战国时楚国名将，楚昭王时司马子期之子。白公胜之乱时，子期被杀。叶公千里平叛，逼白公胜自杀于西山，挽救了楚国。公孙宽跟随叶公南征北战，后叶公让司马一职于宽。楚惠王原本要封梁（今汝州市）给他，他怕子孙据梁，国王难以制约，出现反叛使自己蒙羞，就坚辞不受。楚惠王就把鲁阳封给他。其后裔留居鲁阳，为纪念他，改为鲁姓。楚被秦灭后，鲁姓流徙四方。

以上鲁姓五个源头中，除第一个和炎帝有关外，其余四个与黄帝及姬姓、芈姓有关，但都与古鲁地的今平顶山市鲁山县有着扯不断的联系。所以说，鲁阳才是鲁姓的祖源地。

## 鲁姓流徙

公元前256年，鲁为楚所灭，鲁国子孙被迫迁居下邑（今安徽省砀山县东），后此地被齐国占，鲁姓开始在山东大地缓慢繁衍。秦汉之际，鲁姓开始向四方播迁。有扶风平陵人鲁匡在朝中任职，号为“智囊”，其子在建武初为武陵太守，其孙鲁恭为东汉名相，恭之弟鲁丕任侍中，此支扶风鲁姓历代显贵、族大人众，于是形成了鲁姓历史上的第一大郡望——扶风郡。东汉中期以后，河南新蔡鲁姓昌盛壮大，形成又一望族。东汉末年，临淮郡东城县（今安徽省定远）人鲁肃为避战乱，举家先迁曲阿，后渡江定居建康（今江苏省南京市），其子鲁淑、孙鲁睦均为将于东吴，三家归晋后，子孙散居江南各处。西晋时，因永嘉之乱，中原士族大举南迁，至隋唐以前鲁姓已广布江东一带。唐代前期，政通人和，百姓安居乐业，鲁姓除继续繁衍播迁于江南一带外，在北方的山东、山西、河北、河南、陕西都得以发展。宋元之际，居江苏、江西、安徽、浙江一带的鲁姓为避兵火南迁入闽粤，西迁入湖广。元末起义军四起，后为争皇权互相攻伐，致使两江、两湖、两河、皖鲁之地成为杀人战场，百姓流离失所，饿殍遍野。明初洪武年间（1368—1398），鲁姓作为明朝山西洪洞大槐树迁民姓氏之一，被分迁于山东、河南、北京、天津、江苏、湖南等地。清中叶以前，山东鲁姓发展迅速，并随闯关东之风潮到东北谋生，亦有临海之鲁姓赴台，进而播迁海外。

鲁姓名人有百工之祖鲁班、“义不帝秦”的鲁仲连、东汉名臣鲁恭、东吴名将鲁肃、宋代学者鲁伯能、南宋画家鲁宗贵等。

## 郡望与堂号

郡望有：

1.南阳郡：战国时秦置。鲁阳历代多为南阳郡管辖。

2.扶风郡：西汉太初元年（前104）置右扶风，与京兆、左冯翊合为三辅，治所在长安县（今陕西省西安市西北），东汉时移至槐里县（今陕西省兴平市）。三国时期曹魏改名为扶风郡，隋唐以降，陕西岐州一带为扶风郡。

3.新蔡郡：秦置新蔡县。晋朝时期晋惠帝从汝阴郡分出置新蔡郡，治新蔡（今河南新蔡），其时辖地在今河南省新蔡县、安徽省临泉县一带及河南省淮滨县北部。南北朝时期北齐改为广宁郡。隋朝时期又改名为蔡州。

堂号有：

1.扶风堂：以望立堂。

2.新蔡堂：以望立堂。

3.三异堂：源出东汉宰相鲁恭，鲁恭以德化为治，天下出现三异："虫不入境，野鸟化为家禽，童子有仁心。"

4.回日堂：源出战国鲁阳公与韩国争战，战酣，日暮，援戈而麾之，日为之返三舍。

5.却金堂：源出战国鲁仲连为人排难解纷，平原君以千金为酬谢，仲连不受金而去。

# 古城印象

## ——砖石构筑的文化

古老的鹰城地区自古就是中华民族黄河文明发祥地的重要组成部分，祖先们一直劳动、繁衍、生息在这块美丽、富饶的土地之上。从龙山文化时期的蒲城店城址到古柏国冶铁重地舞钢，再到楚国北方重镇昆阳，以及酒香千载的宝丰商酒务镇，再加上历史悠久的郏县和郡州治所汝州，还有古应国文明发源地平顶山市区在内，绵延数千年的灿烂文明史孕育出了一座座名村名城。这些村镇或因人而名，或因物而兴，或因交通而繁荣，于是乎“民聚矣、居筑矣、市兴矣”。

行走在昆阳古城和冢头镇的老街小巷或古宅中，仿佛时空倒流一般。你会发现青砖黛瓦、石碾、石磨、太师椅、八仙桌等祖先遗存下来的生产生活用具是那样亲切和富有魅力。这些普普通通的乡村建筑和器具什物是中国传统文化中最朴实、最直观、最生活化、最富有人情味的重要组成符号，对民族文化孕育和传承产生过直接和深远的影响。一城、一镇，一石、一砖都是千百年来先人们用长满老茧的双手创造给我们的宝贵财富，似浩翰大海，深厚慷慨、取之不尽。

# • 宛洛古道上的军事重镇 •

——叶县昆阳城

从洛阳出龙门山和香山之间的伊阙，经伊川、汝州、宝丰、叶县到达南阳，这条路如今并不十分重要，但在古代却非同寻常，这是著名的交通要道——宛洛古道，昆阳城即是这条古道上的军事重镇，历史上著名的昆阳之战就发生于此。昆阳城是一座历史名城，昆阳是叶县的古称，文明史可上溯到新石器时代，古为豫州地，周为应侯国，春秋时期属楚，秦朝归颍川郡，西晋属南阳辖，唐朝改属许州，元朝以来属汴梁路南阳府，中华人民共和国成立后属许昌专署，1983年归平顶山市辖，至今已有近3 000年的历史。这里是叶姓始祖沈诸梁的封地，是海内外2 300万叶氏后裔的祖地。孔子、黄庭坚、李白等诸多历史文化名人，或为官于此，或游历于此，留下了“近者悦，远者来”和“青山不墨千秋画，澧水无弦万古琴”等广为传颂的不朽佳话和历久弥新的精美诗篇。叶县县城昆阳镇是“河南十大古镇”之一，县城还是省级园林县城、省级卫生县城。悠久的历史积淀了深厚的文化遗产，境内有仰韶文化遗址、秦汉古城遗址、昆阳古战场遗址等历史遗迹30多处，有明代县衙、叶邑古城2处国家级文物保护单位，4处省级文物保护单位，50多处市、县文物保护单位和2 100件珍贵的馆藏文物。叶公庙、明代县衙一条街、大成殿、愤乐亭、北武当庙、黄庭坚所书《幽兰赋》碑等如一颗颗璀璨明珠，使昆阳镇光彩四射，闻名遐迩。

## 文庙大成殿

叶县文庙大成殿位于昆阳镇中心街南侧，是文庙的主体建筑，是供奉孔子、四圣及十二哲的场所。唐代称为文宣王殿，宋崇宁三年（1104）徽宗赵佶取《孟子》中“孔子之谓集大成者”语义，下诏将它更名为大成殿。文庙现存的重要文物和主要建筑始建于金正大三年（1226），整座建筑为坐北向南歇山式砖木结构，面阔五间21.2米，进深三间13米，殿高15米，建筑面积275.6平方米。大成殿由24根直径0.8米的朱漆圆木大柱及浮莲柱础支撑，采用九踩品字形斗拱，每攒斗拱密接相连，显示出其独特的建筑工艺，其数目之多，

大成殿

在中原古建筑中罕见。大殿上覆黄绿琉璃瓦甍、脊甍吻兽、前龙后凤，挂金铃。整座殿堂富丽堂皇，雄伟壮观。门前两旁原有历代石碑数通，现碑已毁。殿前松柏苍翠，庄严肃穆。自始建以来，大成殿宋金时期的覆莲纹柱础、明弘治年间（1488—1505）重修时更换的青石质小八角檐柱和墙柱、元代的梁檩木架及清代的斗拱椽飞，都记载着历次修葺补建的痕迹，也写下了大成殿沧桑的历史。

## 愤乐亭

愤乐亭取意于孔子周游列国至叶邑（古叶县）期间对自己的评语。愤乐亭创建于明代，为重檐八角攒尖结构，每条垂脊上均有一仙人呈坐姿，高举右手，形象生动。为防雨水浸蚀，八根小八角檐柱采用青石质，亭内四根金柱为木质。整座亭子造型呈半开的伞状，工艺独特，十分罕见。北侧檐柱镌刻楹联一副：“采芹采藻多士幸游来当思此地何地；忘食忘忧诸

愤乐亭

生窃向往须学圣人为人。”为清道光年间（1821—1850）书法家万钰手书，具有很高的艺术价值。“乐而忘忧，不知老之将至；愤以废食，犹望大有可为”，正是对愤乐亭的最好写照。

## ■ 真武庙（北武当庙）

真武庙俗称北武当庙，位于叶县昆阳镇北部、明代一条街正北端，紧临叶鲁公路北侧，是供奉祖师的庙宇。据清同治《叶县志·祠宇附》载：“真武庙，在县城北关外。清顺治至道光年间，知县许鸿翔、蔡文甲、陈德秀、鹿传询历次重修。”此庙面宽19.6米，进深12.2米，建筑面积239.12平方米，为木构悬山式建筑，琉璃瓦盖顶。殿内供有真武始祖及诸神像，内壁上有残存的壁画约150平方米，人物形象各异、栩栩如生，为研究中国佛教、道教的发展史及古代的庙宇建筑保存了重要的历史资料。整体建筑金碧辉煌，风格统一。

近几年来，叶县道教协会在县民族宗教局的领导及信众努力下，又在该庙西部建城隍庙一座，东边建天爷殿一座，并塑神像数尊。每逢初一、十五，善男信女络绎不绝，香火旺盛。据当地群众传说：真武祖师常年在南武当山“值班”，只有每年农历的三月初三才来北武当主持工作一日，因此这一天北武当庙格外热闹。真武庙1985年被定为县级保护单位，现为叶县景观之一。

真武庙

风景如画的西城河



## 古城墙

说到城，不能不提到城墙，昆阳古城早在春秋战国时期就有了城墙，当时连横家苏秦在说魏襄王时就有“大王之地，南有陈、汝阳、许、郾、昆阳……地方千里”之词，当时所指的昆阳城即现在的叶县城池。

关于昆阳城旧貌，清同治县志有专门的篇目记载和图示，当时城墙呈方形，东西南北设四个城门，南低北高，西低东高。城墙外围有护城河，墙垛上日夜有兵丁把守巡逻。叶县文史专家符春禄说：“解放前我小时候曾多次在城墙上玩耍，在护城河里洗澡，能看到城门上有高大的城门楼，实际是碉堡，是进出城的关卡。深夜或打仗时大门紧闭，交通阻断，门楼枪眼成排，是火力控制点，城墙上城垛耸立，隔不多远还有碉楼，戒备十分森严，城墙之外三两米就是宽数丈的护城河，照住城门外是木桥，听父亲说再早是吊桥，吊桥可以吊起来，城门紧闭，再加上宽而深的护城河之水阻隔，要想攻入城内决非易事。”这些说法与县志记载基本一致。

中华人民共和国成立后，由于社会安定，护城河和城墙失去了它往日抵御侵略的功能，随着人口的增多、生产建设发展，加上保护意识淡薄，城墙和护城河逐渐被夷平或荒废，失去了往日威严端庄的雄姿。

光阴荏苒，改革开放如一股强劲的春风，吹绿了昆阳古城，叶县县城迎来了历史上最好的发展时期，在中共叶县县委、县政府正确领导下，先后举全县之力整修了东西护城河、明代县衙、明代仿古一条街、文化大道、昆阳大道等景观名胜和基础设施。如今，新城处处蒸蒸日上，鸟语花香。碧水绿茵的昆水之畔，留下了人们休闲娱乐的身影，一幢幢拔地而起的高楼，川流不息的行人车辆，使这座古老而美丽的盐都焕发了新的活力。

## • 春秋楚风在叶邑 •

### ——叶县叶邑故城

叶在夏代属豫州地，商为应侯国。唐杜佑《通典 · 州郡》："叶，古应国也。"宋郑樵《通志 · 都邑略》："应都叶。"春秋初楚灭应置邑，叶成为楚国北方重镇。鲁成公十五年（前576），楚迁许于叶，叶成为许国都。鲁昭公十八年（前524），楚封沈诸梁于叶邑；鲁哀公六年（前489），孔子周游列国，到叶拜访叶公，在境内留下了晒书台、子路问津处、止子路宿处等遗迹。

叶邑故城的主要遗迹遗物有：

#### ■ 古城墙遗址

据史料记载，叶邑为楚国四座大城之一，整个城墙周长约9千米。 现存城墙多位于旧县村及村西南和西北，总长约4.5千

叶邑故城出土钺戟

叶邑故城出土铜升鼎

米，城墙遗址最高约5.5米。在城墙遗址的断面可见明显的夯层，土质细腻坚硬，包含有沙石、贝壳等物。城址周围曾出土商代青铜爵、玉器等。

## 叶公墓

叶公墓位于旧县乡旧县村北约1.5千米处。是叶公沈诸梁的墓丘。清同治《叶县志》载：“春秋叶公墓在旧县。”颜师古注《汉书》引《皇览》曰：“县西北去城三里，有叶公诸梁冢，近县祠之，曰叶君丘。”

## 东陂、西陂

东西二陂是叶公沈诸梁治叶期间率民众修筑的大型水利工程。清同治《叶县志》载：“东西二陂，方城山有涌泉东流，蓄之为陂，方二里，即西陂也。陂水散流，经叶县东南而北注澧水；澧水又东注叶陂，即东陂也。东陂最大，东西十里，南北七里，引水以溉民田。二陂并叶公诸梁所作，今遗址尚存，名水城。”今西陂位于龙泉乡寨底村西南，遗址呈“L”形，北起寨底，南至朱庵村北，南北长约1.5千米，西至旧县乡安庄，约1.5千米。坝基宽约9米，最高处高约6米。最低处高约2.4米，遗址保存较为完整。

## 春秋战国墓葬群

在叶邑古城周围，除叶公墓外，尚有

王乔飞凫

叶邑故城辛庄1号墓全景

古冢30～40座，近的临近城池，远的达10余千米；现存部分有的封土较厚，大的高约15米，占地超过10亩。已发掘的1号墓至4号墓为春秋战国时期楚国贵族墓葬群。根据出土的器物规格可知，墓主级别较高。2001年11月至2002年4月，对叶县旧县2号墓、3号墓、4号墓的发掘，出土了大量精美的青铜乐器和兵器。其中青铜编钟的“九件钮钟八件镈钟二十件甬钟”的组合形式为全国罕见。

1963年6月20日原河南省人民委员会将叶邑古城公布为昆阳城遗址。随着这一地区文物的不断出土和调查研究，发现此处文化遗存的内涵要远远早于汉代，春秋时期的文化特征尤为明显。1994年5月河南省文物局在平顶山市召开了“汉代昆阳故城址研讨会”，专家根据地上、地下文物的遗存和史料记载，以及对实际地理位置的考察发掘结果和中国古代地名命名的特点，认为现叶县县城为汉代昆阳故城所在地，旧县为古叶邑。

叶县地处南北文化的接合部，叶邑古城对研究春秋战国时期的历史、政治、经济、文化、农田水利建设和民间风俗习惯等各个方面都具有较高的价值。

## “谋圣”张良故里

### ——郏县张店村

郏县李口乡张店村位于平顶山市北约7千米处马鞍山北麓，距郏县县城约25千米，东靠紫云山，与襄城县接壤，西到宝丰县，北临汝河。在这里，80%以上的村民都姓张，他们都尊张良为先人。张店村保存完好的明、清古建筑较多——有大型官邸、民居宅院、祠堂等，建筑面积约8 000平方米。村子现存有汉留侯庙、《留侯祠铭》石刻等历史文化遗迹。

张良与萧何、韩信并称“汉初三杰”，是伟大的谋略家、政治家，被尊为“谋圣”，出生地传为汉初城父（今郏县、禹州一带），据专家考证即今郏县李口乡张店村。

张店村现有尚完好的明清古建筑296间，其中明永乐年间（1403—1424）进士张安的宅第称为西酉盛（张店寨西酉门内），其大门屋顶的窗格及花鸟透雕图案的工艺美术和文物价值都很高，原隐藏在保护砖墙内，后有盗贼夜间盗取，因雕刻

留侯祠

整体性好，牢不可取，盗贼就砸去了部分图案，令人惋惜。

另一家是明隆庆年间（1567—1572）提督张乐舜的宅邸，其木雕门窗高雅精细，透雕浮雕令人叹为观止，柱础的石浮雕亦清晰明朗，门内堂上有“裕恒堂”匾额高挂，地上号称金砖铺地，明亮可鉴，有金色斑点。此宅经400多年风雨仍巍然而立。其大堂建筑面积为郏县同时代的古建筑之首。

还有一家是进士张崇的宅邸，称为西官宅（相对于东官宅而言），始建于清道光年间，是张良后裔张宝十四世孙张宅东（六门）创建的四进院，第三进院东西厢房两层，堂屋三层如城堡，人曰“绣楼”，房皆五脊六兽，山墙屋脊有立体砖刻浮雕，其工艺之精美殊为罕见。屋墙下半段为红石所砌，上半段砌砖，至今坚固无裂纹，巍然矗立。咸丰年间（1851—1861）其子张崇又建四合院两个、东西跨院两个、会客厅一座及书房等，共计130余间。

张店村还有三处重要历史遗迹引人瞩目。

一是汉代红石碣。2006年，村民张振洋挖出一通隶书汉代红石碣，石碣上刻有“亮携元直，建安六年，踏贤宗，观地势不严，然清净秀逸，乃龙凤之地。拜

张店村明清时期古建筑

留侯，仰其像不威，然运筹帷幄，决胜千里，成帝王之师。吾辈叹之，敬之，效之”。专家认为这是东汉末年在平顶山脚下隐居的诸葛亮和好友徐元直于公元201年拜访留侯祠后留下的纪事碣。

二是寨外有张良养马、驯马、洗马的遗址。马鞍山上有魁星楼、咣当石（人踩其石能发出声响），还有河洛图、石观音、古石刻等，有三神庙、张良品箫处等遗址。

三是一处古宅前有一块铺地红条石，上面有一个很奇怪的图案，据说是张良阵（俗称“摆山阵”）。张良阵是张良研究兵法设下的阵，后来这个阵势逐渐演变出了今天的象棋。如今在张店村，无论男女老少，都会依简化了的张良阵对垒。

此三处历史遗迹为张良故里的真实性提供了实物证据，与文献记载互为印证。据《后汉书》载：“张良出于城父。”另

张店村古建筑石雕

据唐代张守节《史记正义》引《括地志》载：“城父在汝州郏城县东三十里。”唐代司马贞《史记索隐》称：“张良故里距郏县东出三十里。”《辞海》（1979年版）称张良是郏县人。国家文物局古建筑专家、中国文物研究所原所长罗哲文在《中国名祠》一书中称张良是郏县人，在第三次全国文物普查中，罗哲文在张店村调研并题词“西汉留侯张良故里”。

张店村随处可见秦砖汉瓦，留存不少雕刻，木雕、石雕、砖雕都有。据不完全统计，张店村有木雕近30处1 000多块，图案有狮子滚绣球、二十四孝、松鹤延年、福禄寿禧、麒麟送子等；各种砖雕、石雕近100处300多块，栩栩如生地刻着龙、鸟等纹饰。

2008年11月，张店村被国家住房城乡建设部、文物局公布为中国历史文化名村（第四批）；2012年12月，张店村又被国家住房城乡建设部、文化部、财政部、文物局公布为中国传统村落（第一批）。

## • 万里茶道上的东路地标 •

### ——郏县冢头镇

冢头镇位于郏县县城东北13千米处，北临禹州市，东接襄城县，郑尧高速、金孟线公路和前石公路穿境而过，交通便利。地势北高南低，东北部和中部为黄阜岗，西南部为平原，总面积57平方千米，镇辖35个行政村，51个自然村。早在汉代，冢头已经为城，名曰“纪氏城”，纪氏城因代君而死的纪信而得名。

纪信，郏县人，楚汉战争三年（前204），纪信为掩护刘邦脱险，假扮刘邦，被项羽火焚，司马迁《史记·高祖本纪》、班固《汉书》对此均有记载。唐代著名史学家刘知己在《史通》中高度评价纪信节操：“班史称纪信为项籍所围，代君而死，此则不言其节操而忠孝自彰……”刘邦登基后，筑台颁旨奖褒纪信，史称纪氏台。郦道元的《水经注·卷二十一·汝水》对冢头镇东寨纪氏台的介绍中，转引《续后汉书》云：“世祖车驾西征，盗贼群起，郏令冯鲂为贼延裒围攻，力屈，上诣纪氏，群贼自降，即是处，在郏城东北十余里。”后在纪信故里纪信村置纪信冢，建纪信庙，

冢头镇得名的传说

纪信村西一岗命名为纪信岗。

在从清代到民国初年长达两个多世纪的时光里，山西商人通过一条古商道往俄国运送了25万吨以上的茶叶，其价值至少有100万两黄金。这条古商道叫“万里茶路”。“万里茶路”是从福建武夷山到俄罗斯恰克图的茶叶贸易路线，总长5 000千米，纵贯中国南北方，与“丝绸之路”齐名，是当时重要国际贸易通道。2013年3月23日，国家主席习近平在俄罗斯国际关系学院发表演讲时，提到17世纪的“万里茶道”和中俄油气管道成为联通两国的“世纪动脉”。

从河南赊旗店起，“万里茶道”输送的茶叶转入陆运，一路向北，下一个集散地是洛阳。这段茶道是一条古老的道路——宛洛古道，早在战国时期，楚国北上争雄，就是沿这条路线前进的。秦始皇由咸阳出巡，也是顺此道下荆襄入湖北。汉以后，沿途设立邮驿，形成中华大地上南下北上主要通道。杜甫《闻官军收河南河北》中的“即从巴峡穿巫峡，便下襄阳向洛阳”说的就是这条路。

“万里茶道”从河南南部北至洛阳，清初有两条路：一条是方城道，一条是三鸦路。方城道南起湖北江陵，经襄阳渡汉水，经鄂北黄渠河入豫南，走新野，沿白河东岸进南阳，再向东经赊旗店转北入方城县，再由此而北经鲁山、郏县、临汝到洛阳，全程300多千米。从南阳到洛阳，方城道向西绕了一个大弯，是为了避开豫西伏牛山等山脉，以便大部分路在平原和丘陵区，便于畜力车行。

冢头镇就位于方城道的重要节点上，被誉为“万里茶道”东路文化地标。据郏县县志记载，当年茶道上的运茶畜力车多

常氏庄园秦楚旧居木雕

为木制马车，车长2.5米、宽约1米，木制车轮直径1米左右，硬木制轴，与轮摩擦处有铁构件，耐磨，一般两匹骡马一辕一套，可载重750～1000千克，一人或两人赶车，一日可行40千米。为安全和降低费用，晋商茶车往往联号联运，从赊旗店编队出发，在方城道上排成百十辆车的车队，浩浩荡荡向北行进。

据传，敢为天下先的晋商常万达，锐意开辟“万里茶道”，常氏家族在中俄贸易中占有份额高达2/5。康熙三十年前后，常万达开始在冢头镇大兴土木，兴建宅院。在郏县冢头，常氏庄园的建筑遗存至今得以保留：位于冢头镇东寨西大街路北的秦楚旧居，现存有二进院落。临街房三间两层，一进院东厢房三间两层，过厅楼三间两层，二进东厢房三间，过厅三间。其精华在一进院过厅楼，为高台式建筑，门前六级红石台阶，出千檐，檐下两根柱子，三开木质椓子门，门上有精美茶具木雕。

位于郏县冢头东寨门外、蓝河之滨的由山陕客商所建的山陕会馆，当地人俗称“大王庙”，始建时间最迟为康熙五十五年。冢头镇山陕会馆庙宇现存主建筑是两座大殿，坐北朝南，有廊檐连接，中间是

冢头镇山陕会馆大殿木雕

宽1米的过道通向后院；主殿南面间隔27.6米是戏楼，再往南就是大门；毗邻有东、西两道院，并附有茶亭一座。大殿供奉大王尊神和关圣帝君。前者是河神，因冢头镇濒临蓝水河（今蓝河），所以要祭祀河神祈求平安；后者是关羽，被商家奉为财神，冢头镇是商旅辐辏之区，供奉财神是必不可少的。而戏楼、茶亭则是商人们祭拜河神、财神后看戏剧、听评书的休闲娱乐场所，旁边的院落应是供给住宿之处。所以，会馆庙宇的整体布局遵循“北屋为上、倒座为宾、两厢为次、杂屋为附”的中国传统建筑礼制规范。当年万里茶道上往来冢头的客商、车马就在此歇脚后再出发。会馆现存的相关碑刻见证了冢头“东西通衢、商旅辐辏”的繁华。冢头镇山陕会馆文化内涵独特，是中国境内万里茶路上山陕会馆的建筑布局中唯一的一座以主供大王尊神暨关圣帝君的庙院，两座大殿

东西并列成为会馆的精神核心。以关羽信仰作为精神标示的晋商创建的这座会馆，入境随俗、以庙为馆、建馆为庙，以其独特的建筑语言精确地传递出中国传统文化的中和、包容、和谐、双赢的茶路精神内核。

2010年12月，冢头镇被国家住房城乡建设部、文物局公布为中国历史文化名镇（第五批）；2012年12月、2013年8月，冢头镇西寨村、北街村、东街村、李渡口村先后被国家住房城乡建设部、文化部、财政部、文物局公布为中国传统村落（第一批、第二批）。

## • 汝河岸边的乡村古堡 •

### ——郏县临沣寨

临沣寨位于河南省平顶山市郏县东南12千米处，北临汝河，属堂街镇南朱洼行政村，始建于清同治元年（1862），迄今已有150多年的历史，因沣溪、（溥）柏水两水绕村而过得名。临沣寨整个村落被一种浅红色条石砌成的寨墙紧紧围绕，所以被誉为“中原第一红石古寨”“古村寨博物馆”，清朝时有“汝河南岸第一府”之称，明、清古代建筑群在这里随处可见。

临沣寨寨子围长约1100米，寨墙高约7米，上有城垛800个，古寨呈椭圆形，寨墙通体宽3～5米不等，共设有东、南、西三个大门，据说是朱家老先生起初许出万金招募高人设计的。寨子坐落方位、城门尺寸，寨内房屋布局、街道走向、水井位置、暗道机关等都是按易经八卦的风水原理构建的。东门（实际朝东南，习惯称东门）上有雄浑大字“溥滨”，南门称“来熏”，西北门叫“临沣”。据说，“来熏”从“熏风南来”一句而来，“溥滨”取自“利溥渠之滨”之意。整个寨称“临沣”据说就是西北门临沣溪水而得名的，也有暗含朱家从北方迁来和朝向北方朝廷的隐意。

寨外有护寨河，据当地老人讲，护寨河原有10多米宽，有千亩芦苇、百亩竹园。每到盛夏，潺潺流水，青苇绿竹，飞翔击水的野鸟加上雄伟的红石寨墙，构成了一道亮丽的田园风景线。遗憾的是现在护寨河仅剩余两三米宽，且时有淤塞、污染，远失了当年的盛景。

寨内现有159户人家，600多口人，

其中朱姓人口约占90%，为明万历年间（1573—1620）从山西洪洞县迁居至此的朱姓后代。寨内还有较为完整的清代四合院、三合院20多座，清代民居近400间。这些建筑既有中原农村特有的以砖、石为主体的建筑的高大深邃，也有南方以木格子门窗为装饰的建筑的小巧玲珑。一些古老的宅院用多层弧形石板作为门洞的拱顶，每层石板上都雕有花鸟虫鱼、牡丹凤凰等精美图案，十分美观。

临沣寨也许是因为既交通便利又属风水宝地，长久以来张姓人家一直在此繁衍生息。明万历年间，中原地区爆发战争并暴发瘟疫，人口锐减，明朝政府为加强生产、戍边固防，决定移民，史称洪洞大移民。山西洪洞县一支朱姓人家（据说是朱元璋嫡亲晋王的后裔）便移民至此，靠给张姓人家种田做工为生，后来站稳了脚根，就慢慢用祖上传下来编织芦苇的手艺，通过汝河水运将芦苇席和其他制品贩卖出去。靠着聪明和勤奋，200年后，朱姓人家后来居上，成为寨中大户，张姓人家反主为佃，反靠给朱家种田为生，“张家埂”由此改名叫“朱洼寨”。到清道光和咸丰年间，四处奔波、见多识广的朱氏一分支的朱怀宗及其子朱紫贵（老大）、朱振南（老二）、朱紫峰（老三）兄弟靠盐业贸易发迹，达到鼎盛，据说三兄弟分家时都是用筐来分元宝的，朱家的土地方圆数万顷，以至于早上去宝丰翟集赶集走一个时辰都走不出朱家的地边。

清咸丰十一年（1861），面对纷繁乱

朱紫峰买烟

央视网

临沣寨

郏县临沣寨

世，朱氏三兄弟商议扒掉土寨建石寨。寨墙为外石内土结构，外墙60厘米长的石头全部取自东部襄城县紫云山的红色花岗岩，内墙则就地取材，全部是挖自护寨河的土。为使寨墙坚固，相隔一定的距离红石条每一顺石隔一把石，中间空档用3～4块红石条顺着填满，再取土屯住夯实。寨墙内为朱洼村，占地面积7万平方米。据说当年给寨墙放线时寨内住户都很积极，乐于奉献，占住自家土地多少都不计较，为求得公正，由一朱姓老人用黑布蒙住双眼，手提装满白灰的篮子放线，走到哪里算哪里，于是就“走”出了人们今天看到的弯弯曲曲的寨墙。

临沣寨的精巧机妙表现在多个方面。每个大门外面上方都留有流水石洞，也叫灭火水槽，这样遇到土匪军队攻寨时，即使在城门口燃烧大火，也可从城墙上浇水

古朴和谐的古宅一景（摄影：孔令庸）

灭火，同时城墙上城垛周围可使流动兵丁把守，居高临下，易守难攻。城墙大门用榆木做成，厚重坚固，现在还能看到铁皮包镶的两扇大门，铁皮上“同治元年”的字样还清晰可辨。现在寨子的西南门曾遭破坏，寨门没有了，但高大的城楼还在，如碉堡一样，上面留有许多打枪用的射孔。据《郏县志》记载，日军入侵中原时，郏县的100多座村寨发挥了作用。1945年6月3日，日军攻打临沣，村民曾据寨英勇抵抗。日军攻城一天不克，只好灰溜溜地向鲁山方向撤离。1947年12月24日，刘邓九纵二十七旅八十团付出100多人生命的代价，才攻入寨内，活捉寨首朱清宽，解放了临沣寨。

中华人民共和国成立后，各地开始拆除寨墙，郏县的100多座村寨都拆了，唯有临沣寨幸存了下来。

2002年5月6日，国家文物局古建筑专家组原组长、中国文物学会原会长罗哲文，国家历史文化名城专家保护委员会原副主任、中国城市规划设计院原高级顾问郑孝燮等古建筑专家到临沣寨考察后认为：“临沣寨很有特色！真难得！寨内民居建筑从明至清，在时代上没有缺环断代。它们集中地出现在一个村落中，这在

中国实属罕见。在北京城里现存的9999座古代建筑中只有一间半是明代民居，想不到临沣寨居然有3间。临沣寨填补了中国古建筑在村寨方面的空白。”

临沣寨内现存明清民居均为砖木结构脊坡式瓦房或楼房，其中不少因年代久远亟需修缮，保存较好的是清代朱氏三兄弟家的宅院。朱家大院都是一进三、一进四、一进五的四合院，沿中轴线对称，是砖木结构的建筑群。朱家的祠堂已不复存在，现在在它的位置建了村里的小学。

朱氏三兄弟当年都是大盐商，非常富有，朱紫贵排行老大，他的宅院建于道光十五年，是一进三的四合院，占地面积1322平方米，其规制与父宅等齐，老二、老三则要降格，连使用的砖头大小、楼花门的高低及石头都要小一号，体现了“长子如父”和“长幼有序”。为了这所宅院得到有效保护，原先的住户已迁出。

在客厅后面的二进院内，我们看到了当年的厨房、磨房均保存完好，院子里放着大大的磨盘。三进院的内宅布局严谨，有正房、东厢房、西厢房，均是砖木结构的二层楼房，青砖黛瓦与檐下吊挂的金灿灿的玉米相互辉映，古朴、厚重而又和谐温馨。

朱家明代古宅

大多数楼房的墙体厚半米多，典型的“里生外熟”，即外面贴砖、里面是土墙，用红石条将二者紧紧连为一体。这样厚重的墙体可保证室内冬暖夏凉。楼房的地基也非常牢固，据“文革”中挖出一处地基发现，除地面之上的5层条石外，地面以下还有10层条石，而且最下面的2层用的是1米多宽的红石板，每个房角各放有一个红石大碾盘。正所谓“下一半（石头）、上一半（砖头）”。

正房的屋门也很意思，下部设有两个“枪眼”，门槛下设有供猫通过的“猫眼”。屋内用正方形的青石铺地，木楼梯就设在室内。沿着木楼梯上至二楼，就来到了小姐的“绣楼”，尽管人去楼空，没有了当年小姐的家具什物，仍然让人浮想联翩。据说当时大户人家的小姐从七岁就开始上“绣楼”缠足，直至出嫁才能下来。旧社会，讲求门当户对，若找不到合适人家出嫁，就是老死绣楼也不稀奇。解放临沣寨时，两名大小姐都已四十多岁还没出闺，满脸苍白，神情憔悴，若不是遇到解放军，恐怕一辈子要终老绣楼上了。

据传，有一位朱家小姐，因耐不住绣楼的寂寞，就顺着木杆从楼花门爬下去与马童幽会，有一天终于被父亲发现，父亲就把这位马童毒打一顿撵出寨外，对小姐严加看管，不准出门，后来这位小姐因事情败露羞愧难当，又失去了情人，竟上吊自尽。这之后朱家的所有楼花门都用铁条封了起来。

在朱紫贵宅院东边，还有一座更大的宅院，这便是号称汝河南岸第一府的朱镇府。朱镇府系清代河南盐运知事朱紫峰的官宅，建于清道光二十九年，占地面积2516平方米。此宅是一进五的四合院，由好几座院落组成，后院接前院、大院套小院，院院相连，从前街一直通到后街。有的如今还由朱氏后人居住，有的已闲置无人。高大的门楼，精美的砖雕、木雕、石雕工艺，斑驳的彩画，每隔几步一个拴马桩，身临其境，仍可体会当年朱镇府的显赫。

2005年9月，临沣寨被国家住房和城乡建设部、文物局公布为中国历史文化名镇（第二批）；2012年12月，临沣寨又被国家住房和城乡建设部、文化部、财政部、文物局公布为中国传统村落（第一批）；2013年3月，临沣寨被国务院公布为全国重点文物保护单位（第七批）。

## • 茶马古道上的商业重地 •

### ——汝州半扎寨

半扎村位于汝州市南略偏东17.5千米处，属蟒川乡管辖。西眺蒋姑山，北望高台山，东距宝丰大营12.5千米，从东南到西北走向呈一条大峡谷，历史上是南通荆楚、西接秦晋的交通要道。

该村地处丘岭地带，坐落在宛洛古道上，从前南来北往的商人和骆驼商队，走到此地都人困马乏，大多会停下来歇脚喝茶，喂牲畜住店，待饭饱神足后继续上路，又因为从洛阳或南阳出发走到这里正好是一半，且这里也不是驿站，因此，就称之为半扎。随着此地商业的兴隆，人口逐渐增多，安全就成了问题，周围不时有土匪掠劫骚扰。因此，保护村内居民生命财产安全就成了大问题，这也是村民们的共同心愿。当时，有位乡绅名叫张德老，人称登士郎，弟兄五个，是大户人家，有钱有势，且行侠仗义。在群众的拥戴下，他主持策划，开会动员，立规造册，出钱的出钱，出粮的出粮，出不起钱粮的出人出工，就这样全村男女老少齐心协力大干了六七年，终于于清同治四年（1865）建成了闻名遐迩的半扎寨。

半扎寨墙体两面均为巨块红石砌成，中间夯土，高约9米，厚约8米，寨内有不规则的东西走向两条街，从东到西约1.5千米。寨墙南北有万泉河、小北河缠绕，自西向东常年流淌不断。整个寨子大致呈椭圆形，墙上有女儿墙，隔50米有一打更房，供兵丁晚上放哨暂住，寨有东南西北四门，据说因为北门不吉利而没开。东

半扎寨西门（摄影：孔令庸）

西南三个寨口都有门楼，大榆木门厚重坚固，铁皮包裹，厚达七寸。据说，当寨子刚建起时，村子里来了一个外地人，会看八卦风水，写得一手好字，人也和气，他跟族长说："寨子有门楼没题个字不称势不气魄，不如起个名儿更规范醒目吉祥如意。"族长采纳了他的建议，问他写啥字，他说："西门面对蒋姑山，就叫"鸿奖"（即鸿扬、褒奖蒋姑娘侠肝仪胆之意），东门称"鳞绣"（东门外块块石

半扎寨门楼题字的故事

半扎寨文昌阁（摄影：刘源泉）

头连在一起颇像鱼鳞，乃好景致），南门叫龙泉（因山上泉水不停地从龙嘴喷出）。”族长和村里人也都觉得名子起得好。半扎寨竣工时，周围数十里的老百姓，包括几十里外临汝城的官员、小姐都来看热闹，大戏班子整整唱了三天三夜。大家都被雄伟壮观的庞大工程和周围万泉河美丽的景色吸引。

现在，穿行在半扎寨大街上，不时会看到有元宝石、上马石、拴马石或大石碾盘、石臼等散落在街道两边和住户的门口，石磨房只剩下了残垣断墙，石臼已毁坏得不成样子。半扎寨存有陕山会馆，但辉煌已不复存在。从大街中间向北过一砖铺地的小走廊，就到了原会馆大院，首先映入眼帘的是坐北朝南的关帝庙，说是庙，其实只是棚式的几间房子，虽简陋些，但关公塑像倒是高大英武、栩栩如生，关平、周仓手持刀枪站立于两旁侍卫。香炉内香火缭绕，可证明当地百姓对正义和善良的渴望与尊重。站在庙前举目南望，坐南向北的是一古戏楼，虽然年代久远（据说有百年以上）已破旧，但保存尚完整。石柱正面的对联非常醒目。中联曰：“盛衰一局棋，自古常如汉魏；邪正千秋价，于今试看刘曹”。边联曰：“当年那事非真，演出忠奸照日月；此地何言是假，看来赏罚似春秋”。据当地老乡讲，当年张新芳、马金凤等名角都曾来此戏楼唱戏，那时虽然没有扩音设备，但演唱起来能听老远。可见戏楼设计得非常精巧科学。

半扎寨陕山会馆关帝庙

说起半扎，有一个人是不能不提的。这个人就是戴民权。

戴民权（1891—1940），又名戴正，字端甫，乳名银娃，生前系国民党中将，二十五军副军长兼四十五师师长。戴民权幼时父早逝，母子相依为命，以驮煤卖炭为生，从小尝遍人世疾苦。1919年母逝无钱埋葬，本村木匠张均免费为其母打造一口棺材才算办了后事。后来戴民权为生活所迫从军，因有勇有谋，不断得到提拔，1923年参加讨伐陈炯明、营救孙中山出险的战斗。1928年开往胶东讨伐张宗昌，后

半扎寨古戏楼

戴家古宅院（摄影：孔令庸）

驻防德州，1930年蒋冯开战，戴民权所率部队改编为暂编第二十五师，1931年又编为四十五师，戴民权任师长。1940年，戴民权率部在正阳一带英勇袭击日军，同年病故于遂平。后蒋介石下令褒奖戴民权抗日功绩。1932年戴民权曾捐资3 000元兴办半扎民权小学，为家乡培育了不少人才。有一年秋天大旱，戴民权闻讯即派部下拉几大车粮食回老家救济灾民。另外，戴民权为其父母坟墓前立的一通碑刻很有名。此碑1934年立于汝州蟒川张湾村北坡其父母坟前，碑高2米，宽0.7米，厚0.25米，碑文书题者为章炳麟，撰文书丹为于右任，这两位都是国民党元老，足见此碑的价值。现在此碑还在，但因保管不善，一部分字迹受损。

古镇半扎依天时、地利、人和优势，自然发展起来，逐渐形成吃、住、玩一体的饭店、旅店、商店、骆驼场等各种服务行业，营造了“住不完的半扎店”的美誉和无限商机，因此，除了本地的厂矿商行外，外省地商号也纷纷前来开店，山西大兴商号、河北的张才粮行等就是其中的典型代表。清末民初较上规模的“仁记”“义记”几家烟厂生产的“美人”“西湖”“金塔”等牌子香烟远销陕西、四川及许昌、南阳等地。

其他行业如小煤窑、水打磨、屠宰场、油坊、糕点坊、豆腐坊、酱醋厂、药铺、金货店、酿酒厂、理发店，以及卖水、卖柴，走街串巷的货郎担等生产生活所需的行当几乎样样都有，真可谓人山人海、车水马龙、生意兴隆、热闹非凡。

（本文参考了半扎村当地文化学者樊创制的不少研究成果，特致谢意）

# • 酒务春风醉千载 •

## ——宝丰商酒务镇

商酒务镇位于宝丰县城西北12千米，总面积62.2平方千米，耕地36.7平方千米，人口4.2万，辖27个行政村，43个自然村，焦枝铁路、洛平漯高速、平汝公路穿境而过。解放初期刘邓大军曾驻扎该镇半年多，配合中央指挥淮海战役取得了伟大胜利，红色旅游文化远近闻名。这里文化积淀深厚，民风淳朴、和谐，文化事业繁荣发展。县级以上文物单位多处。全国先进基层党组织龙泉寺村2005年10月再次被中央文明委命名为“全国文明村镇”。

现有24个文化大院，3个文化活动中心，6个业余剧团，4个唢呐班，一支电影放映队，民间歌舞、魔术艺术团体270个。商酒务在历史上也颇有名气，宋理学家程颢曾监酒于此，“千村飘香，万家立灶，酒务春风”的佳话流传至今。

商酒务也称双酒务。据《宝丰县志》载：“商酒务，在城西北二十五里，宋榷酒之场，明道先生监税，朱光庭（程徒）坐一月春风者即此地也。据宋汝州酒务有十，九今皆不知其处矣，独斯地而名太（特）著于今昔。”由此可见商酒务作为酿酒地的悠远历史。后人为了缅怀程颢在宝丰的监酒及讲学活动，纪念他的历史功绩，自晚宋以来建有“明道祠”，置“春风亭”于堂前，今有遗迹尚存。程颢赴汝州（历史上宝丰属汝州辖，实际在宝丰）监酒时，宋代有名的史学家，曾任翰林院兼侍读学士、后任宰相的司马光曾赋诗送行。《送伯淳监汝州酒》云：“惟知负米乐，不觉抱关卑，出处两得意，是非皆自知。”（见《司马温公全集》）以赞其品德。程颢来宝丰名义是监税，实际上是讲学、传道、授业，他曾先后在宝丰、伊川、登封书院等地，以道德学问教化育人，影响很大，并留下了一些儒林佳话。晚宋宝丰曾经置“春风书院”，乾隆三十八年（1773）知县胡元吉重修，道光四年（1824）知县谢光岐又增资修缮，地址在今人民影院内（今院内尚存明秦伯度重修书院残碑）。

商酒务得名的传说

据《宝丰县志》记载：北宋时，汝州有十酒务，仅宝丰就有商酒务、封家庄等七酒务。当时宝丰“万家立灶，千村飘香”，“烟囱如林，酒旗似蓑”。元丰六年（1083）理学家程颢奉旨到商酒务监酒税。在办理政务的同时，程颢十分注重教育，这里遂成为全国三大讲授理学的圣地之一。曾在商酒务就学于程颢的嘉祐进士朱光庭说，听先生讲授，如同在春风中坐了一个月。后人为纪念程颢，于商酒务修明道祠。明嘉靖四十一年（1562），于明道祠前修建了春风亭，“酒务春风”成为“宝丰八景”之一。明末清初，明道祠和春风亭均毁于战火，只留下残碑断碣和依稀可见的陈迹。

程颢（1032—1085），字伯淳，学者称明道先生，河南府（今河南洛阳）人。与程颐同为胞兄弟，世称“二程”。程颢是北宋儒家学者，著名哲学家，北宋理学的代表人物之一，“洛学”的创始人之一。程颢出生于一个仕宦世家，于二十五岁中进士，初任地方官，颇有政绩。宋神宗熙宁（1068—1077）初，被推荐为太子中允，权监察御史里行。当时，王安石正开始实行变法，程颢因与王安石政见相左，上疏批评“新法”，被出为外任，历签书镇宁军判官，扶沟知县等职。约1075年前后三年在商酒务监酒，程颢监酒期间，深入民间，访贫济苦，减轻税赋，打击掺杂使假奸商，使当地酿酒业得到了蓬勃发展，百姓富足朝廷满意，从此奠定了商酒务酿酒历史。神宗死，哲宗继位，以司马光为代表的“旧党”执政，程颢被召为宗正丞，后病故于洛。

程颢对孔子的“仁”学有新的发展。他认为，“在抵尽仁道，即是圣人”（《河南程氏遗书》卷十八）。又说：“学者须知识仁，仁者浑然与物同体，义、礼、知、信皆仁也。”（《河南程氏遗书》卷二上）他把先秦儒家“仁学”所强调的爱人、博施济众、克己复礼等，进一步发展成为“与万物为一体”的境界，认为前者还只是仁的“用”（表现），后者才是仁的“体”（根本）。这一思想与张载的“民胞物与”思想有相通之处。在修养方法方面，程颢提出了“定性”的理论。所谓“定性”实际就是“定心”，即如何使人做到内心的安宁与平静。他认为，要使内心平静，不受来自外部事物的干扰，就应该虽接触事物，却不执着、留恋于任何事物，“内外两忘”，超越自我。（参见《河南程氏文集》卷二《答横渠张子厚先生书》）这一“定性”的理论，是程颢发挥了孟子的“不动心”思想，也是吸取了佛、道二教的心理修养经验后而成的。

程颢和程颐的思想，人们一般统称为二程之学，实际上两人思想还有一定的区别。程颢比程颐更注重个人内心的体验。有的学者认为，程颢的思想是后来陆九渊“心学”的源头，程颐的思想则是后来朱熹“理学”的源头。

时光如梭，1948年5～12月，宝丰县商酒务镇曾是中共中央中原局、中原军区领导机关的驻地。刘伯承、邓小平、陈毅、邓子恢、张际春、李达、李雪峰等老一辈无产阶级革命家、军事家在这里统一指挥刘邓大军、陈（毅）粟（裕）大军和陈（赓）谢（富志）兵团逐鹿中原，先后发起了宛东战役、开封战役、睢杞战役、襄樊战役、郑州战役和桐柏之战等，消灭国民党正规军20多万人、地方武装10多万人，摧毁了国民党在中原地区的防御体系，并在这里筹划了淮海战役，为赢得淮海战役的胜利创造了有利条件。转眼间波澜壮阔的革命战争已经过去近70年。今天，当我们踏上这片具有光荣革命传统的土地，寻觅当年炮火连天的战场和一代伟人邓小平在这里留下的足迹时，我们不禁感到和平安定来之不易。

80多岁的韩玉枝老太太说：“俺男人汤松那时候经常和邓小平接触，他俩可对脾气，邓小平走时，要让俺男人一起随部队走，衣裳都换了，他伯就是不让去，为这事俺男人后悔一辈子，一直到死的时候还念叨着没让他跟邓政委走。”80多岁的卢妮老太太回忆说：“有一次俺1岁多的小妮有病，俺抱着她刚出村，迎面碰上两个人，一个是刘伯承，另一个是邓小平。他们两个走到我跟前问孩子咋了，俺说有病了。他们说有啥困难找部队去。”

笔者一行几人曾在商酒务镇文化站站长赵文芳的热情带领下，到北张庄村邓小平居住地和柳庄陈毅夫妇居住地参观，所见所感使大家受到了一次生动的爱国主义教育。

如今的商酒务镇，街道整齐，商业繁荣，非公有制经济蓬勃发展，新建的春风广场鸟语花香、绿树成荫、喷泉如画。休闲娱乐的人们络绎不绝，幸福和欢乐荡漾在每一个人的笑脸上。

# 考古探秘

## ——遥远的回声

平顶山市的文物资源十分丰富，无论是文物保护单位、文物遗存点和文物藏品质量都居全省前列，现已查明各类文物点5 273处，其中全国重点文物保护单位25处、省级重点文物保护单位60处、市级文物保护单位89处、县级文物保护单位381处。

平顶山市的文物资源有其特点，文物遗迹沿续时间长，从旧石器时代、新石器时代一直到明清，中华民族发展的各个历史时期，都可以在平顶山找到历史遗迹；文物价值高，文化内涵丰富，多处古文化遗址是中国考古学文化的标尺，如汝州李楼遗址出土中国最早的人工水稻、郏县水泉遗址的裴李岗文化的典型墓地等；文物遗迹分布地域广，遍布全市各地。它们以其高超的艺术，精湛的文化和深奥的科学历史价值，见证了平顶山不仅是一个新兴的工业城市，而且是一个有着悠久历史和灿烂文化的政治、经济、文化中心。文物工作在促进平顶山经济社会全面发展中正在发挥着积极的作用。

# 建城之始在蒲城
## ——卫东区蒲城店遗址

蒲城店遗址位于平顶山市卫东区东高皇乡蒲城店村北，20世纪50年代发现，1963年被河南省公布为省级文物保护单位，2006年被国务院公布为全国重点文物保护单位。

蒲城店遗址是一处包括从新石器时代龙山文化、夏代二里头文化早期到西周、春秋、战国、汉、宋、明各个时期的大型遗址，以新石器时代龙山文化和夏代二里头文化早期遗址为主，又有两周、汉、宋、明各个时期的遗存，发现有房基、壕沟、灰坑、墓葬、水井灶等遗迹。它对于研究新石器时代河南龙山文化和夏代二里头文化有十分重要的价值。

蒲城店遗址发掘全景

新石器时代晚期龙山文化主要发现的遗迹以龙山文化的城墙和灰坑为主。龙山城址位于遗址的东北部岗地上，大致呈东西向长方形，现存东、西、南三面城墙，北面是湛河故道（北墙可能被河水冲毁），西墙（含城壕）残长124米，南墙中东部向北转折后又向东延伸，南墙全长246米。城墙底部宽7～9米，残高约3米，夯层厚约0.2米，现存城墙由主体墙和两面护坡组成，墙外紧接宽而深的城壕。该城址的灰坑多呈圆形，大多为平底和锅底形，敞口或直口，出土遗物多陶器，陶质多为夹砂灰陶，器形有罐、盆、钵等。

夏代二里头早期文化主要发现的遗迹为城墙和房基。二里头城址位于遗址西南部，保存较好，略呈东西向长方形。城址（含城壕）东西长约260米、南北宽204米。筑城时特意先把拟建城墙之处的原有

蒲城店遗址二里头文化房基 T12F5

蒲城店龙山陶窑

杂土挖出，再填以较纯净的土并经夯打以使城墙地基坚实。房基遗址十分集中，在不到4000平方米的区域内发现了20多处的房基，有一间、两间、三间和多间，最多为一排七间，每间的长度为2～3米。从一处房子的房间数量看，这一时期正处在从群居到一家一户生活的过渡时期。出土遗物有陶器和石器，陶器主要有罐、盆、钵等，石器主要为穿孔石刀。该城址的年代大致为二里头文化早期，是夏代一座军事重镇。

后期分为四种文化：两周文化，主要发现的遗迹有灰坑、墓葬和水井，灰坑以圆形和不规则形为主，墓葬为竖穴土坑，出土遗物以陶器为主，器形有鼎、敦、罐、壶、豆、钵、盆等；两汉文化，主要发现的遗迹有建筑遗迹、墓葬和陶窑，建筑遗迹主要为大量的建筑用筒瓦和板瓦，墓葬为空心砖墓和小砖墓，出土遗物有陶罐、陶壶、陶钵、铁剑、铜镜等；宋代文化，主要发现有宋代的六边形和八边形砖室墓，墓内有仿木结构的砖雕，有的砖雕上有熨斗、剪刀、尺子等，墓内有砖砌的棺床，有的墓内为仿木陶棺，棺内为二人，二次葬；明代文化，主要发现的为明代的平民墓葬，随葬品较少。

蒲城店遗址龙山文化晚期城址在地理位置上是中原地区最靠南的城址之一。两座古城的形制、城垣与城壕的结构与修筑方法不尽相同，为研究中国早期城址发展史及古代文明起源提供了新的资料。

# 河南龙山有稻米

## ——汝州李楼遗址

李楼遗址位于河南省汝州市杨楼乡李楼村。遗址东西宽670米，南北长660米，现存面积约442 200平方米。该遗址于1950年被发现；1975年，中科院考古研究所洛阳工作队曾对该遗址进行调查；1991年秋，中科院考古研究所河南一队正式对该遗址实施发掘，揭露面积约300平方米，了解到该遗址的文化堆积、文化遗存等情况。该遗址地层堆积厚3～4米，局部灰坑深达5米，遗物、遗迹丰富，清理出的房基均为方形，两间或者三间相连；墓葬为竖穴仰身直肢葬，间有少量随葬品；瓮棺葬均为婴儿；灰坑多为袋状、筒状等，出土陶器、石器、骨器、角器、蚌器等遗物。最重要的发现是在灰坑里发现了较多的稻米，这对研究中原地区新石器时代龙山文化的种植业有着至关重要的意义。

李楼遗址面积较大，遗迹复杂，遗物丰富，文化面貌比较特殊，分早、晚两期文化，从这两期的文化面貌和特征来看，均属于河南龙山文化晚期遗存。遗址出土的陶器，在邻近的许多同类遗址中均为常见器形。如鼎、斝、碗、刻槽盆、高圈足盘、高领罐、小口罐、觚形杯等。在临汝煤山、北刘庄，登封王城岗、程窑，密县新砦，洛阳王湾、矬李，孟津小潘沟，陕县三里桥，郑州牛砦、马庄，禹县瓦店、吴湾，甚至远至豫东的淮阳平粮台、永城王油坊等遗址都有发现，有的器形雷同，但也存在自身的特点。如李楼一期有较多

李楼遗址半地穴式房基

李楼遗址大型房基

的黑皮陶，二期有较多的泥质磨光黑陶，绳纹陶也比一期多；一期有较多的素面高领深腹罐，二期多扁平长方高足鼎，这些都是其他遗址中少见的器形。

李楼二期的发现，为煤山二期增添了新的资料。煤山二期初步揭示出河南龙山文化和二里头文化之间承袭关系的重要线索，它表明探索夏文化的重要对象二里头文化是从河南龙山文化晚期的煤山类型发展而来的。李楼二期为此提供了新的证据，如二里头一期的小扁锥足鼎，在煤山一期不见，是从煤山二期开始出现的，在李楼遗址中亦如此，出现于李楼二期，这种鼎到二里头一期流行起来，说明这两种文化之间的密切关系。在李楼二期出现有二里头一期文化和山东龙山文化器形特征，对于研究河南龙山文化、二里头文化、山东龙山文化三者之间的关系提供了珍贵的地下实物资料。河南龙山文化碳化稻米的发现，证明新石器时代的黄河流域也种植水稻，填补了河南龙山文化中的空白。

## 西周之始封应国

### ——新华区应国墓地

应国是两周时期中原地区的一个姬姓诸侯国，有关它的历史，古代文献记载的很少。其范围大致在今沙河以北至汝河之南的大部分地区，其中心区域在今河南省平顶山市一带，包括平顶山市区、宝丰县、郏县、襄城县、叶县等。在应国墓地发现之前，人们对应国知之甚少。随着应国墓地和大量有铭文的铜器的发现，人们才逐渐对它有所了解。

应国墓地位于平顶山市新华区滍阳镇（原薛庄乡）北滍村西边的一道南北向的土岭——滍阳岭上。滍阳岭南北长约2400米，东西宽约100米，高出周围地面10米左右，向南延伸至白龟山水库的边缘。20世纪70年代以来，当地群众在滍阳岭上烧制砖瓦，出土了一批应国的铜器和邓国的媵器。考古专家经过多方面的考察论证，确认滍阳岭即西周时期应国贵族墓地所在位置。应国墓地被发现并得到证实。

1986年，应国墓地一号墓的试掘拉开了应国墓地长达20余年连续发掘工作的序幕。应国墓地一号墓发掘出随葬器物，铜礼器有鼎5件，簋6件，方壶2件，盘、盉、方甗、方彝各1件，共17件。同时，还出土了琮、璜、圭、玛瑙珠项饰、人形佩、柄形器和鹰形佩等玉器。尤其是墓中出土的玉鹰，经文物专家郝本性建议，后来成为平顶山市的市徽标志，而应国的都城——应城（即鹰城，“应”字繁体“應”与“鹰”字古本相通），成为平顶山市的别名。

应国墓地共发掘墓葬500多座和一个殉葬坑（马坑），包括80多座两周墓葬与400余座汉代及其他时期的墓葬，被评为1996年全国十大考古新发现之一。

应国墓地自西周早期开始使用，历经西周、春秋、战国、西汉，直至东汉初期，几乎是不间断地纵跨上千年。这批墓葬大致可分为两大部分，即两周时期的贵族墓和两汉时期的平民墓。其中两周时期的墓葬自南向北依次排列，其入葬年代也相应地从早到晚。墓葬之间秩序井然，极少打破关系。墓地南半部分是应国墓葬区，北半部分是楚国墓葬区，两个区域之间有一定的距离。单就应国墓葬区来看，显然应是由冢人进行统一管理的公墓区。至于两汉时期的墓葬，则是遍布于整道土岭之上，而且经常出现打破两周时期墓葬的现象。其中两周时期墓葬又可分为前应国时期、楚国占领时期和后应国时期三个阶段。

第一阶段，西周早期至春秋早期的前应国时期贵族墓。

232号墓：为应公大墓，位于墓地南区的最南端，为大型积石墓。有着长达30余米弧形墓道，是应国墓地年代最早（西周早期晚段的康王晚期）且墓道最长的一座大型“甲”字形墓。为研究该墓地墓葬的形制提供了十分珍贵的资料。

231号墓：应公少夫人墓，与232号墓并列，应为并穴而葬的夫妻墓。

230号墓：西周早期一座大型贵族墓葬，位于232号墓应公大墓的北侧，是除232号墓之外该墓地所有应国墓中规格最高的墓葬。从应国墓地国君墓葬的排列位置来看，这座墓应是一座应国国君——应侯或应公的墓葬。随葬数量较多的海贝是当

应国墓地出土的敔簋

时使用的流通货币，表明墓主人生前拥有大量的财富，是第二代应国国君（第一代应国国君应公的长子）。该墓严重被盗，随葬铜器的数量不得而知。

242号墓：西周早期墓，该墓出土一件妾鼎和一件柞伯簋，前者是应国铜器，后者是柞国铜器。从妾鼎铭文中可知，妾是公（应公）的庶子、新任应侯的弟弟。是242号墓的墓主人。作为柞国铜器的柞伯簋随葬于应国墓地242号墓中，其中原因应是应国是武王之子的封国，柞国是周公之子的封国，在西周早期关系十分密切，柞伯簋可能是被柞伯作为礼品赠送给墓主人继而入葬于本墓之中。

84号墓和85号墓：84号墓的主人是西周中期应国的一代国君——应侯爯。该墓出土了玉戚（或称钺）、铜人面具及原始青瓷簋。玉戚是祭祀场所的仪仗器，同时也是权力的象征。铜人面具周边有用以系绳的穿孔，可固定在某种器具或戴于人的面部，其用途和性质可能是巫师使用的法器。古代的部落首领或王，往往集政、军、巫权于一身。凡随葬铜人面具的墓葬大多数是大型墓，其主人是王或是侯。原始瓷器在商周时期是很珍贵的，在中原地区众多的西周贵族墓中随葬的很少。85号

应国墓地出土的西周早期应国国君应公墓人面具

墓出土的豆形器和兽面纹带盖盉，设计独特，工艺考究，制作精美无比，都是不可多得的艺术珍品。墓地中还随葬了比较丰富的以玉器为主体的组合佩饰和大量的单件佩饰，显示出墓主人气魄华丽的装饰。是应侯爯的夫人或爱妃宠妾。

86号墓：为西周中期规模最大的一座应国国君墓，是一座长方形竖穴土坑墓，出土有人面具和兽面具，该墓两度被盗，墓中铜礼器被盗一空。

50号墓：西周中期小型贵族墓，出土了一件带有长篇铭文的匍盉，这件铜器无论从艺术观赏价值还是历史文献价值来看都堪称国宝。

应国墓地出土的匍盉

104号墓和105号墓：西周中晚期。应是应国国君及其夫人的墓葬。两墓东西并穴而葬，出土有四件应公簋。从铜器铭文分析，104号墓是应嫚毗之墓，105号墓是应嫚毗丈夫的墓葬。

95号应伯墓、96号应姚墓和8号墓、9号墓：这两组墓均为西周晚期墓。都是应国国君及其两位夫人的墓葬。

6号墓和7号墓：春秋早期墓葬。为应国国君应侯墓和应国国君夫人墓，6号墓是一座带斜坡墓道的“甲”字形墓，7号墓是一座长方形竖穴土坑墓。两墓并列埋葬，为一对夫妇墓。两墓是应国墓地出土玉器最多的墓葬。

1号墓和2号墓：春秋早期墓，玉鹰在此出土。应是应国最后一代国君及其夫人的墓葬。

第二阶段，春秋晚期的楚国贵族墓。

3号墓、4号墓和5号墓：春秋晚期墓。三座墓大致东西并穴而葬。3号墓出土了许公买戈与曾子寿簠等两件许国和曾国的青铜器。应国墓地所发现的东周楚墓中级别最高的大墓，是应国复国后的第一位国君。它的发现，对研究应国墓地中的楚国墓葬的年代大有裨益。4号墓、5号墓的墓主人都应是应侯夫人。就墓葬规格与墓主人级别而言，这两座墓可以说是不相上下。因此无法断定，此两位女性墓主人相对于其夫君即3号墓墓主人而言哪一个为妻、哪一个为妾。

第三阶段，春秋晚期至战国中期的后

应国墓地出土的罗子戊链壶

应国时期贵族墓。

311号墓：为整个墓地中唯一的一座八边形墓葬，战国早期墓，应国国君夫人墓。因墓内填充青膏泥木椁而得以保存较好。

313号墓、310号墓、311号墓、320号墓为战国早期的大型楚国贵族墓，为研究楚国在这一段时间内的礼乐制度提供了宝贵资料。321号墓为战国中期大型楚国贵族墓，揭示了在那一时期中原文化与楚文化相互交流、融合的过程，具有十分重要的意义。313号墓出土的曾国与罗国的有铭文的青铜器，反映了楚国与其附属国之间十分耐人寻味的关系，具有重要的学术价值。

从以上贵族墓葬情况和出土文物分析，古应国大约从公元前1040年前后的西周初年立国，至公元前680年前后被强大的楚所兼并，总计大约360年左右的时间，是为“前应国时期”。整个春秋中期至春秋晚期前半叶，应国历史出现中断现象，大致算来有150年的时间，是为“楚国占领时期”。公元前528年，楚平王即位，鉴于楚国当时在国际上较为孤立的政治局面，恢复了10多个被前代楚王兼并的包括应国在内的诸侯国。直到公元前291年前后的战国中晚期，应国才最终为秦国所兼并。这一时期为“后应国时期”，大约有340年的时间。在“后应国时期”，楚国经历了从鼎盛转向衰落的阶段，而作为楚国的附属国——应国，其命运势必与楚国的历史息息相关。

西汉至东汉时期的平民墓葬，多半为砖室墓，包括空心砖墓和小砖券顶墓两种。这两种类型的墓葬都有单室墓和多室墓之分。空心砖上大都有模印几何形图案，个别砖上或模印有“亭长”等人物形象或车马出行图像。少数小砖券顶墓设有石门，石门及其门框与门楣上刻有青龙、白虎、朱雀或龙食鱼等图像。墓内的木棺与人骨架均已腐朽不存。随葬器物一般都是日常生活所用陶质器皿和一些模型明器。据随葬器物分析，这批墓葬的墓主人一般都是平民，有个别可能是较为富裕的人家。总体来讲，这批墓葬的规格都不很高。

废品站中寻国宝

# • 兴庆鼓声出段店 •

## ——鲁山段店瓷窑遗址

段店瓷窑遗址位于鲁山县城北15千米梁洼镇段店村。梁洼镇是一个千年古镇，陶瓷工艺历史悠久。其镇因地势低洼，且由梁姓人家率先建宅而居，故称梁洼，俗称洼街。古镇曾名桃花店。据明嘉靖《鲁山县志》记载：昔晋太子潜龙尝避黄墩之难经此，谓桃花殊盛，即称之。历史上的桃花店聚落遗址在今梁洼镇西南500米处，有陶瓷古窑址，被专家确认为“桃花店瓷窑遗址”。段店村位于大浪河畔，临宛洛古道，丘陵环绕，依山傍水，地下富藏煤，地表多矾土，制瓷的原料、用水、烧瓷的燃料均可就地取材。在此处设瓷窑，条件可谓得天独厚。鲁山在宋时隶属汝州。段店村距鲁山县城和宝丰清凉寺同为15千米。古民谣“清凉寺到段店，一天进万贯”描述出昔时繁荣盛景。

段店瓷窑烧制时间长、遗物丰富、品种齐全、花色多样、造型优美，在中国瓷器制造史上占有重要地位，2006年被国务院公布为全国重点文物保护单位。

段店瓷窑遗址面积20万平方米，文化层厚2～5米，文化遗物非常丰富，该窑址始烧于唐初，延续至元明，经历1 000余年。是我省烧制瓷器最长的瓷窑址。瓷器品种齐全，有唐钧、元钧、唐三彩、鲁山花瓷、宋汝官瓷、三彩珍珠等；花色有唐代黑瓷、白瓷、黑彩花斑瓷，宋、金、元

鲁山段店出土的花口三足洗

鲁山段店出土的执壶

段店花瓷腰鼓

时期的白瓷、黑瓷、三彩珍珠地、芝麻酱釉等；器形有瓶、盆、碗、盘、壶、碟、棋子、执壶（注子）、枕、盂等数十种。该窑出的文物在故宫博物院、国家博物馆、河南博物院、福州博物馆等院、馆均有收藏。

羯鼓，是盛唐时由西域羯族小月氏人传入中原的打击乐器。其鼓基本特征为圆柱细腰，两端蒙革，以杖击之，在唐代音乐中位居“八音之领袖”。唐代南卓的《羯鼓录》也是中国古籍中唯一一部有关鼓的专论，以一句“不是青州石末，即是鲁山花瓷”使鲁山窑在当今时代声名大噪，使“花瓷”（今人称之为“唐钧”）为藏界推重。但在唐代，除鲁山窑之外，河南郏县、内乡、禹州、登封、陕西耀州窑、山西交城窑等，这种“花瓷”都有烧造。鲁山窑因《羯鼓录》而居“正宫”。

腰鼓是盛唐文化交流与繁荣的体现，直至宋代，陶瓷腰鼓在许多窑口仍有烧制，可见影响深远。花瓷作为唐代鲁山窑的代表性产品，其风韵与同时代的三彩瓷相映成辉，彰显出大气磅礴的大唐气象。花瓷采用高温下黏度较低的乳浊釉为面釉，以黑、褐色釉作为底釉，面釉或淋、或洒、或涂、或滴、或浇而施加于底釉，在黑色、褐色的底釉上形成生动自然的流淌形纹理，极具装饰效果。这种花釉，在唐代的黑釉器上发挥的是点缀作用，而到宋代，则将唐代起“点缀”作用的釉料应用为主要的釉种，从液相中可以看到两者之间的传承关系是很直接的，到北宋演变为独立的瓷种——钧瓷，也就不足为奇了。至于“钧瓷”的称谓何时而起，一直在学术上存在争议，但越来越多的实物证据证明北宋即有钧瓷。

段店窑更值得研究的是大量的具有独特风格的青瓷产品，从窑址的遗存之中，青瓷的釉色有若天青、若粉青、若梅子，其中青瓷与清凉寺、张公巷汝瓷特征极为相近，从段店到清凉寺应是宋代汝州瓷业较为昌盛地域，此处也应为宋晚期形成清凉寺汝官窑瓷打下了技术基础。

鲁山段店窑，除“唐钧”大领风骚，在宋代瓷器史上，无论是品种甚或是形制、釉色、釉质等，段店窑都堪称一流窑场，与当时汝州及周边其他一流窑场不分伯仲。段店窑烧造瓷种极为丰富，几乎北方所有窑口的瓷种在此皆有体现。白釉珍珠地划花器，器型多样，其釉肥厚，纹饰粗重古朴，与登封等地同类产品有明显不同之处，且产量较大。

段店窑烧造时间之长，产出品种之丰，在北方窑口中堪称代表。

## • 宋代瓷窑青瓷魁 •

### ——宝丰清凉寺汝官窑遗址

清凉寺汝官窑遗址位于宝丰县城西部20千米处的大营镇清凉寺村中及村南台地上。遗址面积共计119.5万平方米，其中重点保护区面积43万平方米，特别保护区面积8075平方米。该处是宋、金、元代烧造历史延续数百年之久的重要制瓷场地，是北宋时期五大名窑之一，是专为宫廷烧制御用瓷器的汝官窑遗址。清凉寺汝官窑遗址1982年被宝丰县人民政府公布为县级文物保护单位，2000年9月被河南省人民政府公布为省级文物保护单位，2001年6月被国务院公布为全国第五批重点文物保护单位，2000年被评为全国十大考古新发现之一，2000年被评为河南省20世纪十项重大考古发现之一。

古时瓷以州定名，五代至晚清宝丰为汝州属地，故称汝瓷。汝窑居宋五大名窑之首，历史久远，声名远播。据史料记载，清凉寺汝瓷烧制始于宋初，盛于北宋晚期，终于元末。其中，在北宋晚期专

清凉寺瓷片堆积

为宫廷烧造御用瓷器，因器物几被宫廷垄断，故南宋即有“近尤难得”之说。后因靖康之乱，金兵入侵中原，宋朝被迫南迁，汝官窑毁于一旦，窑址荒没，工艺失传，致使汝官窑址位于何处成了中外陶瓷界长期以来的一大悬案。早在20世纪50年代，考古学者曾在汝州境内进行多次考古调查，未果。1982年，宝丰县文化馆在进行文物普查时从清凉寺村当地群众保存的瓷器中发现了一件与北宋宫廷御用汝瓷特征完全相同的汝瓷盘。1984年秋，原宝丰县陶瓷厂技术员王留现从清凉寺村民手中收购一完整天青釉洗，1986年在西安经专家鉴定属典型汝官瓷器，从而为寻找“汝官窑口”提供了一条重要线索。1987年10月至2000年6月，河南省考古研究所曾先后对清凉寺汝官窑址进行6次考古发掘，第6次发掘终于在清凉寺村清凉寺西北隅找到了汝官窑炉和汝官瓷瓷片堆积层，2000年10月28日，河南省文物局、宝丰县人民政府在宝丰县召开清凉寺汝官窑遗址考古新发现专家研讨会，对出土的遗迹、遗物进行充分论证，认定宋代汝官窑遗址在宝丰清凉寺无疑。此后，又先后5次对该遗址进行发掘，大量的遗迹及出土文物充分证明，该遗址是一处北宋宫廷烧制御用瓷器

清凉寺出土的天青釉莲花炉

的汝官窑遗址。汝官窑的发现不仅为汝瓷的研究开拓了广阔的前景，而且使考古界寻找了半个世纪的汝官窑遗址之谜得以揭开。

清凉寺汝官窑遗址共分四个区域（用罗马数字表示）。清凉寺村南台地为Ⅰ区，韩庄村为Ⅱ区，小石桥西为Ⅲ区，清凉寺村为Ⅳ区。天青釉中心烧造区位于Ⅳ区西北部。1987年至2001年经过7次试掘和发掘发现，该遗址文化内涵十分丰富。地表窑具、瓷片俯拾皆是，民窑区地层堆积一般为2～3米，最厚处达6米以上，可划分为7层。官窑区地层堆积0.25～1.2米，最厚处近2米，发掘出大量的遗迹和遗物。民窑区主要遗迹有窑炉、窖藏、作坊、灰坑、排水沟、水井等，主要遗物有碗、盘、碟、盏托、盂、器盖、三彩枕、炉、

镇馆之宝——汝瓷瑰宝

匣钵、支钉架、垫圈、印模等，同时出土的还有御用汝瓷鹅颈瓶、折肩瓶、细颈小口瓶、洗等，其类型有白釉、豆青釉和淡灰釉，黑釉和酱釉，钧瓷、三彩等。官窑区主要遗迹有作坊、过滤池、澄泥池、窑炉、灰坑、水井、排水沟等，主要遗物有瓷器、模具、窑具三大类，还有少量钱币。据不完全统计，出土的瓷器中天青釉汝瓷占99%，器种有碗、盘、碟、盏、盏托、器盖、钵、洗、盆、套盒、瓶、炉、壶等，釉色以天青、淡天青、月白为主，青绿、淡青绿釉也占一定比例。出土的模具多为轮制，有花纹的为刻制，花纹复杂的为对合而成（分两型，轮制、莲花炉外模）。出土的窑具有匣钵、支烧器座、试烧插饼、垫饼、垫圈等。出土的钱币主要有“元丰通宝”和“元符通宝”两种。

根据地层叠压关系及出土器物类型、胎质、釉色和装饰技法的发展变化，可将

清凉寺出土的三足洗

该处遗址划分为五期：第一期年代为北宋早期，即宋太祖至宋真宗时期；第二期年代为北宋中期，即仁宗、英宗、神宗时期；第三期年代为北宋晚期，即哲宗、徽宗、钦宗时期，天青釉主要见于本期，这进一步证明了汝州烧宫廷用瓷的时间是在哲宗和徽宗时期的20年左右；第四期为金入主中原到金灭亡这段时期；第五期年代为元代。

汝瓷向以素静典雅著称，是中国青瓷发展史上一个划时代的重要标志。汝官瓷器做工精细，造型古朴大方；土质细腻，胎骨坚硬，色成青灰；釉色丰富，有天青、粉青、天蓝、月白等，世称“天青为贵，粉青为尚，天蓝弥足珍贵”；釉色如碧峰翠色，晶莹明亮，釉层匀净，清澈蕴润，故有“汁水莹泽，含水欲滴，釉如膏脂之溶而不流，其釉厚而声如磬，明亮而不刺目”之称。天青釉有“雨过天晴云破处”之美誉；月白釉滋润纯正，质地如玉，蕴润含蓄，具有沉静雅素的特殊风格，有“似玉非玉而胜玉”之赞。汝瓷开片密布，有蟹爪纹、鱼鳞纹等，汝瓷掺入玛瑙入釉，在显微镜下观看其状寥若辰星。汝瓷采用支钉托烧的叠烧技法，碗盘器皿大都外裹足满釉支烧，器形有

盘、洗、瓶、碗、樽、盆、炉、钵盂等20余种，刻花工艺多用堆、贴、模印、雕、刻、镂孔等手法，纹饰主要有龙纹、莲纹，富有立体感，具有极高的观赏价值和艺术品位。

## 北宋官窑在汝州

### ——汝州张公巷遗址

张公巷瓷窑遗址位于汝州市区内。该窑址是一处北宋哲宗至徽宗时期专门烧制御用瓷器的重要官窑遗址，东西长400米，南北宽300米，总计120 000平方米左右。窑址内涵较为丰实。该窑址虽然烧造时间较短，但制作规格要求较高，工艺制作精良，2004年发掘出土了一批张公巷窑生产的完整或可复原瓷器和窑具。张公巷窑生产的青釉瓷占99%以上，从整体上来看，既不同于临汝窑豆青釉，也有别于宝丰清凉寺汝窑天青釉。其釉色可分为卵青、淡青、灰青、青绿和天青等，常见的以薄胎薄釉为主，釉面玻璃质感强，胎骨有粉白、灰白、洁白和少量浅灰，几乎不见汝窑的香灰胎，胎质细腻坚密为汝窑所不及，器形有碗、折腹圈足盘、椭圆裹足洗、平底洗、四方盘、花口大盘、花口小盘、盘口瓶、盏托、堆塑熏炉、套盒和器盖等。还出土不少匣钵、垫饼等窑具。此外还出土了不少唐、宋、金、元、明、清不同时期的文物标本。张公巷遗址的发现，使中国陶瓷史上寻找半个世纪的“北宋官窑之谜”得以了结，使古陶瓷界一直以来“北宋官窑在开封”的说法得以纠正。

张公巷北宋官窑是中国宋代五大名窑之一，在中国青瓷史上的地位举足轻重，具有较高的学术研究价值和独特的文化艺术价值。张公巷北宋官窑作为北宋皇室烧制御用瓷器官窑窑口，代表了北宋官

张公巷瓷窑遗址出土的盘口折肩瓶

张公巷瓷窑遗址出土的青釉碗

窑瓷器文化，具有极丰实的内涵，既有造型美丽、做工精湛、技艺卓绝之特点，又有青色淡雅、蕴润如玉、釉层匀净、宝光内涵之特色，做工精细，胎坚质密，釉层蕴润，釉色光泽鲜丽、柔和、清雅素净，开片密布、隐若蟹爪、间有鱼鳞纹者为上品，具有较高的艺术效果和文化品位。张公巷窑瓷器高雅的艺术风格、超凡的工艺技术、含蓄的时尚美学等，都为中国古陶瓷工艺美术发展史谱写了光辉的篇章。张公巷北宋官窑遗址的出土器物，窑具及遗迹是中国明代以前所有窑口所不及，为古为今用和今后中国瓷业发展的振兴提供了重要的参考价值，为发掘古代文化遗产、现代汝窑及官窑瓷器的研究开拓了广阔前景。

## • 宋金集市一画卷 •

### ——叶县文集遗址

2006～2010年发掘的叶县文集遗址，是中国第一处经过长时间大规模发掘的宋元时期的乡村集镇类遗址。该遗址位于淮河的二级支流——澧河北岸的一个码头旁边，是宋金对峙期间一处金朝农村的较大型集贸市场。这里出土的大量瓷器、铁器、陶器、铜器等物品，无不展示出当时人们在生产、生活及商品流通的种种细节。因此可以说，该遗址是反映当时民间商品贸易的最好的实物见证，是宋金时期社会状况的缩影。就全国范围内的考古发掘情况来看，它与内蒙古发现的元代集宁路、河南延津沙门发现的金代卫州遗址的性质大体相同。稍有差别的是，那两个遗址分别是行政机构路与州的行政治所所在地，属于城镇类遗址，而文集则是面向农村的乡村集镇类遗址。

文集遗址发掘面积有15 250平方米。共发现各类遗迹1 700多个，有大型建筑基址、房基、灰坑、窖藏坑、灰沟、道路、

文集遗址考古发掘全景

地灶、火池、砖池、水井、地道、墓葬等。其中较为重要的遗迹是5座保存较好的较大型房基、4个存留瓷器数量较多的窖藏坑、1个埋藏有一大缸铜钱币的窖藏坑等。遗址在年代上纵跨唐、五代、北宋、金、元、明等六个历史时期，尤以金代至元代的文化遗存最为丰富。

据不完全统计，出土遗物中完整或较完整的器物计有2 900余件。以其质地的不同，可分为陶、瓷、三彩、铁、铜、银、玉、石、骨等九大类。其中瓷器数量最多，大多是生活用器皿，以釉色的不同可分为白、黑、青、钧、酱色五种，其中白瓷占绝大多数，黑瓷、酱色瓷次之，青瓷与钧瓷数量较少。据不完全统计，瓷器的器型计有碗、盘、钵、盏、盂、瓶、灯、执壶、尊、盆、缸等器皿类物，此外还有瓷俑、绞胎球、玩具等；就其装饰技法来看，计有模印、刻划、绘花三种；装饰花纹的种类计有三彩、白地黑花、红绿彩、青花等四种；比较典型的瓷器品种有白釉瓜棱盂、葵口碗、菊瓣纹碗、斗笠碗、黑釉凸黄线执壶、三彩枕与灯、白地黑花碗与盆等。

陶器除砖、瓦、瓦当等建筑材料之外，还有缸、盆、罐、砚台、龟、吻兽等；白陶器有围棋子、骰子、弹丸等；三彩器有枕、炉、灯、盒等；铁器有犁铧、云锄、罐、灯、剪刀、杈、水壶、炉架等；铜器有镜、钱币、人俑、匕匙等；石器有雄狮、磨盘、柱础、砚台等。

叶县文集遗址出土最多的是瓷器残

片。据初步研究发现，它们来自河南的诸多瓷器窑口，据不完全统计，主要有磁州窑系的临汝窑、内乡邓州窑、禹州钧台窑、禹州下白峪窑、郏县黄道窑、鲁山段店窑、汝州张公巷窑、巩义黄冶窑、福建建窑等。除此之外，河北定窑以薄胎、白釉、模印花纹为主要特征的瓷器残片也偶有发现，但数量极少。更为重要的是，这里还发现了几块烧制非常讲究、可能是仿官窑的满釉支烧的瓷器残片。

在遗址唐代地层里，除陶碗之外尚有巩义黄冶窑的唐三彩钵与鲁山段店窑的花瓷。在北宋地层里则出现了一些黄釉瓷器与以仿陕西耀州窑系产品为主的所谓“临汝窑”青瓷器，以及福建建窑黑釉盏、碗和河北磁州窑系的五朵铁锈花的黑釉瓷盏。金代前期，白瓷与黑瓷器占绝大多数，临汝窑青瓷器及其残片也时有发现；金代后期，出现了钧瓷器窖藏坑与少量的钧瓷片，以及白地黑花瓷器、红绿彩白瓷器等。元代的白地黑花瓷器更多，有的还有题诗或题字等装饰。明代出现了青花瓷器。

从遗址出土的瓦当与大型吻兽类房屋构件、大量没有使用痕迹的民用瓷器与少量较为高档的瓷器，较为集中的大型地灶与火池，相对集中的铜钱币与瓷器窖藏坑，以及较多的围棋子、骰子等和娱乐活动相关的玩具来看，这里显然不是一般意义上的村落遗址，应是一处自唐代延续至明代，在金代发展为较大规模的民间商品流通、交易场所——集镇一类的遗存，在

文集遗址出土的花卉纹白瓷盘

文集遗址出土的一组白瓷碗

文集遗址出土的钧瓷洗

文集遗址出土的钧瓷注子

一定程度上反映了中国北方农村商品经济的发展状况。遗址中较为清晰而明确的地层关系和丰富的遗迹、遗物，为研究这一地区唐代至明代的历史文化面貌提供了可靠的实物资料。一大批珍贵的金代窖藏坑瓷器的出土，不仅丰富了中国的文物宝库，也必将增进我们对中原地区金代瓷器的认识和了解，尤其是为研究金代民间的经济贸易往来、文化交流、社会生活诸方面的发展状况提供了一批珍贵资料。在铜钱币窖藏坑内发现的南宋钱币，充分反映了当时南宋王朝与金朝在政治上相互对峙、在经济文化方面相互交流的社会关系。

该遗址由于学术价值较大，被列为2007年中国重要考古发现之一、2008年河南省五大考古新发现之一。

## • 鹳鱼石斧出阎村 •

### ——汝州鹳鱼石斧图彩陶缸

1978年10月，原临汝县文化馆馆长张久一和汤文心前往阎村调查新石器时代文化遗址时，发现当地农民在不到30平方米范围的菜地里挖出了11座以红陶缸作为葬具的瓮棺葬。出土时陶缸均已破损，经粘补复原后，发现其中一件高47厘米、口径32.7厘米、底径19.5厘米，敞口、圆形、深腹、平底、红陶质，沿下有4个对称的鼻钮，腹部一侧系白色褐底，褐色线条勾勒的陶画。画高37厘米，宽44厘米。约占

鹳鱼石斧图彩陶缸

陶缸面积的二分之一。画由两组构成；一组为鹳嘴叼鱼，鹳鸟圆眸、长喙，体形椭圆，两腿直立，嘴上叼着一条大鱼，形态逼真，古朴优美；一组为带柄石斧，捆绑于竖立的木棒上端，木棒中部有“X”形符号，握柄处刻有绳索花，下端较粗，石斧上的孔眼、木把上的符号和紧缠的绳子，都用黑色线条勾勒出来。这幅画面被命名为“鹳鱼石斧图”。这是迄今中国发现最早、最大、最原始的一幅陶画，引起学术界各方专家的重视。“鹳鱼石斧图”的发现，展示出中华民族的高度文明，反映了人类绘画萌芽时期的艺术风格，呈现出华夏文化的光辉，体现了中国史前陶画艺术创作的最高成就，同时也使得汝州市纸坊乡的阎村遗址名扬天下。阎村遗址总面积达28.6万平方米，文化层堆积内涵丰富，为新石器时代中期仰韶文化中、晚期的遗址，为河南省文物保护单位。

“鹳鱼石斧图”除了为研究中国原始社会石斧的使用和安装提供了资料外，还为研究中国传统绘画艺术的发展、原始社会性质和原始宗教信仰提供了重要依据，是一件罕见的艺术珍品，2003年被国务院列为国家级珍宝，现存于中国国家博物馆。“鹳鱼石斧图”的绘画艺术，标志着中国史前绘画艺术由纹饰图案向物象绘画的发展，拉开了中国传统绘画的序幕。半个多世纪以来，在西安半坡、甘肃马家窑、陕西临潼姜寨等地，出土了大量彩陶，其图形有动物、人面、鱼、鹿、双鱼纹、几何图形等，从彩陶纹饰上来看，仍属于在不同器形上美化陶器的装饰性图案。但是，绘画却不受器物形状的限制，而且具有明确的反映主题。原始社会时期的绘画，不仅仅起着装饰陶器、表现自然现象的作用，也将其社会形态、思想意识等深层次的内容与优美的构图有机地融合在一起，反映出某种真实的生活形象。

“鹳鱼石斧图”就是艺术家对当时农耕和渔猎经济的真实写照。这幅陶画没有背景，只有一鸟一鱼一石斧，可是一看就会把人带进5000年前的生活中去，这就是意境力量的所在。鹳和鱼没有明显的时代区别，而捆绑在棍棒上的石斧就好像画家落款的年代一样，透视出原始社会人们生活和生产的情境，准确地标志出了那个时代的符号，使人联想到在那苍茫的原野上，原始人群拿着石斧在紧张地耕作；在清清的小河边，站立着一群白鹳，突然一只老鹳叼起了一条大鱼，鱼儿还在无力地摆动着尾巴。这一生动的镜头被富有感情的画家挥笔画了出来，给后人留下了永久的记忆。我们之所以把“鹳鱼石斧图”说成中国最早的陶画而不称为图案，其含意也正是如此，因为这幅陶画已经具备了中国画最基本的要素。

这是一幅原始社会生活画，也有专家认为这有可能是一幅古老氏族图腾图案。对阎村遗址出土彩画进行过研究的文章很多，认识也不一致。首先，对彩画中的鸟是鹳还是鹭、鸟和石斧哪一个是当时人们崇拜的图腾就有两种说法。

认为是“鹳鱼石斧图”的学者认为：鹳，鸟名，羽毛灰白色，嘴尖且长。这个图中的鹳，身躯健美，双腿直立，好像用力后仰，以保持平衡。鱼儿被叼出水面，无力摆脱，只好直挺挺地垂着。斧子竖立，被牢固地捆绑在木棒上。为了使用方便，手柄处又用绳索紧紧地缠着，以免挥动时脱手。石斧的孔眼、柄上还有一符号，这一切都被画家真实地描绘下来。另外，该画使用了夸张的手法，把鸟本来很小的眼睛画得特别大，占了整个头部的一大半，看起来炯炯有神。可以想象到鹳是多么全神贯注地捕捉食物。

另一种观点认为它是“鹭鱼石斧图”，反映的是尧的长子丹朱所崇拜的图腾。画中的内容是反映汝州这个地方的原始社会氏族所崇拜的图腾徽号。

总之，这幅画是中国新石器时代考古中发现画面最大、内容最丰富、技法最精湛的彩陶画。它的发现也为中国美术史增添了光辉的一页，同时为研究原始社会的生活提供了不可多得的资料。

鹳鱼石斧图彩陶缸名列国家文物局确定的首批禁止出国（境）展览的64件（组）重要文物第一位。

鹳鱼石斧缸

# 胜景掠影

## ——漫步鹰城　品味文化

平顶山不仅有秀美雄奇的自然山水，而且有丰富厚重的人文景观，两者相映成趣，现已开发各类旅游景区（点）40余处。

尧山景区是国家重点风景名胜区、国家AAAAA级景区；总面积268平方千米，景区内山峰林立，古树参天，泉水淙淙，飞瀑流银，集雄、险、峻、奇、秀于一体，堪称中原独秀。汝州、鲁山两大温泉群以水质好、流量大、水温高、富含多种矿物质而闻名遐迩，可疗疾祛病，有“灵泉”“神汤”之誉。香山寺、风穴寺、佛泉寺三个寺院闻名海内，香火不断。汝州风穴寺为“中州四大名刹”之一，是国家级重点文物保护单位。香山寺始建于东汉，鼎盛于宋明，是汉传观音文化的源头、汉代佛教大悲观世音菩萨得道正果之地。佛泉寺以世界第一大佛、世界第一大钟享誉华夏。郏县三苏园是苏东坡的归葬地，因埋葬着宋代大文豪苏轼、苏辙兄弟及其父苏洵的衣冠而得名，园内分布着三苏坟、三苏祠、东坡碑林、东坡布衣像和东坡湖诸景观，人文内涵丰富，环境清幽宜人。

平顶山水资源丰富，水库众多，有国家森林公园舞钢石漫滩风景区、国家湿地公园白龟湖湿地公园、昭平湖水利风景区。舞钢石漫滩风景区主景区二郎山森林覆盖率达95%以上。石漫滩以秀美的风光、山水林城融为一体的鲜明个性，于2001年被批准为首批国家水利风景区。白龟湖国家湿地公园（试点）与城相依、与水相依，成为平顶山市民休闲的好去处。

回归自然，返璞归真；品味文化，领略风情。畅游平顶山，你一定会有这样的收获!

# ·中原独秀，回归自然·

## ——尧山风景名胜区

尧山地处伏牛山东段，位于河南省平顶山市鲁山县西部。尧山得名很早，《山海经》中有“大尧之山”之称，关于称名尧山的原因，做过鲁阳太守的郦道元认为：“鲁县立尧祠于西山，谓之尧山也。”尧是有伟大功业的中华文明先祖，又是传说时代的人物，许多地方都有其活动的传说，尧山也不例外。尧山因山上众多石峰酷似人形，史称石人垛、石人山。尧山2002年被国务院公布为国家重点风景名胜区，2011年被国家旅游局批准为国家级AAAAA级旅游区，属山岳型自然风景名胜区，被评价为具有“华山之险、峨嵋之峻、张家界之美、黄山之秀”，是旅游观光、避暑、疗养、科研、探险的好地方。

尧山山峰奇特，瀑布众多，森林茂密，温泉优良，主景区分为冬凌潭、石扉玉章、三岔口、白龙潭、半仙居、石人、鸡冠石、白牛城、秘洞、温泉十大部分。新华社原社长穆青曾两次登上尧山，并为尧山的秀色所陶醉，欣然留下了“中原独秀”的墨宝。

### 尧山的石

尧山景区石峰林立，绝壁层层，形成了千姿百态的花岗岩峰林景观。景区内海

尧山伏牛的传说

尧山风景

拔在2 000米以上的山峰近百座，千丈崖大气磅礴，凤凰台壮美飘逸，姐妹峰洒脱舒展，白牛城雄浑苍郁，而冠领风景区大名的“石人”，则横空出世，俯瞰万物，令人感叹大自然的鬼斧神工。

尧山的奇峰怪石、山花、红叶、飞瀑、温泉、湖面、云海、原始森林、珍禽异兽及人文景观构成了完整的风景体系，已命名的240多处自然景观中，有大小山峰40座，星罗棋布，错落有致，真是“好峰随处改，幽径独行迷”。尧山，山峰多，石多，名也多。有的相形而起，有的取自优美的神话传说。登北观景台，远望主峰玉皇顶，只见玉皇顶云遮雾绕、若隐若现，石人峰、老君峰、仙人峰，如西天飞灵，凤凰台翘首远望，大金龟窥日望月，青龙背如巨龙腾空昂首。矗立蛤蟆石极目远眺，一览众山小，和合峰、象鼻峰、报晓峰美不胜收。大山壁立、异峰如塑、怪石纷呈是尧山自然风光的一大特色。站立主峰玉皇顶上，千岩万壑，景色迥异，构成了一幅幅美不尽收的图画。36处名胜，72个景点，处处绮丽如画，每处都有一段动人的历史故事和奇妙的神话传说。

由于尧山气候湿润，加之地形作用，每年雾日较多。浓雾弥漫时，山峰时隐时现，如大海中飘荡的小舟，薄雾缭绕时，或如轻纱、缕烟，悠悠往来，或呈现云海，波涛滚涌。在一定的天气条件下，还会出现佛光、彩虹等气象景观，神奇缥

尧山云海

缈，变幻无穷，宛若梦幻仙境。尧山的清晨，太阳像橘红色的火球从广阔无垠的迷雾中迸出，由柔和渐趋强烈，给万水千山洒下了金色的辉晕。夕阳西下时，西方天际像罩上红色的帘幕，云蒸霞蔚，山峦犹如披上了红色的婚纱，呈现出玫瑰色的绚丽。

## 尧山的水

“飞瀑挂绝壁，幽泉石上流”。尧山有无数迷人的山泉、溪流、瀑布与深潭。尧山的山泉，活泼俏皮，似嬉似闹，如泣如诉，善于变化，富有生机。数百山泉汇成清澈的溪流，像山魂的精灵，淙淙潺潺，叮叮咚咚，一边与行人对歌，一边充当向导，沿着溪流从深山幽谷腾跳而出，遇到悬崖绝壁，形成大大小小的瀑布，轻盈飞泻者有，磅礴潇洒者有，丈二八尺者有，高悬数十丈者也有。滴水穿石，积水成潭。黑龙潭、白龙潭、百尺潭……藏身于陡涧，隐形于山林。在众多瀑布中，白龙潭瀑布最为壮观。水从山顶直泻而下，奔腾飞流如白龙降临，激越水声似虎吼雷鸣，声传数里之外，大雨过后，数不尽的涓涓细流汇成一道从天而降的银色巨流，狂妄不羁，轰然而坠，巨大的冲撞激起无数细小水珠，动天撼地，如风雷之势。景区中有碧潭成串、基岩光滑、跌水欢歌的盘龙谷，碧波荡漾、山清水秀、被誉为“袖珍三峡”的杜鹃湖，造型奇特、山峻涧深、岩石呈红色的红石峡，“飞流直下三千尺，疑是银河落九天”的红石瀑、六叠瀑。

## 尧山的动植物

“霜落熊升树，林空鹿饮溪”。尧山由于地处亚热带和暖温带分界线上，自然风光迷人，动植物资源也十分丰富。景区内植物种类繁多，优势种明显，区系复杂。据初步调查，区内植被覆盖率达97%，仅种子植物就有1 211种，加之根生植物、蕨类植物等总计超过4 000种，其中有40多种已列入国家和省级保护名单。景区中现有大片原始森林和稀世古杜鹃林，千年古木15万株以上。森林里苍苔密布，枯藤盘绕，还有寄生树、龙爪榆、连理松、抱石栎等景观，可谓争怪斗异、千姿百态。最近在尧山发现了大片的高山巨紫荆，早春开放，艳丽动人，一经发现便引起了极大的关注。尧山紫荆花有望成为平顶山市的“市花”。

丰富的植物资源为众多的珍禽异兽提

供了良好的栖息环境。该区有陆栖脊椎动物125种以上，还有大量水生动物及非脊椎动物。因此，尧山被生物学家称为“动植物宝库”。走进景区，随处可见松鼠穿梭，鸟雀啁啾，猴子攀树，锦鸡起舞，让人如同置身天然动物园。金钱豹、艾叶豹、金雕、大鲵、麋鹿、羚羊、水獭、獐子等20余种珍贵动物在这里怡然自乐。

## ■ 尧山的路

“阴晴雾奇变，景随四时移”。尧山四季景色各异，风光迷人。春天，绿叶婆娑，鸟语花香；夏天，林深荫浓，清爽宜人；秋天，山果累累，层林尽染；冬季，银装素裹，宛若仙境。景区内建有世界最先进的旅游观光索道，以及号称“天下第一滑”和“中国景区第一路”的2 000米花岗岩层滑道和8 000米花岗岩公路，为一年四季饱览尧山美景提供了极大便利。

尧山滑道俗称滑滑梯，2 000多米的花岗岩滑道，在密林中曲曲折折，顺山而下。在这里，不管男的、女的、老的、少的，都可以尽情尽兴地滑，无拘无束地滑，置身于欢声和笑语之中，将登山的疲劳抛到九霄云外，童年的欢乐在大山中再现。石凤索道在石人沟口至凤凰台南侧，全长999米，垂直341米，装有70个吊篮，一字拉开，循环转动，每小时可单线运客320人。这70个黄色吊篮，好似两串灯笼，在绿色的山谷中缓缓上下飘动，动中有静，静中有动。它不仅减轻了游人登山的疲劳，还给景区增添了一道风景。大将军峰处，可沿将军谷拾级而上，经红枫谷至银线瀑，乘1 200米红枫谷索道，达南观景台或鸭嘴峰。赏红叶，观猴子拜观音，过飞云三谷，直达玉皇顶。

# • 中华观音第一祖庭 •

## ——香山寺

香山寺位于中岳嵩山之南约100千米的巴山山脉香山峰顶，全称香山普门禅寺，距平顶山市新城区北3千米。香山寺是现在已知的中国最早的佛教寺院之一，始建于东汉光和四年（181），是传说中观音菩萨出家修成正果的地方，是汉传佛教观音文化的载体，被誉为“中华观音第一祖庭”，在中国佛教史和观音文化史上具有重要的不可替代的地位，宗教与文化特征非常突出。香山寺历史上因行政区划归属

香山寺

的变迁，曾称“汝州香山寺”“宝丰香山寺”。

据佛教经典记载，在佛祖释迦牟尼出生地迦毗罗卫国都城附近有座山名为“香山”，是观音菩萨成道之地。佛教传入中国后，“香山”之名也随之传入。东汉时期，隶属颍川郡的父城西南4千米处的火珠山地形颇有二龙戏珠的味道，十分壮观，因此西域僧人将此山名改为香山，并选择此地建造寺院。由于东汉皇帝的故乡都在南阳，父城位于皇室成员从洛阳到南阳的交通要道上，发达便利的交通条件也为西域僧人提供了传教的方便，于是香山寺逐渐地发展成为拥有众多佛教信徒的佛教文化中心。随着佛教在中国的传播，各种佛经的译介纷纷出现。在灵帝时期，中国开始出现了菩萨经典的翻译，汉代人对救苦救难的菩萨极其感兴趣，对大悲观世音菩萨尤为尊崇，甚至超过了释迦牟尼。中国的观音信仰于公元2世纪开始出现，而香山

千手观音（摄影：郭东伟）

大慈悲殿

寺便是中国首个观音道场，比普陀山早了700多年。

在众多供奉观音的寺院中，香山寺是中国最早的观音道场，1 000多年来，屡毁屡建，规模也有很大变化，北宋后期时寺院可容纳1 000多人参禅，而到了民国时期，则是年久失修，人去楼空。中华人民共和国成立初期，香山寺上有僧尼4人；殿、堂、僧房等数十间，观音大士塔一座，金代鸿钟一挂；寺院西南方塔林有历代高僧和西域僧人梵塔100多座，经幢7座。“文革”时期，寺院遭到了毁灭性的破坏，只剩下观音大士塔。“文革”结束后，僧尼和居士们一起募捐化缘，重修了部分殿堂。1982年，河南省和宝丰县人民政府共同出资对观音大士塔进行了维修。十年后，赵朴初为香山寺题写了“香山普门禅寺”的匾额。2002年，平顶山市委、市政府成立了“香山寺保护建设领导小组”，具体负责香山寺的保护和建设工作。2003年9月12日，河南省佛教协会派相国寺、少林寺、白马寺三大名寺高僧入主香山寺，并举行了隆重的仪式。近年来，香山寺已经重新修缮殿堂，建筑围墙，开发景区，植树种草，同时开展各项宗教活动。

寺院坐落于山顶，坐北朝南，从天王殿到达山门前要走过120道台阶。天王殿内供四大天王。进山门后便是始建于清康熙三十六年（1697）的四面佛殿，殿内塑四

观音大士塔

首四面多臂佛像，即四面佛。四面佛殿后是北宋熙宁元年（1068）神宗皇帝敕赐重建的观音大士塔，塔下葬有观音舍利，塔内供奉千手千眼大悲观音菩萨像。塔高十丈，共9层，为八角阁楼式密檐砖塔。目前是河南省重点保护文物。塔后面是大雄宝殿，元代时修建，殿内供奉三世佛。殿内东西两侧则是十八罗汉。大雄宝殿的东西两侧分别为十二菩萨殿和地藏殿。此外，寺内还有钟楼、鼓楼各一座，以及始建于清康熙年间（1662—1722）的魁星楼。观音大士塔的东南方是送子观音殿、客堂和办公室。

重修之后香山寺声名远播，香火鼎盛。如今它虽没有了古时候丰裕的寺产和成百上千的僧人，现在有了政策的保护、政府的引导和群众的支持，在目前党和国家宗教政策落实的背景下，发挥着佛教活动场所的功能，帮助附近的百姓积极地参与各项慈善事业，奉献社会、回报社会，为促进当地和谐社会建设发挥着重要作用。作为“观音第一祖庭”，香山寺在佛教历史上有着不可忽视的地位，重建香山寺也是对佛教历史和观音文化的见证。

妙善公主成道

# •佳山深处问禅林，曲径通幽善意寻•

## ——千年古刹风穴寺

风穴寺位于河南省汝州市东北9千米风穴山中，北靠玉皇，南眺汝水，东倚龙山，西偎黄鹿，宝塔高耸，殿阁巍峨，群山环抱，苍柏叠翠，峰峦回转，飞桥泄瀑，是一座风光如画、久享盛名的千年古刹。

据寺志记载，该寺创造于北魏，距今1 500余年，初建时称“香积寺”，隋代为“千峰寺”，唐朝名“白云寺”，又因龙山上有大小风穴洞，故俗称“风穴寺”。历史上风穴寺与白马寺、少林寺、相国寺并称为中原四大名刹。寺院随时代沧桑，几经盛衰，明万历年间为其鼎盛时期，曾拥有僧侣千余，土地两千余亩，禅舍殿堂350多间。中华人民共和国成立后经分期整修，该寺光彩焕发、面貌一新，并于1988年1月13日被国务院列为全国重点文物保护单位。

它的地理位置独特，营建布局特别：其一，深山藏古寺，曲径通幽处，山口到寺院蜿蜒三华里，隐而不露；其二，依山就势，错落有致，寺院打破江北寺庙以中轴线对称分布的建筑格局，依山傍水而建，高低错落有致；其三，九龙朝风穴，

风穴寺（摄影：王志斌）

七祖塔

莲台建古刹，寺周围紫霄峰、纱帽峰等诸峰似九龙盘卧，环视四周，层峦环拱，壮若莲台，寺院正建莲台中央；其四，冬暖夏凉，真山真水，君子泉、迎科泉、龙泉常年旱不减，涝不增，冬不结冰，含有多种微量元素，且流经大面积的野生何首乌地段，色洁味甘，可与“惠山二泉”相媲美。

风穴寺周围景观星罗棋布，素有8大景、72小景、36福地之称。风穴寺不仅自然风光如画，更重要的是保存了祖国灿烂的文化遗产。现存唐至清历代建筑140余间。唐开元二十六年（738）所建“七祖塔”，高24.17米，为九层方形密檐式空心砖塔，每层四角挂铃，外轮廓呈抛物线型，古朴秀丽，为全国现存的七座唐代高塔之一。宋代悬钟阁内悬挂一口北宋宣和七年（1125）铁铸大钟，重量4 999.5千克，被誉为“中原第一钟”。中佛殿为金代建筑，建在1.5米高的砖台基上，为单檐歇山式建筑，飞檐挑角，古朴大方，梁架结构，科学严谨。明代的汉百玉石佛和缅甸送佛像，肃穆庄严，栩栩如生。在如此丰富的资源基础上，为了突出其风景特色，2003年观音阁又增添三尊汉白玉像。

风穴寺的佛教传承是：唐代为天台宗和禅宗并举，自后唐长兴二年（931）延沼禅师起，一直为禅宗的临济支。西山上的上、下塔林，原有115座，现存73座，元至清代皆有，且形神各异，是位居少林、岭岩之后的中国第三大塔林。

中佛殿

悬钟阁

另外值得一提的是，风穴寺是国家级森林公园，森林资源丰富，有乔木树种刺槐、侧柏、麻栎、岫松等，独具特色，十分诱人。风穴山口，两山夹道，万木葱茏，流水潺潺。迤逦北行1.5千米，方能发现寺院，确有“深山藏古寺”的诗情画意。风穴寺清乾隆年间住持释海月乃当时名僧，《风穴续志》卷四记载：“风度端悫，持行坚卓，工松雪笔法，说诗谈偈确有根据，善开导后学，静定有守，不妄交游，演法传戒，恢宏祖道，缁素倾心，门庭济济。”清乾隆十五年（1750）十月初二日，乾隆皇帝游嵩山时，在中岳庙召见风穴寺住持释海月，因奏对如流，天颜大喜，曰：“此有道者，为风穴老人也。”赐馔一席、金二十锭，以及庄亲王赠“慈云慧日”四大字。

风穴寺周围还有唐代著名诗人刘希夷的墓园，该墓园有长达400余米的八卦形古洞九妖十八洞；竹林庙、玄武庙、闻名中原的怪坡等多处景点，交通便利，食宿一体。寺内晨钟暮鼓，梵语喃喃，融千年古建、佛教、自然风光为一体，具有较高的观赏和游览价值。

风穴寺塔林

央视网
古刹烟雨

# • 佛以泉得名，泉以寺获生 •

——佛泉寺

佛泉寺位于河南省鲁山县境内佛都山景区中。它依山而建，寺院宏伟壮观，代表了数千年中国寺院建筑的基本形制。佛泉寺“佛以泉得名，泉以寺获生”。在佛泉寺的前面是沙河碧水，左为神鳄戏水，右为犀牛望月，后为玉枕仙山。

佛泉寺始建于唐朝开元年间，当时为弘扬密宗教法，曾辟“唐密道场”，是中国的佛教盛兴圣地，在这一时期佛泉寺规模宏大，僧人众多。但据鲁山县志记载，佛泉寺在唐武宗时兴道灭佛中毁于一旦。如今，唐密道场在中国已失传。中国佛教协会原会长赵朴初有恢复唐密道场的心愿，派弟子考察，认为佛泉寺与陕西大兴善寺、青龙寺、法门寺一样，同为唐密道场最佳选择地。

佛泉寺是一处绝佳的瞻仰佛教的圣地。寺内建筑有天王殿、大雄宝殿等。从前到后依自然山势，渐次升高，建筑层次分明，结构严谨，无一不显示着作为唐密道场的宏伟气魄，充分体现出中国古典建筑之风格。它遵照赵朴初遗愿予以恢复以后，集密、净、禅三位一体，可谓天下第一唐密道场。它不愧为21世纪弘扬佛法、庄严国土、利乐有德、广结善缘、普渡众生的善地，正是“毗卢世界佛光普照，唐密道场法力无边”。

在大沙河北岸的龙首峰上坐落着佛泉寺吉祥钟楼。这口举世无双的吉祥钟铸造于2000年，重达116吨，高8.108米，最大钟径5.118米。它既继承了民族传统，又体现了时代特色，具有丰富的文化内涵和民族精神。吉祥钟的上部有背负火珠的双龙蒲牢，钟肩有36瓣宝装莲花瓣；正背面均书“吉祥钟”三个大字，侧面用钟鼎文书双联，左面是“纳福增辉风调雨顺”，右面是“万年永保国泰民安”；钟上部绘“金龙戏珠”“丹凤朝阳”“祥鹤起舞”“瑞麟腾云”四幅吉祥图案；钟腰饰56个如意图案，象征中国56个民族和睦团结共享吉祥；钟裙部位铸出了山水祥云太阳，象征我们祖国的壮美山河，祝福我们的社会主义建设事业奔腾向前、永不止息。

佛泉寺前的八个装饰为“佛八宝”。

鲁山大佛

所谓“佛八宝”的八件器物分别为轮、螺、伞、盖、花、罐、鱼、长。这八种器物是与佛经中一些语句对应的，又称八吉祥，即法轮、法螺、宝伞、白盖、莲花、宝罐、双鱼、盘长。具体来说，法轮喻佛法，谓佛说法圆通无碍、运转不息，能摧破众生的烦恼，犹如轮王之轮宝，能碾摧山岳岩石。法螺，梵语为“商法”，译成汉语为“珂贝”，即螺贝，千手观音其中有一手持的是法螺。法伞，佛教词语，张弛自如、曲覆众生之谓。白盖，又称天盖，饰以宝玉之天盖，佛菩萨及讲师的高座上悬有天盖。莲花，弥陀之净土。古人云：“禅机玄妙，法流净土，一似莲花开朵朵。”宝罐，梵语为“军持”，尊称佛具之瓶，有华瓶、水瓶、观音瓶数种。双鱼，佛说坚固活泼，能解脱坏劫。（佛祖认为，到“坏劫”时，有水、火、风三灾出现，世界归于毁灭。后人用来指天灾人祸。）盘长，象征缠绵不断，佛说回环贯彻，一切通明之谓也。

众所周知，佛泉寺最为有名的莫过于大佛。金灿灿高高耸立于山尖的大佛可谓佛泉寺的标志。关于大佛还有一个历史故事。原来佛泉寺初为唐朝超度亡灵所建的寺院，相传贞观初年，唐王李世民夜做梦，梦见佛祖站在中州之玉枕山上，下为娑婆汤池（地下涌出的温泉）向众生遍洒甘露。李世民为之一震，知是佛祖点化，遂依境画形，命臣子到中原大地去寻觅，自鲁山县过下汤进中汤而寻自上汤（上汤亦称乱汤，意指地下温泉处处奔涌，纵横交错而无固定的走势），臣子们见玉枕山峦与图形相为吻合，不禁喜出望外。此山的河南边有多处温泉喷发，水质极好，温度适宜，能治百病，利于众生的健康。河北面则见山势轩昂，紫气冲天，即于山前的最佳处建成了“佛泉寺”，了却了唐太宗的一桩心愿。彼时唐太宗正励精图治，开创“贞观之治”。或是尚未窥破梦境含义，或是因缘未至，而一直未建立大佛，“致使佛国圣地空等待，亦使众生长惆怅”。

1994年释延佛大和尚提出了修建大佛的心愿后，数年艰辛，几度奔波，终于启动了修建大佛的浩大工程。鲁山大佛身高108米，莲花座高20米，金刚座高25米，须弥座高15米，总计高度为168米。其中金刚座内分为三层，每层具有九个殿、三个拜佛台，每个拜佛台皆有300平方米，气势之雄伟前所未有。其外层上部为飞天造型，中部为万佛龛，下部正南为三座巨门。其下则为须弥座，占地面积6 680平方米。佛身用黄铜、紫铜2 700吨、黄金100千克，为抗震、防风、防灾以3 700吨钢材作为内部的支撑结构。尽管佛像如此巨大，但其造型却呈现出一种微妙含容而灵动飘逸、光颜巍巍而妙相不可言喻的形态。鲁山大佛从正面看，与佛泉寺大殿、礼佛坛形成一条中轴线，气势雄伟，威严壮观；从侧面观，百岭围绕，群山朝拱，气宇轩昂，大气凛然。奇特的是在大佛面前、礼佛坛正中、大雄宝殿之内俱有回音鸣响，可见大佛的确不凡。

天王殿、大雄宝殿、小卢舍那佛金像、吉祥钟、鲁山大佛、温泉造就了佛泉寺的与众不同，吸引了四面八方的朋友前来参观游览。“金身倚金瑞，佛泉和泉祥。”天地有感，钟灵毓秀，当人们在这里留足禅悟佛文化的时候，无不为佛山金佛、佛泉寺深厚的文化底蕴而惊叹折服。山有佛，佛有山，使这片古老的土地异彩纷呈，罩上一层神秘的光环，那朦胧的意境传达着令人心驰神往的异思妙想。

## • 汉唐皇家汤沐地 •

### ——汝州温泉风景区

汝州温泉风景区位于汝州市区西部27千米的温泉镇。古镇南起伏牛山，北依嵩岳，扼宛洛古道，总面积30平方千米，西距九朝古都洛阳55千米，东距平顶山市100千米，几千年来，奇妙的温泉和温泉附近秀丽的山水引得历代帝王、后妃、名人

温泉镇武则天雕像

雅士纷至沓来，流连忘返，成为历代皇家汤沐游猎之地。据《后汉书》、新旧《唐书》《资治通鉴》《金史》《汝州志》等书记载，曾有十帝三妃先后驾临此地洗浴、狩猎，史称“十帝三妃浴温泉”。温泉附近的娘娘山、銮驾山及流杯亭、武后池、汤王祠、汉帝池、官池等古迹即是其历史写照。

据传说，黄帝从新郑禹州迤逦西来，发现汝州温泉并在此沐浴，并向广成子请教养生之道，其住过的小山便是现在的銮驾山。汉代明帝、安帝、桓帝等多次“校猎广成苑，沐浴神汤水”。公元621年春，唐太宗李世民率兵攻克汝州进军洛阳途中，到温泉沐浴洗去战尘，领略了温泉神汤的奇趣；公元637年再次临幸温泉，命人在温泉北5千米盖了“清暑宫”。宫南一里处设有专门接待官员的地方，即现在的官庄村。公元641年、644年，李世民又两次临幸温泉。此后，唐高宗李治先后5次临幸温泉沐浴，其中两次由皇后武则天陪同，而武则天3次临幸温泉。公元676年开春，武则天与丈夫李治在温泉停驻18天之久。公元680年，武则天与丈夫李治再次临幸温泉，在温泉停驻 4 天后前往嵩山，自嵩山返回时又在温泉停驻4天方回洛阳。公元690年，武则天登上皇位，改国号为周，成为名副其实的最高统治者，并于6年后实现了封禅嵩岳的夙愿。公元700年春，武则天再次临幸温泉。与前两次不同的是，此次武则天是以最高统治者的身份，在一班文臣武将的前呼后拥下，以威震四海的气势到的温泉。按《资治通鉴》记载，武则天此次在温泉停驻12天。“武后池”“八卦楼”分别是她当年洗浴和大宴群臣的地方。八卦楼又名流杯亭，相传当年武则天沐浴后，同群臣到流杯亭围池而坐，把绑着羽毛的酒杯放在池中，斟满美酒，杯借泉水浮力，漂浮到谁的面前谁就一饮而尽，并赋诗一首，以庆升平。这些诗汇集起来就是《流杯亭侍宴诗集》。此后，风流天子唐玄宗李隆基也追随武则天的脚步，到温泉神汤沐浴，流连忘返。

温泉神汤也吸引历代名人雅士汇聚于此。东汉大儒马融、宋代大文学家欧阳修、苏东坡、名相范仲淹之子范纯仁等，都曾游浴温泉，并留下许多脍炙人口的诗文。宋代大文学家欧阳修在畅游温泉流杯池之后，欣然为《流杯亭侍宴诗集》作跋。跋中云："流杯亭侍宴诗者，唐武后久视元年（700）幸汝州温汤留宴群臣应制诗也……贞元年间（785—804），陆长源又复立碑建亭并以为记刻其碑阴"（《欧公金石录》）。曾任汝州团练副使的苏东坡在他的《汤泉七纪》中写到："温泉七其一，盖此地也，且沐浴可疗疮疾。前人引水行数步为浴池，珉甃甚洁，规模颇宏……"范纯仁在做襄城知县时到温泉沐浴，被宏大的建筑群和亘古不变的温泉吸引，又对宋代时温泉的被冷落而深有感触，赋诗曰："山前阴火煮灵源，昔日曾临万乘尊。历尽兴亡皆如此，不随世俗变寒温。"

汝州温泉之所以能够吸引如此多的王侯将相、文人墨客驻足此地，原因就是温泉镇地热资源得天独厚，水温为57～75℃，富含氢、锂、钾、锶等56种化学元素和偏硅酸、硫化氢等7种化学成分。温泉古称"灵泉""神泉"，又称"神水"，泉水晶莹剔透，滑腻如抚锦缎，历来以水温高、涌量大、可以疗民疾、灌农田而为后代所称颂。自古温泉为风水宝地，自然风光独具特色，特别是冬日早晨的"温泉晓雾"为汝州八大景区之一。

中华人民共和国成立后，在各级政府的关怀下，古老的温泉又焕发出青春异彩，吸引了一批又一批的人到此游览观光、沐浴，体味过去只有封建王朝帝王将相、官宦富豪、才子佳人才能享受到的温泉神汤。诗人贺敬之《歌汝州温泉》诗云："汝州温泉天下优，地心人心贮暖流。泉水疗我半生疾，春风减我世风愁。四方来此多劳者，早非旧时尽王侯……武则天'三绝'已往矣，真绝终数民不朽。神悠悠，梦悠悠，今日瑶池民共游。似应杜甫呼广厦，恍见乐天万里裘……"现在的温泉风景区借助得天独厚的资源优势和便捷的交通，发展旅游业，利用地热温泉的"神水""灵泉"，建设各种休闲度假村、疗养院。预计年

黄帝问道广成子

接待游客20万～80万人次，直接经济效益2000万元。

天赐温汤，加上千古传奇和文人墨客的儒雅浸染，定会让游客身心受到一番净化。

## • 万古神汤 •

### ——鲁山上汤、中汤、下汤温泉

据明嘉靖《鲁山县志》记载："温泉有三，其水热沸，俗呼为上汤、中汤、下汤，具在县西。……商后曾浴于此。"清嘉庆《鲁山县志》载："下泉发于乱石中，泉口百眼，水雾蒸腾，有浴室，僧人司之，有骊山神出之验。"宋朝文学家晁冲之在此留下了"太真独侍温泉房，鲸鱼龙鳞影清绝"的著名诗句。

下汤镇是鲁山县历史名镇之一，因位于鲁山县上、中、下三处温泉最下泉而得名。下汤温泉水质清澈柔滑，水温奇高，素以温度高（水温63℃）、流量大（每小时涌出量34吨）、富含多种矿物质（主要有苏打、硫黄等）和医疗价值高（对治疗皮肤病、类风湿、关节炎等10多种疾病有显著疗效）闻名遐迩。同时，下汤镇又是殷实的自然宝库，地下矿藏还有铁、铜、磷萤石、大理石、花岗岩、石灰岩等20余种，尤以铁矿资源丰富，储量大，开采价值高。

下汤镇背依巍巍青山，三水悠悠环绕，温泉资源气象万千，珍禽比翼的湿地生态一碧万倾，烟波浩淼，山水相映，渔舟泛影的独特自然风光均让世人称奇。下汤温泉旧名汤谷温泉，为鲁山古"八景"之一，后因商后良夜常浴之，故名曰"皇女汤"。历史上有"商后浴其处，皇女戏水中"之传说。皇后和女儿常乘着华贵的车辇，不顾山道崎岖，来到下汤享受沐浴温泉之快感，留下了许多"皇姑浴"的美妙传说，引得一些帝王后妃、文人骚客纷至沓来。元明时，明人陈孜在鲁山八景总诗中写下了"黑山回照天心协，汤谷温泉地脉和"的诗句。唐代诗人元结、宋代诗人梅尧臣、近代诗人徐玉诺等均有赞美该泉的诗文遗世。此外，这里还有一观一洞（朝阳观、九女洞）等人文景观。

## • 千古风流诗书地，学高天下百世师 •

### ——三苏园

在郏县城西北20千米的嵩山之阳，有座堪与四川峨眉媲美的小峨眉。四川峨眉是三苏的生地，郏县峨眉是三苏的葬地。三苏坟位于郏县城西27千米处的小峨眉山东麓，背嵩阳，面汝水，山川秀丽，风景宜人。这里安葬着宋代大文学家苏轼、苏辙两兄弟的遗骨并建有其父苏洵的衣冠冢。1956年三苏园被省政府确定为第一批文物重点保护单位，1999年被省旅游局确定为省级旅游景区，现在已是国家级文物保护单位。

北宋大文学家苏轼、苏辙的遗骨与其父苏洵衣冠葬于中顶莲花山和逶迤其下的两座小峨眉山围成的箕形山坳里，距今已经有超过900年的历史。三苏坟为历代文人墨客所景仰，留有许多珍贵的诗文碑刻。

苏洵、苏轼、苏辙，同列“唐宋八大家”，世称“三苏”。特别是苏轼，道德文章堪称天下一绝，留下许多传世之作。北宋建中靖国元年（1101）七月，苏轼病卒于常州。次年，苏辙遵其“即死，葬我嵩山下，子我为铭”的遗愿，葬苏轼于小峨眉山。11年以后，苏辙于政和二年（1112）卒于许昌，葬于此。其后，苏轼

三苏园

“青山玉瘗”牌坊

子孙相继安葬在这里。到元至正十二年（1352），郏县尹杨允置苏洵衣冠“座诸两公之间”，自此始称“三苏坟”。

三苏坟由三苏陵园、广庆寺、三苏祠三部分组成。三苏陵园，总面积14 800平方米，坐北向南。步入神道，古柏相映。神道两侧有石柱、石马、石羊、石虎、石狗、石人相对排列，仪仗严整。陵园门两侧蹲一对石雕雄狮。进入红漆大门，迎面是一座高5米、宽3米的红石牌坊，横眉镌刻“青山玉瘗”4个苍劲有力的大字，背面是明代进士、浙江右布政使王尚䌹的《祭三苏先生文》。左右石柱隶刻苏轼《狱中示子由》词句：“是处青山可埋骨，他年夜雨独伤神。”过石坊，东边有斋房5间，是过去官宦、名流祭三苏吃素沐浴之处。正中为飨堂，系清康熙四十七年（1708）重建，堂内立有各代碑刻，四壁嵌有众多石碣。堂后为祭坛，坛后三冢隆起，中为苏洵衣冠冢，东为苏轼墓，西为苏辙墓。三墓西南一字排列6个墓冢，为苏轼六公子墓。园内有古柏588株，多为明清时所植，枝繁叶茂，苍翠挺拔。广庆寺、三苏祠坐落在陵园西南300米处，前寺后祠，占地6 903平方米。广庆寺大门为南天门，入大门是天王殿、大雄宝殿，三苏祠殿在最后。

三苏祠殿建于元至正年间（1341—1368），内有三苏彩色塑像，苏洵居中，苏轼、苏辙左右分侍。殿内外有金、元、明、清石碑，清代的“三苏先生佳城图”碑尤为突出。出广庆寺东便门可至小峨眉山头，上有高4.2米的苏轼中年布衣持卷雕像。

苏坟园内古柏参天遮日，夜晚山风来袭，萧萧声如落雨。著名的郏县八景之一“苏坟夜雨”便由此而来。三苏坟景区朴实无华，却有着深厚的文化底蕴，这正是它吸引众多游客前来瞻仰悼念古人的独特之处。

## • 独一无二，五品县衙 •

### ——叶县县衙景区

叶县县衙始建于明洪武二年（1369），是中国现仅存的3座古县衙之一，也是目前中国现存的古官署衙门中唯一的明代县衙建筑，是AAA级景区。据省文物局组织专家论证，叶县县衙建筑群落布局合理、规模宏大，其建筑形式融南北之风格，对研究中国古代建筑的风格、流派特点及变化规律等都具有重要价值。

叶县县衙位于河南省平顶山市叶县东大街，占地16 848平方米，规模宏大，气势宏伟。整个建筑群由41个单元153间房屋组成。中轴线上自前至后分布着大门、仪门、大堂、二堂、三堂等主要建筑。辅助建筑在其东西依次展开，布局合理，风格古朴，充分显示了明代县级官署衙门的规制和风貌。内设编钟演奏厅、文物展室等，陈列300多件（套）文物，其中70多件为国内所仅有。

叶县明代县衙不但规模宏大，气势宏伟，而且是一座五品县衙。中国古代知县一般为七品官衔，而叶县知县却为五品县令。按照明代体制，全国的属县分为上、中、下三等。叶县地域宽广，由汉代的叶县、昆阳、红阳、舞阳4县组成，每年上缴赋税10万石以上，加之根据赤、畿、望、紧、上、中、下的等级，叶县地处南北交通要道的紧要位置，县令多由同知衔的五品官担任。因此，县衙的规格也比一般的要高，得享三间大门、五间厅堂的待遇。县衙门前明柱上有清同治六年（1867）知县欧阳霖到任时所撰“天听民听，天视民视；人溺己溺，人饥己饥”楹联。

走到衙门前，首先映入眼帘的是宽敞的朱漆大门、挺拔的青漆门柱和向两侧张开的八字墙。进入县衙，大门前紧接仪门。仪门东侧为萧曹庙，为纪念西汉名相萧何、曹参而建。明太祖朱元璋重视吏治，让县令学习萧、曹的治国方略。仪门专为上级来人时才能把中门打开，县令要亲自到宅门见礼。仪门下两侧设两小门，东为生门，西为死门，一般情况下是供囚犯专用的。仪门内甬道上有宋太宗御制戒石碑，正面书“公生明”三字，碑阴书“尔俸尔禄，民膏民脂；下民易虐，上天难欺”，为宋代大书法家、曾任叶县县尉的黄庭坚手书。大堂前下有石英跪石一方，上面深深的膝形凹陷印记是叶县县衙悠久历史的见证。

中国古代官署衙门中，大堂为县衙审理案件的主要场所，大堂两侧科房则是县衙主要办事机构。县衙大堂东侧为吏、户、礼科房，西侧为兵、刑、工科房，是中央政权六部的缩影。此外，在大堂两侧还有东库房、承发房等机构。东库房具体负责财务收支，承发房则主管文件来往转送、档案保管等业务。

大堂后为门子房。守卫门子房的人叫“门子”，是由知县的亲属或亲近的人担当，实际上他们是官员手足耳目的延伸，是官与民信息沟通的途径。对老百姓来说，不论是告状还是办事，最先接触的就是衙门里看门的门子，于是他们中的一些奸滑者便利用职务之便索取贿赂，时间一长，“门子”逐渐变成了“门路”的意

叶县县衙

思。现在人们常说的“走门子”“走门路”之类的话就是从这里演变过来的。门子房后有一屏门，穿过屏门即是二堂，二堂是知县调解处理一般案件的地方。二堂正中有四扇屏门，屏门上方有一金字大匾“清慎勤”，取意于三国时期魏国司马昭训长吏言：“为官者，当清、当慎、当勤，修此三者，何患不治乎？”据说，康熙皇帝御笔亲书此匾，敕令悬挂于全国各府、州、县衙门。二堂东侧为会文馆，西侧为会武馆，是县令接待上级文武官员的场所。二堂又起着穿堂的作用，中间设4扇屏门，也是专为接待上级客人而特设的。由县衙大堂屏风两侧往后，即进入宅院，即县衙居官之所。宅门和仪门一样平时关闭，只在有上级来客时才打开迎送。二堂中间明柱上有“养天地正气，法古今完人”楹联一幅，堂中悬匾额一方，上书“清慎勤”三字。由屏风后出为三堂，三堂又名知县廨，是知县办公及与知县近身的幕僚、师爷们的办公场所。两侧厢房为近身师爷及随从的办公场所。三堂后有后花园，园内有供奉守印大仙的大仙祠一座。

除了位于中轴线上的大堂、二堂、三堂外，其东侧副线上由南向北依次分布着监狱、厨院、知县宅等建筑，西侧副线上有古时衙署内工作人员办公及休息的西群房，有知县反省自身功过的虚受堂、思补斋及南北书房等建筑。其中，虚受堂、思补斋等单元建筑，为目前中国现存同类建筑中的仅存者，不仅有较高的学术研究价值，也为叶县明代县衙增添了几分独特的韵味。为增加叶县县衙的文化内涵，当地文物部门增加了“孔子过叶遗迹”“叶公事迹”“黄庭坚尉叶故事”等展示内容，并将文物库房搬迁至县衙博物馆新落成的文物展厅内。

## • 湖光山色，森林氧吧 •

### ——石漫滩国家森林公园

石漫滩国家森林公园位于河南省舞钢市，离舞钢市区仅为2千米，东距漯河市65千米，北至平顶山75千米，交通十分便利。公园始建于1998年，总面积190平方千米，其中景区面积120平方千米。石漫滩以秀美的风光、山水林城融为一体的鲜明个性，于2001年被批准为首批国家水利风景区。

公园以龙泉湖景区为轴心，以九头崖、天池景区为两翼，沿二郎山、马鞍山、五峰山、螃背山、旗山、九洲等景区汇成了四条旅游线，共76个景点。这四条旅游线路辐射四周，形成了集山青、水秀、洞奇、石美为一体的休闲观光旅游胜地。这里山峰叠翠、草木送香，是“逐烟波于四时，赏彩霞于朝暮”的好去处。

石漫滩森林公园素有“北国小江南”之誉。园中山深林密、湖水荡漾、峰奇石怪、溶洞广布。公园气候宜人，四季可游。它地处北亚热带向暖温带过渡地，蕴含丰富的水资源和良好的森林植被，春可进山赏花，夏可入林避暑，秋可采撷野果，冬可观赏瑞雪。园内森林覆盖率在90%以上，年平均气温为14.6℃，因此山清水秀，绿树成荫，降雨充沛。置身其中，目染万绿，耳收千籁，真是“百鸟鸣啭山里山外，桂花飘香醉十里钢城”。

石漫滩国家森林公园不仅拥有十分醉人的自然美景，还具有壮观的人工景观——拦河大坝。这座大坝是中华人民共和国成立初期在淮河上修建的第一座拦河大坝——治淮第一坝，公园就是以它为中心建设的。坝区的景观主要有宏伟壮观的治淮第一坝、警钟明珠碑、“75·8”警世碑、禹王洞、烟波洞、展览馆、碑亭、亲水亭等。现在的拦河大坝是于1993年开始

石漫滩景区

石漫滩农田

重建的，历时5年时间修建完成，是中国长江以北修建的第一座碾压混凝土重力坝。大坝全长645米、高40.5米、宽7～9米，总库容1.2亿立方米。50年来，石漫滩水库经历了兴建、溃坝、复建的曲折历史，“75 · 8”纪念碑就是最好的证明。原石漫滩水库曾浇灌下游近10万亩农田，使其成为远近闻名的鱼米之乡，但“75 · 8”特大洪水冲毁了原水库大坝，使下游人民的生命财产遭受了巨大损失。据有关人士回忆：“西自京广铁路，东至安徽，南北跨度150千米，一片汪洋。”可见这次洪水来势之凶猛。如今，建成了新的水库大坝，即使再遇到如当年一样大的洪水也不必担心了。因为新坝是百年设计、千年校核，即使洪水漫顶，也不会再发生垮坝那样可怕的事情了。50年来石漫滩水库兴建、垮坝、复建的历史，是中华人民共和国治淮事业的一个缩影。

不论是醉人的自然风光，还是著名的拦河大坝，都不能说明石漫滩的特点，那石漫滩的特点是什么呢？原来是石漫滩大量千姿百态、色彩斑斓的奇石。这也就是石漫滩名字的由来了。在远古时代，舞钢遭受了地球上的五次大的地质运动，形成了这精美而灵韵的石漫滩奇石。它们的特点为刚劲粗犷，质朴典雅，精、气、神集于一身，比如有实用价值的“黄晶”“石包晶”，有观赏价值的钟乳石、象形石，有研究价值的流纹岩、石灰岩。

游人或观石，或观潮，可在悠悠十里的林区探幽，亦可走进现代化大型钢铁联合企业看真正的钢铁是怎样炼成的。累了有湖光山色解乏，饿了有四季荷花三面柳，闻香也解行人饥，真是“治淮第一坝前感湖水沧浪，蝴蝶溪畔听儿女情长”。

石漫滩景区是不可多得的旅游佳地和天然的消夏避暑胜地，众多的自然、人文景观与名胜古迹，犹如一幅风光秀丽、气势壮观的自然山水风情画卷，使石漫滩国家森林公园显得多姿多彩，让人流连忘返。

## • 刘陵园内祭先祖，烟波浩渺昭平湖 •

### ——昭平湖水利风景区

昭平湖风景名胜区是国家AAA级旅游区、国家水利风景区、省级风景名胜区，是华夏刘姓的发祥地，也是一个山清水秀、自然风光独特的旅游胜地。

昭平湖位于河南省平顶山市鲁山县境内，地处鲁山县城西部10千米处，山区与平原接合部，距平顶山市区50千米，总面积40余平方千米，其中水域面积38平方千米。它地理位置优越，交通便捷，是伏牛山风景名胜群鲁山旅游线东大门，属鲁山大旅游格局“一山一湖三条线”的重要组成部分。丘陵起伏、沟壑纵横、烟波浩淼，独特的地理地貌造就了“一湖出平峡，万源聚山川”的绚丽自然美景。

“庐山奇，峨眉秀，昭平湖风景看不够。”这颗深山明珠简直是大自然的恩赐。湖波环绕的姑嫂奇石巧夺天工；闻名于世的墨子著经阁掩映在苍松翠柏中；刘氏祖庭邱公城岛时隐时现，岛上散落着史前、夏、商、周、汉时期的文物，有“中原文物宝藏”之美誉。湖东岸的刘姓始祖刘累墓地庄严肃穆，刘秀拜祖招兵台雄伟壮观；湖西岸的中华墨子苑不久将对外开放，鲁阳公挥戈返日处的遗址遗存神秘动人；气势宏伟的拦河大坝，绚丽多姿的平湖晚霞，令人叹为观止。

昭平湖水域广大，水色湛蓝。放眼湖面，白露横江，水色接天。泛舟湖面，唯见上下天光，碧波荡漾，加之画舫如织，桨声欸乃，构成了一幅风格独特的画卷和一曲情味别致的音乐。遇上秋高气爽的傍晚，夕阳在天边燃起万道霞光，湖上金光灿灿，闪烁迷离，似看到一只晚归的鸟，迎着霞光匆匆飞来，会使人想起“落霞与孤鹜齐飞，秋水共长天一色”的绝妙景致。

湖岸迎面看到的便是有“中原第一坝”之称的拦河大坝，它被誉为昭平湖的“佳境门“。大坝高35.5米，宽7米，主坝、副坝总长7 000余米。它以防洪灌溉为主，对保护下游鲁山、平顶山、漯河、周口等30多个县市以及焦枝、京广、京九、平舞铁路的安全有重要的作用。整条大坝像一条巨龙横跨两山之间，大有“长桥卧波，未云何龙”的气韵。登临大坝，极目湖面，烟波浩渺，一碧万顷，视野尽头，山峦苇翠，苍郁窈冥。置身其中，恍若仙境。灵魂为之升华，五内为之一净，世俗的一切烦恼、焦虑会荡然无存。

湖心最有名的景观莫过于姑嫂石了，只是听名字就能猜到它的身上一定有一个神奇动听的传说。相传此地有一户人家，婆婆待刚过门的儿媳妇十分刻薄，让她用一对尖底桶把水缸打满水，否则就要挨打。善良的小姑偷偷帮助嫂嫂，却也遭到婆婆的毒打。直到一天嫂嫂遇见一位骑马的白胡子老人。老人受了她的帮助送给了她一支马鞭，这样她再也不用跑到很远的地方担水了，因为马鞭会帮她。但不幸的事发生了，一次婆婆不小心触动了马鞭，

昭平湖景区

泉水从缸中喷涌而出，村庄成了一片汪洋。后来姑嫂二人合力用镇水石制服了洪水。姑嫂二人屹立于镇水石旁，天长地久遂化为石，故名姑嫂石。此石从东侧看似姑嫂二人并肩而立，从西侧看却大有遥遥欲坠之势。当年冯玉祥带兵路过此地，怕其坠落伤人，曾用铁索捆石，再用30匹大马用力拉，结果铁索断而石却纹丝未动，可见此石之奇，不愧为大自然的鬼斧神工之作。

昭平湖景区不仅风光秀丽，群山环抱，水质优良，而且历史积淀深厚，是刘氏文化与龙文化的聚焦点。

说到刘氏文化，便不能不提起华夏刘姓心中向往的圣地——刘累陵园了。刘累

陵园是为纪念刘姓始祖刘累而修建的。它始建于2005年8月9日，是一座风景秀丽、高贵典雅，集瞻仰、祭祀、悼念和视听感受于一体的多媒体多功能陵园。陵园占地面积10万平方米，分为七大功能区，分别为接待中心、御龙广场、世界刘氏纪念馆、世界刘氏会馆、刘氏与龙文化碑林、始祖殿、陵墓区。园中含建筑单体30余座，是中国传统的建筑。它们前瞻湖、后枕山，地场宽阔、气势宏伟。历史学家、考古学家、政界名人、海内外刘氏宗亲都十分关爱这里，纷纷挥毫泼墨，树碑题词。

昭平湖集美丽自然风光与历史人文景观于一体，不但有南国水乡柔美之韵味，兼有雄浑苍郁之气概，是不可多得的绝佳去处。乘船游湖，观湖光山色；悠闲垂钓，品美味烧烤；乘溜索飞渡，感受速度；沐温泉沐浴，洗刷疲劳。历史文化的博大精深与自然风光的绚丽迷人在这里一同展现，这就是美丽的昭平湖。

## •白龟湖国家湿地公园•

白龟湖位于平顶山市西南约6千米处，又名白龟山水库，是一座碧波浩渺的人工湖，因拦河坝和顺河坝相接处有一白龟山而得名。它紧邻平顶山新城区，距离宁洛高速出口1千米，距在建的郑万高铁口不足2千米，交通快捷方便，是市民休闲游玩的好去处。

白龟湖国家湿地公园位于白龟湖北部湖滨地带，水域广阔，水源充足，动植物资源丰富，是进行湿地动植物科普和湿地生态展示的理想场所。其主要旅游资源有地貌景观（湖泊湿地、岛屿等）、水域风光（湖泊、池塘等）、生物景观（林木、草地、野生动物及其栖息地等）、天气与气候景观（独特的气候特征、鸟类迁徙过程等）、建筑与设备景观（综合人文旅游地、景观建筑、水工建筑等）等，旅游资源丰富，景观多样，具有较高的旅游价值。

白龟湖国家湿地公园（试点）与城相依、与水相依的独特性具有重要的科普宣教意义。通过举行“世界湿地日”“爱鸟周”等科普宣教活动和开展社区共建共管工作，白龟湖国家湿地公园为广大市民打造了一处城市近郊休闲游的好去处，对引导广大市民“走进湿地、认识湿地、保护湿地”，提高市民关爱自然、保护湿地的自觉意识有着重要的意义。据不完全统计，按照“优先保护”的原则，自2011年3月湿地公园（试点）批复建设以来，湿地公园年均接待游客100万以上，至今接待游客达500余万人次，湿地公园建设得到了广大市民的充分认可和好评，也极大地调动了社会民众参与湿地保护的积极性和主动性。

鹰城八景是极具平顶山地理、人文特色的八个景观，其中的“白龟望月”“应乡渔歌”均在规划区内。湿地公园建设将使白龟湖成为平顶山最具有代表性的特色景观，与园林化新城区建设相得益彰，共同提升城市整体形象。

## • 重温当年知青岁月，体验今日农村生活 •

### ——广阔天地知青园景区

知青是一个特殊的群体，带着鲜明的时代特征。中国最早的知青在郏县，那里曾有个以毛泽东批示而命名的公社——“广阔天地大有作为人民公社”。这个极其特殊的名字使它成为中国版图上字节最长的地名。与其相关是的那场涉及1800万青年、牵动亿万人心的知识青年上山下乡运动。历史的尘埃早已落定，它也衍化成了今天的广阔天地乡。因此，郏县广阔天地乡被誉为中国“知青运动的发源地”。

广阔天地知青园景区位于郏县城西南部3千米处，面积6平方千米，于2002年10月16日对外开放，景点有毛泽东塑像、毛泽东批示手迹碑、广阔天地大有作为纪念馆、广阔天地博物馆、知青之家、知青旧居、知青桥、知青井、知青坝、知青游乐园、知青林等景点。整个景区融革命、历史、民俗为一体，展示了毛泽东“知识分子与工农相结合”的思想和知青文化、农耕文化、纺织文化、交通文化、饮食文化。景区因展示出来的勤奋、朴实、真诚团结的精神和勇于实践、敢于创新、艰苦奋斗、甘于奉献的历史事实，成为了解中国知青上山下乡运动始末的一个窗口，是一个集旅游观光、劳动实践、青少年教育为一体，重温当年知青岁月，体验今日农村生活，探究知青运动历史渊源，了解现实国情民意的乡村旅游胜地。2004年，广阔天地知青园景区成为平顶山市青少年爱国主义教育基地。

1955年7月，正在统筹中国农村全面合作化的毛泽东，对《互助合作》一书中写有“全乡在贫农和下中农里面，有7个没升学的中学生和25个高中生，把两个中学生分配到老社，其余的全部分配到7个‘社架子’去，以便解决会计和记工员不够的困难”的段落产生了兴趣，斟酌再三后挥毫写下了“这也是一篇好文章，可作各地参考。其中提到组织学生和高小毕业生参加合作化的工作，值得特别注意。一切可以到农村中去工作的这样的知识分子，应当高兴地到那里去，农村是一个广阔的天地，在那里是可以大有作为的”。很快，此批示连同那篇文章被编入《中国的农村社会主义高潮》一书，由此开启了全国知识青年上山下乡运动。正是由于毛泽东的批示，1968年，极具时代气息的公社——“广阔天地大有作为人民公社”诞生了。当年8月24日，该公社迎来了首批71名河南省会郑州的下乡知识青年。1980年11月，该公社随着下乡知识青年的返城，更名为大李庄乡。1993年8月24日，在河南省首批知识青年下乡25周年纪念日，大李庄乡再度改名为广阔天地乡。在广阔天地乡政府大门正中，至今还保存着一座建于1970年、高4.8米的毛泽东批示手迹碑。

知青园景区

广阔天地大有作为纪念馆位于广阔天地乡广阔大道北侧，占地3098平方米，建于2001年，2002年8月16日正式对外开放。它由主展厅、放映厅、接待室、购物厅、花区等组成。纪念馆通过千幅图片、百件实物、雕塑、文字、声像等手法，记录了一代知青在农村艰苦奋斗的历史事实。动人的故事将人带回那火红的年代，给人们以启迪，给年轻人以激励，给研究者以借鉴。

毛泽东塑像位于东方红广场中心，广阔大道与知青路交叉口，像高5米，总高10.6米。塑像面向东方，高挥巨手，指点江山，召唤人民，显示出无产阶级革命家的风范，是广阔天地对外形象展示及光荣历史的见证，众多的游人都慕名前来瞻仰。

广阔天地乡博物馆坐落在广阔天地乡毛泽东像北50米，分迎宾厅、生活用品厅、农家风情苑三部分，占地总面积5 600平方米，收集文物1 000余件。馆内的狮子舞、龙灯舞、秧歌、铜器等民间文艺，充分展示了乡情民俗，生产器具厅能让人了解生产工具的演变，感受粒粒皆辛苦的深刻含义，木匠铺、铁匠铺、油坊、炉坊、染坊等，能让人身临其境，亲身体验。农家风情苑集吃、住、玩为一体，能让人亲自尝试一下磨豆腐、磨面、织布的乐趣。

知青旧居位于汝河北岸的板厂村，现存房屋6间。由男、女宿舍组成，20世纪70年代建造，是知青居住过的地方。豫剧《朝阳沟》剧组魏云、张月婷等在此体验生活。

知青坝是20世纪70年代，为防治洪涝灾害而建起的防洪大坝。一条长1200米，一条长1 800米，两坝之间300亩人造淤地林草丰茂。坝头、坝翼均为石头笼砌成，站在坝顶，眺望汝河蜿蜒东流，河边鹅卵石密布，坝东紧邻知青游乐园和8 000亩森林公园，空气清新，风景秀丽，是游览和野餐的理想去处。

知青井是以知青为主力修建的一眼深水机井，因挖井时，井架倒塌，死伤2名社员，传曰“鬼井”。知青们不信邪，不气馁，二次挖井，历时2年挖成，现在水头最好，可浇地140亩，知青们百折不挠的精神、改造自然的干劲在这里传为佳话。

知青桥是1972年以知青为主力修建的桥梁。红条石拱圈结构，当时知青百余人分为采石队、运输队、工程队建桥。知青们披星戴月，风餐露宿，用艰苦的劳动和智慧架起的桥梁，沟通了本乡与全县城的联系，方便了人们的生产和生活。

知青游乐园是综合性游乐服务场所，靠汝河北岸而建，占地20万平方米，由垂钓区、游泳区、饭店、日光温室、百亩果园、鸵鸟养殖厂、养牛场和养鱼场组成，集休闲娱乐、劳动实践、采摘鲜果为一体。果树品种有日本甜柿、美国油桃、栗子、大枣、黑梨等。

“指点江山绘新图，耕云播雨换天地。”这是知青们当年常吟的一句诗。知青们曾是这里的“设计师”和“工程师”，对每一寸土地，每道荒沟都进行了重新勾画……发黄了的知青日记，掉漆的旧搪瓷缸——纪念馆至今珍藏着当年知青们下乡时的数千幅老照片和知青们的生活、学习用品。它们默默地“躺”在橱窗内，让人们去思考和追忆那段激情岁月……

# 名品荟萃

## ——鹰城风物天下知

应国古都、工业新城平顶山，地处中原腹地，自然环境优美，人文积淀深厚。清澈的湖水中、起伏的山峦间、茂密的森林里、肥沃的土地上，都蕴含着丰富的宝藏，孕育出享誉国内外的地方特产，滋养着生于斯长于斯的平顶山人民。每一种特产后面都有一个个优美的故事，诸多名品代表着一方厚重的文化内涵。

民族的才是世界的。富有平顶山地方特色的各类名品，向世界展示了中华民族的丰富物产和多样文化。

# ●汝 瓷●

汝瓷是中国陶瓷的瑰宝，它典雅静穆的艺术魅力感染了无数人。

唐宋时期的汝州辖梁县、宝丰、鲁山等地，有着丰富的陶土和茂密的树林，从蟒川坡上的严和店到东南的罗圈、桃沟、清凉寺直到鲁山段店，方圆百里之内，方解石、钾钠长石、长石砂岩、叶腊石、莹石、硬质高岭土、软质高岭土、石英等汝瓷主要原料分布较广。得天独厚的高岭土、石英和煤炭资源优势，是汝瓷赖以生存的天然环境。

玉汝松汝瓷作品《和平》（2014年被人民大会堂收藏）

宋代汝州烧造青瓷器的窑址很多，有所谓“汝河两岸百里景观，处处炉火连天”的繁荣景象。经对现存汝瓷实物及古窑址进行考证，发现汝瓷古窑址分布在古汝州所辖的汝州、鲁山、宝丰、郏县及汝阳南北150多千米区域内，大致分为两个自然区：北区从北汝河北岸汝州市区张公巷、文庙和大峪乡的东沟、陈家庄至黄窑再到临汝镇的陂池；南区从北汝河南岸的严和店起沿东南方向延伸至罗圈、桃沟和清凉寺、梁洼，直至段店。鼎盛时窑炉达到300多处，影响扩及内乡、宜阳、新安及黄河以北等。陆游《老学庵笔记》记载，“故都时，定窑不入禁中，惟用汝器，以定器有芒也”。周密《武林旧事》记载，南宋绍兴二十一年（1151），宋高宗赵构的宠臣张俊上贡的珍宝清单中有瓷器16种，均为汝窑器。

汝瓷分民窑和官窑，分别生产民间用品和宫廷用品。其主要区别为釉色：民窑多为豆绿釉、天蓝釉和月白釉，官窑则以天青釉为主。以上四种釉色各显特色，争艳斗彩，形成了汝瓷的主要特征。

汝窑以烧制青釉瓷器著称，现今故宫珍藏的汝瓷多为天青色，被宋代誉为五大名窑之首的汝瓷指的就是天青釉瓷。它的特点是釉色呈天青，“蓝而不艳，灰而不暗，青而不翠”，釉面布满了细小的片纹，有的稍深，有的稍浅，但均离不开“天青”的色调，因此有蛋青、虾青、冻青、茶青、豆青等色调的称谓，最深者如蔚蓝的天空，有似“雨过天晴云破处”，继之天青、天蓝、淡粉、粉青、月白等。釉层薄而莹润，釉泡大而稀疏，有“寥若晨星”之称。胎质细密而坚致，制作规整，胎体厚薄适中，细洁如香灰色，被世人称为“似玉非玉而胜玉”。胎土中因含有微量的铜元素，故胎色会有深浅不同的灰褐色变化，即所谓“铜骨”。其通体上釉，裹足支烧，烧时器物底部用细小的耐火泥钉支撑，因而器物的底部都留有支钉的痕迹。支钉痕细小如芝麻，分布在器底，多单数。汝瓷外观开片密布，蟹爪冰纹，上下错落，层次分明，如蝉翼绽放，

玉汝松汝瓷作品《龙耳炉》（2014年11月被中国外交部亚洲司选为国礼，赠送给参加APEC会议的外国政要）

有大家风范。在造型上，汝瓷古朴大方，浑然天成，其器物多仿青铜器及玉器造型，主要有出戟尊、玉壶春瓶、胆式瓶、樽、洗等。

汝瓷诞生于千年之前，又毁于千年之前的战火兵乱，它曾经用短暂的生命创造了辉煌。中华人民共和国成立后，在党和国家领导人的关心支持下，汝州人民历经半个世纪的艰苦努力、不懈探索，终于使失传千年的汝瓷再现辉煌。如今，汝瓷产品不仅在国内畅销，还远销美国、日本、韩国等国家。

## • 郏县金镶玉 •

郏县金镶玉，是在陶瓷或玉器上镀金，描绘出各种图案，是中国古老的传统手工艺品，其独特而精美的工艺是郏县人的骄傲。郏县金镶玉源远流长，已有200多

郏县金镶玉

年的历史。它不仅从一个侧面代表了一个民族的文化，彰显了一个民族的品位，而且起着民族之间沟通交流的桥梁作用。

金镶玉始于清乾隆年间。郏县姚庄回族乡李冰家，有着祖传八代制作金镶玉的工艺绝技。那描龙画凤、花鸟各异、金光闪闪、千姿百态的金镶玉，让中外各界人士看得眼花缭乱、流连忘返。

说起郏县金镶玉，李家第七代传人李廷贤说："没有金刚钻，难做瓷器活。郏县金镶玉能传至今天真是不容易，这门工艺绝活是我们李家祖祖辈辈用生命换来的。"李廷贤说，李家最初学艺的几代先人都是在洛阳学艺，受尽了人间苦。在旧社会，民间艺人都知道"一招鲜吃遍天"，是不会轻易把绝技传给别人的。因此，前两代先人并没有把金镶玉的工艺学精。李家第三代传人，也就是李廷贤的曾祖父，下决心要把金镶玉的绝活学到手，于是就与当时的老板订了"卖身契"，签了"生死合同"，发誓不把金镶玉的工艺学到手不见家人。他聪明好学、吃苦耐劳、眼明手利、悟性较高，用真心诚意感动了老板，使其最终把金镶玉的制作秘诀和工艺流程（打胚、刻画、制图、翻砂、镶嵌、抛光等）毫无保留地传给了李廷贤的曾祖父。从此，郏县金镶玉就代代传承了下来。

李冰通过认真学习探讨，制作技术日益精进，对金镶玉的冶炼、翻砂、制图、雕镂、镶嵌、抛光等十几道工艺掌握得十分娴熟。他的主要制品是以宜兴紫砂、陶器、钧瓷、汝瓷和玉品五大类为胚底，在上面镶嵌龙凤、花鸟、福禄寿喜、吉祥如意等图案。成品做工精细，栩栩如生，浑然天成，具有强烈的艺术魅力和鲜明的地域特色，是现代技艺同古老的手工艺术的完美结合，彰显了中华民族巧夺天工的民间技艺。

李冰的代表作品"玉观音"，2007年被黄帝故里拜祖大典委员会和第二届中博会选用。俄罗斯总统普京访华来少林寺时，河南省政府将李冰制作的金镶玉茶具赠送给他。时任河南省委书记徐光春也曾向来河南访问的国民党原副主席江丙坤赠送了李冰制作的金镶玉花瓶。

郏县金镶玉产品玉观音、大花瓶、小花瓶、玉观音茶具等，已销售到东南亚和阿拉伯国家。郏县金镶玉在国外市场非常受欢迎，客商甚至一次订购上千套。

## 鲁山丝绸

鲁山西部山区是天然的大桑园，是得天独厚的养蚕宝地，素有“柞蚕之乡”的美称。当地生产的丝绸曾是“丝绸之路”的主要商品之一。鲁山丝绸织造历史悠久，始于夏朝，盛于唐朝，在唐朝已成为贡品，清朝时销售到美国、英国、俄国等30多个国家和地区，有“鲁山丝绸，响半球”的美称。

据《鲁山县志》记载，1913年，鲁山丝绸在美国旧金山万国商品博览会展出，荣享盛誉，在1915年美国旧金山举行的万国商品博览会上荣获世界金奖。此后，鲁山丝绸进一步发展，县西半部有百万亩蚕坡，年产茧200万千克、缫丝20万千克。县城内有丝绸作坊231家，漂炼作坊7家，丝绸机1700台，年产丝绸50多万米。鲁山丝绸是用当地柞蚕丝纺织而成的。鲁山柞蚕茧不仅个头大，丝层厚，出丝率高，而且蚕丝含胶量极少，丝束匀松，富有光泽，耐高温、抗酸、抗碱。鲁山丝绸历史上采用原始的手工制作，要经过缫丝、选丝、烙丝、整经、打纬、织绸等多道工序。织出的丝绸手感爽滑，十分柔软；染色后色泽鲜艳，不褪色，不起毛，光彩夺目；制作服装后，穿着轻盈、凉爽，高雅华贵。

鲁山丝绸早在唐朝已成为宫中珍宝。当时的鲁山县令元德秀常以鲁山丝绸向朝中进贡，备受玄宗和贵妃的赞赏。唐皇宫中，以身着鲁山丝绸为华贵。从那时起鲁山丝绸声名鹊起，闻名于世，成为唐代“丝绸之路”的主要货源。

清光绪年间（1875—1908），京庄、申庄、口庄商人专门经营鲁山丝绸，其中相当一部分转销国外。鲁山丝绸在美国旧金山举办的万国商品博览会上引起轰动后，被外国客商誉为“仙女织”，被视为丝绸中的“王牌货”，获国际贸易金奖。据说英国女王伊丽莎白加冕或举行宴会时，总爱穿上用鲁山丝绸做的礼服，以示高雅。

位于鲁山县西关的邓小平街，其实就是以前的绸缎市场。民国时期有很多上海商人在此开店经营鲁山丝绸，他们对鲁山丝绸有着极深的印象和好感，并了解一部分制作鲁山丝绸的知识，因此生意很红火，同时也起到转销的作用，使鲁山丝绸年出口量达60%。瑞士有一家“好上门”公司，几代人专卖鲁山丝绸。

鲁山丝绸是一个经历史见证的品牌，潜藏着极大商机。目前，鲁山县年产柞蚕丝280吨，蚕蛹2 000吨，鲁山丝绸20 000匹，年产值达2 000多万元。

我们相信，越来越多的人会将精美的鲁山丝绸穿在身上，在五湖四海展示鲁山丝绸的辉煌。

## • 鲁山猴头 •

鲁山猴头又称鲁山猴头菌，属担子菌纲齿菌科。子实体肉质，土黄色，表面生有细毛，形状似猴头，故名。鲁山猴头产于鲁山西部深山森林中，适宜生长的温度为20℃，采摘季节为每年的秋后。以栎树上生长的猴头质量最佳，其个大色正，质坚肉细，涨发出品率高。20世纪50年代，鲁山猴头在全国菌类评比中荣获“中国山珍第一菌”的美誉。

传说在很早以前，人们还不知猴头菌能吃。一位80多岁的老汉长年有病，久治不愈，来到深山中的一棵栎树下，想上吊自尽，这时他发现树杈上有一个碗大的毛毛东西，状如猴头，他便把它摘了下来。好奇心和迷信的心理使他打消了轻生的念头，并把这个“猴头”带回家试着煮熟吃了。不久他的病全好了，他就到处对山民们说森林中有神仙派齐天大圣来救穷人，给穷人治病。于是山民们带着红绳、香果进山，见到树杈上有猴头时就系上红绳，叩拜后摘下。久而久之，这种采摘猴头的方式便成了一种规矩。

猴头菌是中国传统“八大山珍”之一，与熊掌、燕窝、鱼翅并称四大名贵肴馔，并有“山珍猴头，海味燕窝”之说。猴头菌为大型真菌，属野生寄养体，不含叶绿素。其营养成分较高，含蛋白质26.3%，脂肪4.2%，糖类44.9%，粗纤维6.4%，并含有17种氨基酸和维生素B1、维生素B2、钙、磷、铁及胡萝卜素等。

鲁山猴头

酿兰花猴头，平顶山杜广军（中国烹饪大师）制作

猴头菌历来是皇宫宴席上的珍品佳肴。《东京梦华录》记载，宋代皇宫宴席上每次都用猴头菌制作各式花样的菜肴。清朝的满汉全席中，猴头菌是必备原料之一。

从宋代至今，社会上各家大型饭店、酒楼、星级宾馆的菜谱中都有猴头菌的身影。国家级烹饪大师侯瑞轩，在北京钓鱼台国宾馆招待外宾时，经常选用河南鲁山猴头，多次受到外国元首及嘉宾的高度赞扬。1995年，中国烹饪大师杜广军（平顶山人）在大连举办的国际华人烹饪技术大赛中，用鲁山猴头制作了酿兰花猴头，寓意为孙悟空在花果山，受到国内外同行及各界人士的一致好评，荣获“世界金牌奖”。

## • 鲁山拳菜 •

拳菜，又名蕨菜，系蕨类植物，属凤尾蕨科，多年生草本，产于河南鲁山西部、西南部山区，是地道的鲁山特产，也是一种风味独特的稀有植物。拳菜的幼叶形如婴儿的小拳头，故名。每年春季发新芽，五六月份收割，茎直15厘米高，是食用的最佳部位，呈紫褐色，长条细嫩无丝，当地每年产2万千克。拳菜中含蛋白质15.2%，脂肪0.8%，粗纤维21%，钙、磷、铁含量较高，还含有多种氨基酸及维生素，是大型饭店宴席必备原料之一。当地百姓每逢过年过节，也都用拳菜或制馅包饺子，或配肉熬菜，招待客人。其成品特点是柔软细嫩，野香味浓，别具一格。

拳菜素海参，平顶山靳留宝（高级烹调技师）制作

1964年，柬埔寨西哈努克亲王访问中国时，在广东温泉宾馆下榻，提出要吃中国的风味土特产。当时在宾馆负责接待外宾的高级厨师邢保昌是河南人，恰巧回家探亲时路过郑州，买了几斤地道的鲁山拳菜带回广州。当时连广东人都认为这是红薯梗，不能招待外国元首。邢老师笑了笑说，这是河南鲁山的土特产，叫拳菜。邢老师将拳菜涨发洗净处理后，加入炖好的鸡汤入笼蒸了约40分钟，打开笼盖时香浓的气味令所有在场的人难以置信。当“鸡汤拳菜”放到西哈努克亲王面前时，他闻到特有的香味，立即起身仔细观看，品尝后连声说鲜美味香，说真是“神赠鲜汤”。鲁山拳菜的名字也随之名扬海外。

平顶山的青年高级烹饪师靳留宝经过几年的努力、几十次的试验，把鲁山拳菜同其他黑色菌类结合，加入调味料制成糊状，放在特别的模具内上笼蒸熟扣出，就成了以假乱真、栩栩如生的“素海参”。其色泽、质地、口感，都如同真海参一样鲜美，且营养价值高，很受素食人群欢迎。当把这创新的“素海鲜”送到风穴寺、少林寺时，受到了寺院僧人的热烈欢迎。靳留宝凭此菜肴于2006年、2007年两次获河南省烹饪技术赛金奖。

## • 鲁山张良姜 •

张良姜出产于河南省鲁山县张良镇，有2 000多年的种植历史，其药用和食用价值很高。关于它的故事在鲁山家喻户晓。史载，前204年，刘邦、项羽争霸，刘邦率大军屯兵张良镇。在此期间，刘邦染病不愈，民奉姜汤，服而即愈。刘邦甚爱之，

牛毛姜丝，平顶山孟庆成（河南烹饪大师）制作

即位后，钦定张良姜为贡品。从此张良姜闻名天下，成为历代贡品。

相传清朝初年，河南各地受灾，瘟疫四起。一天，张良镇一位老汉去外地卖姜，在回家的路上发现一个奄奄一息的三四岁男孩，卖姜老汉看其可怜，就把他放入装姜的筐内赶了二十里路挑回了家。回家后奇迹出现了，这个男孩竟然站起来要水喝，老汉急忙熬了姜水喂他，男孩很快康复。

沛公神汤

张良姜色泽深黄，辛辣芳香，块秀丝多，气浓味长，百煮不烂，有发汗、止呕、解毒、活血、祛痛等作用，可治风寒，防心脑血管病等，久食能美容养颜、通神明目等。张良姜做菜味道鲜美，香满四溢，不易变质，被列为河南省主要特产之一。

## • 鲁山搅锅菜 •

搅锅菜，单从名字上就能看出端倪。所谓搅锅菜有两层含义：一是包罗万象，有多种菜蔬；二是包揽生意，包罗众多食客。它是把多种蔬菜及配料一起放在锅内烩制，因此叫搅锅菜，又名大锅菜。一家人围坐在锅边亲亲热热地吃，虽不属于稀罕物，也让人温暖开心极了。

鲁山搅锅菜，名不惊人菜惊人。它是鲁山的名牌菜，有200多年的历史，地方风味浓厚，原料丰富，经济实惠，既受乡村人喜欢，又受城里人欢迎，百年不衰，号称“天下第一锅”。

清末民初时，在鲁山邓小平街上，外地商人在此做生意的很多，农民到县里做拉脚生意的也很多。这些拉脚的农民经常在一家小饭馆门前歇脚等活，每逢开饭，他们都拿出自己从家里带的干馍啃着，有的吃咸菜，有的喝白开水，草草填饱肚子。这家小饭馆的老板颇有心计，心想要是让这些人到饭馆里吃饭，也是一笔不小的利润，可又想到这帮人都是下力的城外人，挣的是血汗钱，想让他们掏钱到饭馆里吃饭也不是一件容易的事。思来想去，他就想起了在家里常吃的大锅菜。这种大锅菜，成本低、味道好，而且耐饥、价格便宜，很容易被下力人接受。于是，他就在小饭馆里推出了大锅菜。这种大锅菜主要配料是白菜、粉条、豆腐、少量猪

鲁山揽锅菜

肉。同时老板大胆改革经营方式：自带干馍的，可以几个人买一锅菜同吃；没有带干馍的，店里配卖大米饭。此菜一经推出，立即吸引了那些拉脚的人，他们觉得这种大锅菜实惠便宜，便纷纷成了这家饭馆的食客。通过人们的相互传播，到这家饭馆吃大锅菜的人越来越多。时间久了，大锅菜名声大振，吃大锅菜的人群也发生了变化，从以前单一的拉脚人群扩展到了社会的各个阶层。这家小饭馆生意越来越红火，变成了一家大饭店，大锅菜的内容也发生了变化，菜中增添了许多原来没有的材料。因为品质的改变，原来大锅菜这个通俗的名字已经不能很好地表达菜的内涵，所以就改成了揽锅菜。

这个名不见经传的地方风味，早已不是拉脚人的菜了，揽锅菜成了鲁山县的招牌菜，每天吸引着天南地北的人来这里品尝。揽锅菜1994年、2008年先后被评为平顶山风味名吃、河南省风味名吃。

如今，作为当地旅游品牌的揽锅菜已拓展到了更深的层面，形成了一种饮食文化。揽锅菜也就自然成为鲁山的城市名片之一，招揽着更多的人来品尝。

到北京，不到长城非好汉；到鲁山，不吃揽锅菜真遗憾。

## • 郏县饸饹面 •

饸饹面，古称“河漏”，又称“活络”，为风行北方及西北地区的面食，历史悠久。最初人们在牛角上钻六七个粗麻线大小的小孔，将和好的面糊放入牛角内，通过小孔挤压出面条下到沸水锅中，煮熟捞出，配以佐料食用。

饸饹面的传说

据说，清朝康熙皇帝曾指派专人对全国风味小吃进行统计上报，“河漏”即是上报的一个品种。一天，康熙看到“河漏”，其古怪的名字引起他的注意，遂命人做好食之。食后对其风味、口感赞不绝口，但因其名“河漏”与治理河道不协调，心中不快，便挥笔将“河漏”改为

“饸饹”，将它列为贡品。

关于饸饹面的起源也一直流传着多种说法。据明人张居正《昌黎先生文集辑补》一书中的一段话，可以推断饸饹面起源于唐朝。原文是这样的：“元和年间（806—820），自蔡屠贼归，途食郏河漏。”这里说的是公元818年的那个冬天，韩愈随唐军平叛“淮系之役”，行至郏县城西吃了饸饹面。可惜此书成形于明朝，恐怕记录的未必是韩愈的原话。另据郏县县志记载，饸饹面是明初由陕西传入的。相传，崇祯十六年（1643）初，明三边总督孙传庭兵出潼关，来河南与李自成义军作战，为了丰富关中将士口味，他传谕三军，每军可以携带20台桦木饸饹机。这一年十月，明军与义军在郏县东南讲武场相遇，义军佯败。明军追杀义军15里，至郏县东冢头、柿园一带的蓝河岸边李庄，义军用“以利诱之，以敌取之”的策略，弃金银、辎重于道，得胜。孙传庭部溃不成军，只得率轻骑突围西窜，几十部桦木饸饹机为郏县李庄百姓及义军所得，使得饸饹面制作水平又进一步。

民国初期，军阀混战，民不聊生。有一个陕西人逃荒到河南郏县，在当地开起了一家饸饹面馆。他将陕西羊肉泡馍的汤料，用在了饸饹面的制作中。当地百姓吃过后，感到比以前的“河漏”好吃。

百年老锅汤，加入八角、茴香、辣椒、胡椒、枸杞、肉桂、陈皮、葱、姜、红枣等十多种辅助原料，既提味又营养。同时还加入盐、味精、芝麻油等调味品，具有暖胃驱寒，滋补壮阳，保健防病的功用，是养生至宝。

郏县饸饹面多次被评为市级、省级名优风味小吃。

## •舞钢热豆腐•

中国豆腐起源于汉代，历史上有不少有关豆腐的诗句。如苏平的一首豆腐诗：“传得淮南术最佳，皮肤褪尽见精华。一轮磨上流琼液，百沸汤中滚雪花。瓦罐浸来蟾有影，金刀剖破玉无瑕。个中滋味谁得知，多在僧家与道家。”这首诗也可说是舞钢热豆腐的写照。

豆腐在中国有2 000多年的历史，民间有句歇后语叫“麻绳提豆腐——提不起来”。可平顶山舞钢制作的热豆腐就出了

舞钢热豆腐

奇，它洁白如玉，细嫩晶莹，入口即化；更令人难以置信的是，这样细嫩的豆腐却能用麻绳捆着提起来叫卖，怎不让人叫绝！舞钢热豆腐有200多年的历史。它是选用新鲜黄豆，凉水浸泡数小时豆子发软时，用石磨磨出豆汁，过滤除皮，再放锅中煮沸，点入盐卤，盛入特制的四方木箱（箱内铺上白布），倒入煮沸点卤的豆汁，然后用石头压成豆腐块，就成了鲜嫩细白的热豆腐。趁热吃，味香可口，营养丰富。

中华人民共和国成立前，农村穷，老百姓别说吃肉，就是粗粮野菜也是时而短缺的，因此当地老百姓把热豆腐当成孝敬老人、喂养儿童的高级营养品。每天上午、下午"热豆腐"的脆叫声一喊，家家户户，有的拿钱买，有的用生黄豆换，一车热豆腐很快就卖完了。过去舞钢老百姓经常说："半年不吃肉可以，一天不吃热豆腐不行。"热豆腐富含蛋白质，老人吃了健康长寿，儿童吃了生长发育快。热豆腐是舞钢的福星。

舞钢热豆腐已成为舞钢的一个饮食文化品牌。舞钢的早市、夜市经营热豆腐的最多，各个旅游景点附近的路上，热豆腐更是一大亮点，每个卖热豆腐的摊位前，都有当地人、外地人，还有外国人；有开红旗轿车的，有开大卡车的，还有整个旅游车的客人，都抱着好奇而又解馋的渴望，看着白嫩的豆腐热气腾腾，一块一块地盛在干净的碗内，撒上葱花、韭花、咸豆，然后再浇上鲜红的辣椒油，白、绿、红相间，让人垂涎欲滴，恨不得马上吃到嘴里。有些人吃得满头大汗，有的人辣得直吸溜，可还不解馋非再来一碗，可见舞钢热豆腐有多么吸引人。

## • 毛郎庙牛肉 •

毛郎庙牛肉，始于宋，盛于清，是康熙年间著名的老字号贡品牛肉。它选用中国八大优良品种牛之一的郏县红牛，采用天然植物香料与"玉泉水"腌制而成，色红肉嫩，味道鲜美，香而不腻，老少皆宜，是上乘绿色保健食品，被誉为“牛肉之王”，在清朝乾隆年间被封为“贡品”。

毛郎庙村位于郏县姚庄回族乡，乍看起来，它与中原腹地无数的村庄并无异处，然而，你一旦走进去，就会为它的奇质风味而陶醉。在这座回汉民族杂居的村子里，居住着1 000多口人，没有人能够说清楚毛郎庙村名的由来，只有村中的老槐树能告诉你岁月的悠久。老槐树长在村子中间的当街处，躯干虬曲，枯似焦炭，一块块龟裂的树皮就像是氧化了的黑铁甲叶，而整棵树就像是一个身躯佝偻的老人。它已经没有了阔大浑实的树冠，只有几根枯枝横斜交叉着，但还是在其中的一段枝条上冒出了几丛青叶。初次见到它的人都会为它捏一把汗，可是，一年一年又一年，多少人都步履匆匆地走掉了，而它却依然如故。老人们说：“这树啊，是树中的神。”

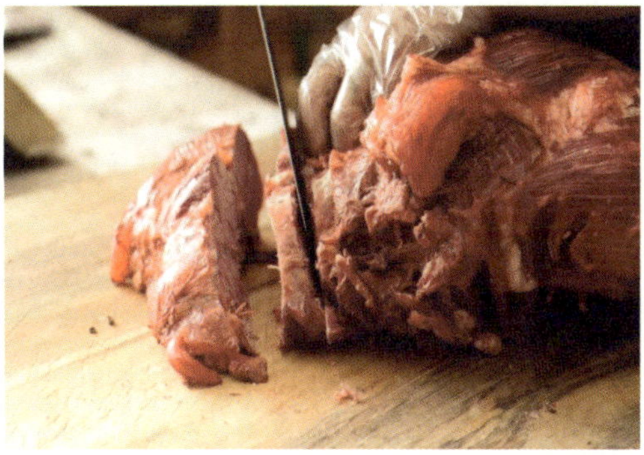

毛郎庙牛肉

树的脚边是路，路的中间是桥，一丈多长的桥身便是“运粮河”，贯穿了悠悠岁月，至今仍在流淌。河边有亭，名玉泉亭，簇新翼然，矗立于旧墟之上。亭下有老井，名玉泉，泉水清冽，汩汩不绝。

就是这千年的玉泉井水使毛郎庙牛肉独具特色，保持着百年风味。因为用玉泉井水浸泡的牛肉没有血污，洁净如白纸，腌制时易入味又保味，成熟的牛肉色泽纯正，因而久盛不衰。

分割后的精品牛肉绝大部分销售到了省外及国外（日本、缅甸、越南等），每年的春季、冬季是各路客商订货高峰期。

## 宝丰翟集醋

翟集村地处河南省宝丰县李庄乡，其酿醋历史悠久。翟集醋的历史记载始于东汉。据传汉“大树将军”冯异带兵征讨匈奴，士兵不服北方水土，染病者众多。

冯异命人急调家乡陈醋万桶，以醋佐餐，治好了士兵的疫病，打败了匈奴，奏凯班师。北宋理学家程颐也曾赞曰："酒香在宝丰，醋香在翟集。"明清时期，翟集醋之名愈盛，明成祖朱棣封翟集醋为"御用醋"，并亲书"上乘佳佐，稀世精醇"。抗日战争时期，伟大的国际战士白求恩大夫因闻宝丰翟集陈醋美誉，于1936年托郏县韩先生为其代购翟集醋数百斤。后来，翟集醋又飘洋过海，远销英国、美国、德国、加拿大和东南亚等国家和地区。党的十一届三中全会以后，勤劳能干、能商善贾的翟集人乘改革开放的大潮，在努力挖掘传统工艺的基础上重塑翟集醋的品牌，使翟集醋系列产品先后于1986年荣获河南省食品行业名优产品金杯奖，同年通过省级鉴定，各项指标达到国家部级标准，1987年荣获河南省优质食品证书，1988年获河南省重大科研成果奖，1989年获得中国首届食品博览会银质奖。20世纪80年代末翟集醋达到鼎盛时期。

2 000多年来，翟集醋声名远播，香飘神州，久盛不衰，享有"天下第一味"的美誉。

## • 汝州浆面条 •

中国从唐朝起，国人最主要的面食之一就是面条，中国被公认是面条的创始国。而面条的制法早在1 000多年前，便越过古老的国界，成为各国人民分享的食物。

对中国北方人来说，最爱吃的面食当是面条。面条种类繁多，有烩面、拉面、炒面、焖面、炸面条等。但汝州的浆面条与众不同，有独特的地方风味，百年不衰，让人百吃不厌。社会上各种人，穷的、富的，都把吃汝州浆面条作为一种饮食乐趣。逢年过节，家中餐桌上鸡鸭肉鱼飘香，还得到街上买两碗浆面条来调和胃口。在招待外地来客时，浆面条更是必不可少的面食。在汝州当地百姓中有一种趣说：如果在家中吵架生气，或是遇上不顺心的事，到街上吃上两碗浆面条，啥气都消了。这充分说明了汝州浆面条对民众的吸引力之大。

浆面条，顾名思义，其特别之处就在于浆。汝州浆面条的浆来源于两个方面：一是粉条作坊剩余的粉浆，二是用麦、豆加白酒发酵自制的浆。因浆中有一种酵酶可自然产生酸香味，所以用这种浆做面条酸香可口、味道鲜美。

汝州浆面条的面条是手擀的。面粉有纯麦面的，有混合面（即麦面、黄豆面）的，还有绿豆面的。和的面团不软不硬，擀得薄厚均匀，切条工整。面条擀好后，将葱、姜、辣椒在油锅炒出香味，倒入粉浆煮开后下面条煮熟，再放上葱花腌芹菜、芝麻、咸豆、红油、小磨香油，香味四溢，回味无穷。

1994年12月的一天晚上，有一位新加坡药商在汝洲市宾馆用餐后到街上散步时，发现一家浆面条的味道特别诱人，他就试着尝了一碗，感觉不错，于是一连吃了三碗。周围的人哈哈大笑。这位药商说，你们不要笑，这就是中国的饮食文化。

汝州浆面条的知名度越来越高，叫响中原，影响国外，多次被评为省级、市级名优风味面食。

## • 汝州粉皮 •

汝州粉皮是河南汝州市的传统特产，创始于清道光年间，距今已有170多年的历史了。汝州粉皮以优质绿豆为原料，用纯手工水磨绿豆淀粉精制而成，以其色泽嫩白透明、质薄如纸、韧强味鲜、营养丰富、利口消腻、食用方便而颇负盛名。

一百多年来，汝州粉皮作为汝州传统特产的“新三宝”（粉皮、粉条、粉丝）之冠而闻名遐迩，并且漂洋过海，登上了异国他乡的餐桌，外国朋友在品尝这道美味佳肴的同时，“中国汝州”的名字也被镌刻在了心里。

粉皮一直是汝州的传统食品。汝州粉皮制作工艺考究，堪称“神州一绝”。清道光二十年（1840），汝州城内西街水

汝州粉皮

坑沿商贩田家有远到南阳的社旗贩盐，曾见那里有人用杂豆制作“粉皮”，每斤8～9张，厚似烙饼，食用时需用沸水煮制，很不方便。田家有回来后改用绿豆淀粉制作，苦心探求，反复试做。他做出的粉皮较南阳社旗所做的粉皮薄了许多，每斤约30张左右，质地胜于杂豆，但食用时仍需要开水泡发，不能现时食用。至光绪年间，该制作工艺传至二代传人田九思之手。他继续探索改进，粉皮又薄了些，由原来每斤30张增至40张，用温水泡发即可食用，被世人称道。20世纪20年代，粉皮制作工艺传至三代传人田清渠之手。岁月更替，传人几易，但田家传人追求粉皮生产工艺改革与创新的志向不变、实践不断。在田清渠的努力下，又做到每斤48张，技艺已达上乘，名声愈彰。1942年，至第四代传人田新光、田新正兄弟之手，又做到每斤50多张。这时的“汝州粉皮”已远近闻名，形成了市场品牌，陕州、西安的商贩赶着牲口前来汝州驮购粉皮。中华人民共和国成立后，该工艺经田新光之手又得到进一步提高，达到了现在的每斤60张的水平。1985年至1987年，田家粉皮先后多次在北京、上海、广州等地的展销中得到众人好评，展销的粉皮被抢购一空。田家粉皮生产工艺历经一百多年的钻研探索、五代人的真传，始得上乘手艺。其制作秘诀是：“七分旋，八分揭，九分摊，十分搬”“铜旋快慢看水温，溜边揭起能囫囵；收补窟窿摊圆整，水油刷晒看阴晴”。只有这样，才能做成一张张不大不小、重量相等、厚薄一致的粉皮。

汝州粉皮制作工艺考究，薄如蝉翼，明若窗棂，洁如白璧。每张直径约30厘米，每药30张，约125克。粉皮可长期存放，且不易变质，关键是食用方便，可立煮立食。食前先将干粉皮放入温水浸泡2～3分钟，待其变软后撕成碎片，各种肉丝、肉片均可搭配拌和，做成凉荤菜；或拌黄瓜、西红柿、芹菜等，用芥末、麻酱、香油等为佐料，配成凉素菜。此粉皮还具有下锅不粘、柔软可口的特点。它富含碳水化合物、蛋白质、脂肪、钙、磷、铁、胡萝卜素、维生素B1、维生素B2、氨基酸等，性平且凉，具有清热解毒、清肝明目、益气润肺之功效。

# 『非遗』概览

## ——民间文化的重要载体

平顶山不仅是一座以能源、原材料为主导的新型工业城市，也是一个有着深厚文化积淀和独特文化个性的城市。这里古为豫州地，殷商时期居住着应部落，西周为武王宗室应侯封地。悠久的历史，成就了平顶山多姿多彩的历史遗存；多元的民风民俗，积累了平顶山厚重的文化蕴涵。一年一度的宝丰马街书会，绵延700余年而不衰，成为中国文化史上的一大奇观；“雨过天晴云破处”的精致汝官瓷，是中国陶瓷史上的一个里程碑；铿锵激昂的郏县大铜器，至今依然是铜器乐中一颗最为璀璨的明珠。另外，还有古老的宝丰酒传统酿造技艺，从远古传来的悠扬轧琴之音，妩媚而激情的鱼灯花社舞，原汁原味的鼓儿词，令人称奇的剪纸，被清代《直隶汝州志》推举可与《淳化阁帖》《泉州帖》《绛州帖》并称为“四大名帖”的《汝帖》……这些让每一个平顶山人骄傲和自豪的非物质文化遗产，使平顶山这个古地新城永远充满迷人的魅力。

非物质文化遗产是广大人民群众在长期的生产劳动和社会实践中共同创造、积累和传承的有形和无形文化遗产，是不可再生的文化资源。非物质文化遗产既是历史发展的见证，又是珍贵的、具有重要价值的文化资源。如不加以保护，一些非物质文化遗产将有永久消失的危险。那样的话，我们可能失去的不仅仅是一些非物质文化遗产，而是我们的文化脉络、我们的根。

# ·民间曲艺的节日·

## ——马街书会

位于河南省西南部伏牛山东麓宝丰县应河岸畔的马街原名马渡店，距宝丰县城7.5千米，是一个历史悠久的村落。马街是古时连通豫西伏牛山区和豫东大平原的咽喉要道——宛洛大道上的重要集镇，历史上的马街是“商贾云集，物产集散”的繁盛地。但马街的著名不在于它曾经的繁盛经济，而在于一个极其普通的日子——农历正月十三。每年农历正月十三日，期待了一年也精心准备了一年的全国各地民间曲艺艺人负鼓携琴，云集于此，在寒风料峭中，在尚未返青的麦田里，说书亮艺，各呈绝技。来自四面八方听书赶会的群众人山人海，扶老携幼，万头攒动。叫好声、笑语声、感叹品评声与千座书棚内的吹拉弹唱声、小商小贩的叫卖声混成一片，将沉寂了一年的应河唤醒，将空旷的田野挤得密密实实，搅动得声浪阵阵。这就是全国知名的 “马街书会”。因每年农历正月十三到十五为书会的会期，十三为书会正日，所以马街书会俗称“十三马街书会”。马街是民间曲艺艺人心中的圣地，马街书会是曲艺人交流技艺的联谊会，是民间曲艺界群英荟萃的演出会，是说唱艺人的推介会，是全国曲艺行当的交易盛会。2006年，马街书会被国务院确定

马街书会

央视网
马街书会

为第一批民俗类国家级非物质文化遗产。

据考证，马街书会起源于元延祐年间（1314—1320），以此推算，至今已近700年历史。马街书会的形成与当地的地理位置、民俗民情分不开。马街位于宛洛大道上，南通南阳，可达荆襄；西靠伏牛山，是深入山区的要道；北望汴洛，东临漯河，是通往豫东平原的门户。南来北往的商贩驼队聚集于此，为民间书会的产生提供了理想场所。另外，在豫西山地一带，群众有唱元宵灯戏的传统，每年元宵佳节，城镇大户人家多请大戏班演唱，穷家小户多请弦子书应景。十三马街书会正值元宵灯戏之前，为"写书"（马街书会行话术语，即"艺人卖书，群众买书"）提供了市场。马街一代民风淳朴，乡民热情好客，对书会兴致极浓。马街乡民对艺人十分热情，不管艺人来自何处，认识不认识，管吃管住，不取分文。艺人进村也像到自己家一样，马街成了艺人们的家园。优越的地理位置、和美淳朴的民俗民风培育了马街书会这朵经久不衰的民间艺术奇葩。

在漫长的发展过程中，马街书会逐步形成了自己独特的程式。

一、点炮开锣，拉开序幕。全国各地的艺人参加马街书会都是自发自愿的，不请不邀，无人组织，不受任何约束。农历正月十一卯时，三眼铳一放，点炮开锣，书会序幕拉开。一般有两台大戏在书会相近地点同一时间形成对擂之势，称作"对戏"。"对戏"虽论输赢，但只是在书会开始之际起助兴作用。

二、上香叩头，祭祖拜师。书会的会场在马街村北面的应河两岸及火神庙附近。正月十一点炮开锣后，艺人们便来到马街火神庙上香叩头、祭祖拜师。

三、亮书卖书。艺人们使出浑身解数在书会上亮书卖书。谁的书受群众欢迎，谁就可以先写出去（马街书会行话术语，即书被人买走），书价相应就高。

四、请书写书。艺人们在书会上亮书卖书，群众在书会上请书写书，就像现在的"超市"一样。请书写书就是商定正月十四、十五、十六唱三天的书价（这三天的书即"灯书"，艺人称"正禄书"）。书会有不成文规矩，凡"正禄书"写出后，不得卖"偏禄书"（即正月十七、十八、十九三天的书），以免影响别的艺人卖书。书如被写走，写书者便把艺人使用的道具或乐器拿走一件，留下定金、地址，艺人便按照约定的时间、地点去演唱。

马街书会形式独特，规模宏大。其会址在马街村东北应河岸边火神庙周围的麦田里，南北长约2 000米，东西宽约1 500多米，占地面积约300公顷。全国各地的说书艺人不惜长途跋涉，云集于此。田头岸边，说书人随便找一块儿地方，桌凳一摆，以天为幕，以地为台，戏台连着戏台，书摊挨着书摊，或脸对脸，或背靠背，打起简板，拉起胡琴，天地之间似乎只剩下了他们的曲艺，脚下小小的一块麦田就是他们尽情展示才艺的舞台。每年赴马街书会的艺人，来自河南、河北、山东、山西、陕西、甘肃、湖北、安徽、四川和北京、上海、天津等省、市，数量达千余人之多，他们在马街亮书会友、交流技艺。在这些艺人里，有名家大腕，也有后起之秀；有高龄老人，也有四五岁孩童；有三口之家组成的“家班子”，也有几人联合组成的说唱团，当然也有不少唱独角戏的艺人。成百上千座书棚内传出的吹拉弹唱声响遏行云。从四面八方赶来听书的男男女女、老老少少，呼朋唤友，前簇后拥，情绪高涨。会场中万头攒动，熙熙攘攘，好不热闹。据史料记载，清同治二年（1863），曾在南阳府做过儒学教谕、告老回乡当上书会会首的文人司尧选，为了摸一摸当年赶会艺人的数量，规定凡到会艺人都要向火神庙进香火钱，香案前放一口大斗，每人只许进一文铜钱。书会结束，人们清理铜钱，共收得铜钱两串七，说明这年到会的艺人有2 700位。近年来，马街书会渐渐恢复昔日盛况，书摊常多达七八百个，说书艺人在千人以上。全国著名评书演员刘兰芳，相声演员姜昆、唐杰忠等名家也都曾到会献艺，为马街书会增添风采。

马街书会内涵丰富。在马街一直流传着一句俗语：“一日能看千台戏，三天能读万卷书。”马街书会曲艺种类繁多，有河南坠子、湖北渔鼓、四川清音、山东琴书、凤阳花鼓、上海平话、徐州琴书、三弦书、大鼓书、评书、乱弹、道情、快板、相声等40余种，说唱曲目有数千个，其中河南坠子就有130多个。三天书会期间，可谓人如海、歌如潮。马街书会所包含的文学艺术价值、民俗文化价值以及由此带来的学术研究价值，挖掘不尽，探索不完。

1995年，基于宝丰马街书会在全国的影响，中国曲艺家协会在平顶山市举办了“第二届中国曲艺节”，并在宝丰设立曲艺节演出分会场。宝丰县被中国曲协命名为“曲艺之乡”。

马街书会以其经久不衰的魅力吸引着全国曲坛名流、国内外专家学者和各大媒体。马街这个曲艺圣地，马街书会这个民间曲艺的神圣节日，必将愈来愈受到人们的喜爱，成为永远的、麦田里的万民书场。

# • 从高跷曲到高台曲 •

## ——汝州曲子

河南曲剧，又称为“曲子戏”“文明曲子”和“高台曲”，是流行于河南省的第二大剧种，与豫剧、越调合称河南三大剧种，影响波及河北、山西、内蒙古、陕西、甘肃、新疆、湖北、安徽、山东等省（自治区）。河南曲剧的风格朴素风趣，名家名角辈出，其中，汝州曲子的风格独树一帜。

### ■ 从高跷曲到高台曲

“高跷曲”是由洛阳南郊王屯村（今属洛龙区关林镇）的晚清秀才王凤桐（1822—1898）创制的。1875年，王凤桐尝试着将流行于南阳、洛阳等豫西地区的鼓子曲和踩高跷结合起来，化妆唱曲，形成了一种新的艺术形式——高跷曲。

初期的高跷曲曲目主要来自鼓子曲，具有一定的故事性，如《三国》《水浒》《红楼梦》《蓝桥会》《小姑贤》《戒洋烟》《劝赌》等。这时的高跷曲已经具备“以歌舞演故事”的戏曲特征，因此人们将高跷曲称为“唱故事”“玩故事”和“高跷故事”。

在高跷曲到高台曲的转变过程中，汝州艺人朱万明（1891—1962）起到了关键作用。朱万明是今汝州市杨楼乡郑铁炉村人。1926年5月18日（农历四月初七），以朱万明和关遇龙为首的同乐社在登封市颍阳镇李洼村演出，因为天下大雨，无法继续在地上踩跷演唱。但意犹未尽的观众迟迟不肯离去，强烈要求他们上台演出。在那个年代，如果登台演出，演员就等同于“戏子”，不仅生前地位极低，而且死后不能入老坟，只能葬在荒郊野外。但在观众的强烈要求下，他们毅然卸下跷腿登上戏台。之后各地玩友纷纷效仿。从此“高台曲”的称呼开始广为流传。

不仅如此，朱万明对于初创时期的河

南曲剧还有多方面的贡献，他对阳调、银扭丝、剪剪花、满舟、汉江等进行了润饰革新，增强了唱腔的表现力，还创作了著名的曲牌〔小汉江〕和〔慢舵〕。

除了在唱腔上的贡献外，朱万明还改进了主奏乐器坠胡，用蛇皮或蟒皮蒙在琴筒一端，定型更名为现在的曲胡。在乐队编制上，他加进了打击乐器，引进了武场锣鼓乐，修订了曲胡独奏曲《十八板》，使乐队的表现力大大增强。此外，他还培养出了一大批河南曲剧名家，如许雷、刘保才、樊大立、王俊卿（王秀玲养父）、“三朱”（朱六来、朱天水、朱双奇）、陈万顺、李金波（王秀玲之师）、李玉林（张新芳之师）、钟国顺（琴师，宋喜元之师）等。总之，在朱万明的努力下，河南曲剧在唱腔、表演、乐队等方面日渐完善。

由于朱万明对河南曲剧的巨大贡献及一大批汝州籍演员、剧作家和琴师的不懈努力，河南曲剧终于完全成型，成为地方风味浓厚的戏曲品种。因此，汝州也就成为河南曲剧的重要发源地，“老汝州的曲子——地道货”的叫法不胫而走。

## 汝州曲剧的发展

由于汝州是洛阳通向豫南、豫东南的必经之地，加上本地人的特殊喜好，曲剧在汝州得到了迅速的传播和发展。可以说，河南曲剧在汝州的发展过程就是河南

曲剧

曲剧发展变化的一个缩影。

高台曲形成以后，汝州出现了大量的曲子班和高水平艺人，也吸引了洛阳、南阳等地的许多艺人前来搭班演出。这一时期，以朱万明和关遇龙为首的同乐社还闯进了洛阳城（1931）售票演出，接着又到了开封、郑州、许昌、漯河等城市，立住了脚跟，为河南曲剧的商业化演出和艺人的职业化发展做出了独特贡献。当时，驻豫军队也开始大量招募汝州籍艺人组建曲子班，随军演出。如1934年，关遇龙的曲子班曾随张钫的二十路军远到江西、福建等地，使河南曲剧得到了极大的传播，同时也吸引了许多年轻人学习河南曲剧。

汝州籍的剧作家创作出了一大批优秀剧本，丰富了河南曲剧的演出剧目。如夏店乡毛寨村的私塾先生郭成章（1901—1981），曾改编和创作了《风雪配》《六月雪》《陈三两爬堂》《陈妙常》等剧本；朱万明改编和创作了《求灵芝》《活捉三郎》《杨八姐闹店》《苏三爬堂》等剧本；纸坊镇的韩宗皋改编和创作了《巧中巧》《错中错》《朱买臣休妻》等剧本，许多剧本至今仍是脍炙人口的经典之作。在现代，著名编剧李志强创作有《曲老大送终》《包公招亲》《如意女婿》等剧本，而《风雪配》《游乡》和《赶脚》还被拍成了电影。

中华人民共和国成立以后，高台曲始改为“曲剧”，开始进入高速发展阶段，业余班社大量增加，几乎村村都有曲子班。同时，国营性质的临汝县曲剧团于1958年成立，在创作、表演、导演、音乐、舞美、后勤等方面均按照专业化发展，极大地推动了河南曲剧的普及和提高。一批女性艺人由配角迅速成为演出的主角，并与汝州结下不解之缘。如“曲剧皇后”张新芳，曾师从汝州籍艺人李玉林，师生二人在1956年河南省首届戏曲观摩会演获得一等奖。汝州可以说是张新芳的第二故乡，因为其继父李文彬是汝州艺人，他为了培养张新芳，甘愿由花旦和青衣改演胡子，把角色和舞台让给了她。曲剧大师王秀玲也与汝州结下了深厚的缘分，其养父王俊卿乃是朱万明的第一代弟子，丈夫宋喜元（著名琴师）也是汝州人，宋的师傅钟国顺也是朱万明的亲传弟子。汝州籍的专业演员和民间艺人可以说遍布河南各地的许多剧团和班社，受业于汝州籍曲剧名角的演员也不在少数。

## ■ “汝州曲子”的艺术风格

河南曲剧的音乐属于曲牌体，总数320余支，常见曲牌有〔阳调〕〔诗篇〕〔上流〕〔书韵〕〔汉江〕〔银纽丝〕〔慢舵〕〔咿呀呦〕等，具有浓郁的汝州地方色彩。大部分曲牌可以自由组合，也可以单曲反复，只有少量曲牌沿袭了鼓子曲的特定组合方式，如〔打枣杆〕接〔罗江怨〕、〔石榴花〕接〔上小楼〕等。河南曲剧唱腔的定调多为1＝C，各曲牌结尾的落音多为“1”“2”和“5”，男女演员均用真嗓演唱。

曲牌的唱词以十字句、七字句为主，曲体结构可以分为四种类型——上下句体、三句体、四句体和长短句体。由于受到汝州方言的影响，唱词的曲体结构稍显自由，衬词非常有特色。

汝州曲剧

河南曲剧的乐队主要由曲胡（坠胡）、二胡、中胡、三弦、唢呐、笙、琵琶、古筝、笛子、鼓板、大锣、小锣和手镲等组成，以曲胡为主奏乐器。用以文场伴奏的音乐主要采取随腔伴奏的形式，并在乐句之间加以短小过门，用以“闹台”或独奏的曲牌主要有〔十八板〕〔游场〕〔和番〕〔高山流水〕〔菠菜叶〕和〔十番〕等。用于武场的打击乐的锣鼓经大多从其他剧种引进。

现今流行的〔十八板〕是经过朱万明改革而定型的，加入了〔状元过街〕〔过街俏〕等曲牌，显得更加活泼生动、引人入胜。至今仍在曲坛驰骋的一代曲胡大师宋喜元，演奏风格细腻流畅，强调“揉、打、滑”相结合，独创了科学合理的四指演奏法。著名曲胡艺术家杜宝群、杜宏亚等，仍然是当今曲胡演奏和曲剧伴奏的重要代表人物，演奏技法大气而细腻、深刻而活泼。

河南曲剧形成之初，只有相公、姑娘、丫鬟与和尚四个角色，属于反映家长里短的“三小戏”，随着时代发展，逐渐形成了生、旦、脸子、丑四大行当：

“生”可细分为文生、武生和须生，“旦”可细分为正旦、花旦、老旦和泼旦，“脸子”可细分成黑脸、花脸和奸脸，“丑”可分为小丑、公子丑、官丑、土鳖子丑、老臊筒子丑、杂衣丑等。随着河南曲剧的繁荣发展，汝州诞生了一大批艺术造诣很高的名家，早期有朱万明、许雷、刘宝才、陈玉宝、樊大立等，中华人民共和国成立以后，又出现了宋喜元、周玉珍、李振乾等曲剧名角。改革开放以来，新人辈出，出现了李亚军、王玉莲、杨环、杨德良、于伟凤、尚小双等著名中青年演员。

河南曲剧创立之初，剧目十分有限，只有《蓝桥会》《小姑贤》《柜中缘》《花庭会》《狐狸仙闹书馆》《借闺女》《周老汉送闺女》等表现儿女情长、民间故事的剧目。目前，河南曲剧的剧目已达到300余部，既有改编的传统剧目如《陈三两爬堂》《卷席筒》《风雪配》《寇准背靴》《洛阳令》等，又有反映现实的现代戏如《李豁子离婚》《翻身乐》《赶脚》《游乡》和《逼婚》等。

总之，汝州曲子的唱腔风格朴素风趣，具有浓郁的地方色彩，并在剧目创作、乐队伴奏、场次道白等方面形成了自己的特色，出现了许多艺术成就卓著的演员，为河南曲剧的发展做出了重要贡献。

随着河南曲剧2006年入选国家级非物质文化遗产名录以及2009年5月首届中国曲剧艺术节的举办，河南曲剧进入了一个新的发展阶段，必将在唱腔音乐、表演风格、乐队伴奏、商业演出、市场运作等方面形成自己的特色和品牌。

## • 农家狂欢舞 •

### ——郏县大铜器

郏县“北倚扈阳，南临汝水，东接颍许，西附伊洛”（明正德《汝州志》卷一“形胜”）。悠久的历史、特殊的地理位置和淳朴的风俗，孕育了郏县大铜器这一雄浑的艺术。

郏县大铜器是起源于民间的打击乐舞，伴随着农耕文明而诞生。青铜被普遍应用之后，人们劳动之余击打铜制器皿抒情取乐，消除疲劳，既无曲谱，又无节奏，随心所欲。起初单人敲打，后来变为多人合奏，又伴之以舞蹈，便形成了一种富有观赏性和趣味性的艺术形式。

郏县大铜器1

大铜器一经诞生，就以其恢宏的气势、震撼心灵的魅力，为广大人民群众所喜闻乐见。在大大小小的节日里，在家里有喜庆之事时，大铜器的表演都会为人们增添说不尽的欢喜。郏县大铜器传承久远，是汉民族打击乐中最大气、最响亮、表现力最强和种类最多的打击乐种之一。在演奏中乐手分工明确，铜制乐器因打击部位的不同而产生特殊的音响效果，气势磅礴，恢宏壮观，是中原民间音乐的典型代表。

## 历史发展

郏县大铜器最终形成规模，臻于成熟，与中国历史上的政治家、军事家曹操有着密不可分的关系。东汉末年，曹操长期在郏县驻军。郏县大铜器威武雄浑的风格、震撼人心的乐声和豪迈的气势，暗合了一代枭雄曹操的脾胃，他对这种民间艺术形式非常喜欢，经常观看大铜器表演。东汉建安二十四年（219）五月，他坐阵摩陂（今长桥西，旧址无存），指挥襄阳之战。这一仗旗开得胜，于是曹操召集了几班大铜器乐队，在庆功会上表演，一为助兴，二为鼓舞士气、壮大军威。

曹操是多才的，颇通音乐。基于对大铜器的喜爱，曹操命乐师进行了整理和加工，命工匠按照宫、商、角、徵、羽五音制造出了大鼓、大铙、大钹、大锣、边鼓五种乐器，又仿大铙制造了小铙（现称

“小摧子”），仿大锣制造了中锣（即架子锣）、弓锣等14种乐器。各种乐器分工明确。大鼓为乐队指挥，边鼓击打节奏并作空隙处填充，大铙与大钹有分有合，依鼓点和鼓手的手势而定。

经曹操指导整理后的郏县大铜器，成为排鼓和铜制乐器配套的打击乐形式。起初，大铜器因为是在庆功会上的表演，所以叫庆功锣鼓，并结合不同战役创作了铜器乐舞曲牌，如〔得胜鼓〕〔呼雷炮〕〔五虎下西川〕〔武头〕〔撞倒墙〕〔马面川〕〔长兴鼓〕等。郏县大铜器的基本模式至此初定。所以说，曹操对郏县大铜器的形成和发展有很大贡献。

郏县大铜器简单易学，场面壮观，深受群众的喜爱，于是不少大铜器社团在民间组建。这些社团多以神命名，如火神社、龙王社、灶爷社、财神社、城隍社等。除传统曲牌外，各社团又创作了不少新的曲牌。如：〔倒上轿〕〔小虫闹竹园〕〔十样景〕〔千样果〕〔歇拍〕〔招调〕〔狮子滚绣球〕等。现在搜集到的传统曲牌有30多个，常用的有：〔曹操得胜鼓〕〔呼雷炮〕〔五虎下西川〕〔长兴鼓〕〔马面川〕〔撞倒墙〕〔大起板〕〔狮子滚绣球〕等。走向民间的大铜器，在表演题材方面因其功用的不同，与曹操的庆功锣鼓也有很大不同。其题材多样：一是表现古战场上激战情景，如《五虎下西川》等，把刀枪碰击、马嘶人叫的场面表现得淋漓尽致；二是表现胜利后的喜悦，如《得胜鼓》，通过丰富的节奏变化、力度变化，惟妙惟肖的表现了将士打胜仗后的欢快心情；三是表现丰收后的快乐，如《狮子滚绣球》《小虫闹竹杆》等，欢快的节奏充分表现了农民丰收后舞蹈欢庆的动人场面；四是表现祭神求雨，如《呼雷炮》等，它节奏鲜明，鼓与铙的重击如同天雷骤响，震天的铜器声也表示让天上的诸神听到人们在呼唤甘霖、倾诉心中的哀怨。

## 表演形式

郏县大铜器多在街道或大路上进行表演，故对各个班子以“路”称其数。

郏县大铜器以打击乐器为主，配以场面标旗。打击乐器有大鼓、大铙、大镲、大锣、边鼓、小铙（小摧子）、中锣（架子锣）、弓锣、小镲等。标旗有令旗、小旗、标子旗、大都督旗。表演时固定的布局是：前面长行锣开道，紧随其后是黄落伞和12面尖子旗（每杆尖子旗上都有大小两面旗，上面是小彩旗，带有铜铃，行走起来随风摇曳，叮当作响；下面的大旗上绘有日月龙凤、上中八仙等），尖子旗后面是铜器。大排鼓两面居中，一侧四对大铙，一侧四对大钹。鼓前小铙、手钹各数对。另有弓锣数面挂在弯弓形的龙头杖下。两排鼓后面是边鼓，再后是大锣数面，挂于花叉之上，叉上各有小绢人四个，小彩旗四面。铜器后面是五面都督大旗，旗杆高两丈有余，旗上绣有“普天同庆”“天下太平”等字样。带队者手执令旗进行指挥。

大鼓直径1.5米，音色雄浑铿锵；大铙直径75厘米，音色如狮吼虎啸；大锣直径65厘米音色冗长如钟；边鼓直径35厘米，鼓面用羊皮制成。演奏者左手持鼓、右手拿竹条或双柳条击打，多用于铜器曲的起始和休止处的填充。小铙（俗称擢子）与大铙形状相同，直径约40厘米，音色玲珑

郏县大铜器 2

清脆；中锣直径45厘米，中锣挂于木叉的铁钩之上，演奏者面对锣面击打；弓锣音色灵巧，直径35厘米。竹弓为“S”形，一端是龙头悬挂弓锣，另一端插于演奏者后腰间；大镲形如钹，直径65厘米，中心隆起有孔，穿入红绸内扣，演奏者缠于手掌击打，音色粗犷响亮；小镲形状与大镲相同，直径45厘米。

## 艺术特色

在长期发展的过程中，郏县大铜器形成了自己的特色：第一，独特性，大中型曲牌分回，最大的曲牌分十回之多。它较多使用了连续切分音和小切分音，这种特殊节奏在古谱里是绝无仅有的；第二，趣味性，它的表演形式分行进表演、即兴表演、对阵击打等。尤其是即兴表演为精彩，有顶碗击打（碗里盛满水）、甩长辫击打（男性）、安獠牙击打、手花击打、互抛接击打、互换击打等。演奏姿势多样，有跳跃式、坐式、立式、卧式、叠式和特技等；第三，观赏性，郏县大铜器表演形式丰富多彩，乐工分工明确，反映战争场面的气势磅礴、恢宏壮观，反映喜庆场面的如行云流水、百鸟齐鸣、高叠狂欢，具有很高的欣赏性；第四，广泛的群

众性，郏县大铜器源自于民间、传承于民间、发展于民间，它易学、易记、易演，老少皆宜，自形成至今在民间已流传1700多年，是广大人民群众广泛参与的休闲娱乐、陶冶情操、强体健身的一种民间艺术形式。

改革开放以来，随着人民生活水平提高，郏县大铜器表演更加火爆，并不断取得新的突破。1988年，郏县大铜器表演《喜庆中原》在河南省首届艺术节大赛中获一等奖；1992年，《铜器闹秧》在“中国沈阳国际秧歌舞蹈节暨民间舞蹈节”中荣登金榜第一名；同年12月，郏县大铜器表演在文化部举办的北京“群星杯”评奖中获广场舞蹈金奖第一名；1993年元月，郏县大铜器表演参加北京“龙潭杯”民间舞蹈大赛夺魁。

铿锵浑厚的鼓点，变幻起伏的节奏，粗犷奔放的舞姿，郏县大铜器打出了中华民族的精神，打出了黄河儿女的情怀，打出了郏县人民的风采。

## • 中国白酒之源 •

### ——宝丰酒酿造技艺

2008年6月，国务院批准文化部确定的第二批国家级非物质文化遗产名录中，宝丰县宝丰酒传统酿造技艺入选第八类传统技艺（传统手工技艺）。

宝丰县地处淮河支流汝河之南，位于伏牛山与黄淮平原过渡地带，北依汝河，南临沙河，西靠伏牛，东望黄淮。气候上属北亚热带与暖温带的过渡地带，北纬34°的阳光和水土构成了酿造清香型白酒得天独厚的环境。独特的地理区位，年均2200小时的日照时间、770毫米的年降水量，八百里伏牛山孕育的百眼天然清泉，4000年从未间断的酿酒历史，赋予了宝丰酒独特的风味与品质。

宝丰酒以优质高粱为原料，大麦、小麦、豌豆混合制曲；采用“清蒸二次清”工艺，地缸发酵，陶坛贮存。

曲是酿酒之母，曲中含有许许多多的微生物，这些微生物能把淀粉、蛋白质、脂肪等变成各种成分，构成酒的整体。宝丰酒的曲用大麦、小麦、豌豆为主要原料制成曲坯，放入可调节温度、湿度且通风的内衬房，经过上霉、凉霉、潮火、干火、后火等五个阶段，生长了各种有益的

宝丰酒酿造

微生物后，曲的糖化力、液化力、蛋白分解力、发酵力显著增强。曲块成熟，存入自然通风、干燥的曲房内备用。

宝丰酒的酿造需高粱、稻糠、粉曲。高粱为颗粒饱满、皮薄均匀的优质高粱。稻糠为金黄色新稻糠。曲粉碎为大如豌豆、小如绿豆状。高粱粉碎成每粒4～8瓣，加高温水润料，水温在95℃以上。润料要求不漏浆、无干疙瘩。装甑、糊化、加甑加浆，降温后加入粉碎的曲，入地缸密封发酵。发酵成熟的酒醅为紫红色，清香浓郁。在出缸后的香醅中加入清蒸后放出香味的熟稻糠，装甑蒸馏头渣酒。在这一过程中，装甑、蒸馏是重要工序，技术性强，对产量和质量影响很大。装甑要求勤撒见潮装。蒸馏要缓火蒸馏，中温流酒，大气追尾。头渣出甑后加曲再入缸发酵、加糠，然后装甑蒸馏二渣酒。

最后是量质摘酒，看花量度。当酒流入接酒器内，液面上总是堆积一些泡沫，形如花瓣，此叫酒花。酒花分大清花、二清花、小清花（或绒花）、过花、水花，度数分别为70度～79度、62度～69度、48度～55度、28度～35度、10度～20度、5度～8度。有经验的摘酒师据此来摘酒，将酒分为特、优、好、中四类。专职评酒员品尝、化验后将酒入库贮陈老熟。

在生产工艺上，宝丰酒有四个关键控制点，即原料筛选、辅料清蒸、入缸发酵和蒸馏。整个酿制过程始终贯穿

"清""净"二字。所谓"清"，就是红高粱不配糟，纯粮清茬发酵；"净"，就是发酵容器、生产场地和设备强调清洁卫生。与其他香型白酒最大的不同是，宝丰酒是将特制的陶缸埋于地下，再将蒸好的高粱和粉碎的酒曲拌匀后入缸发酵，所有酿酒原料不跟泥土接触，特别干净卫生，无污染，无杂味，保证了整个发酵过程的清洁纯净。

"清蒸二次清"是宝丰酒传统酿造工艺的核心环节，最具代表性的是入甑蒸粮、入缸发酵和装甑蒸馏。将粉碎的高粱与95℃以上的高温水按比例拌匀堆集后装入酒甑，根据标准火候和上汽蒸料时间，保证蒸透不蒸过、以手捻成粉为最佳。再将蒸好的高粱降温加入粉碎成绿豆大小的曲料，方可入缸发酵。25天酒醅成熟后按照"轻、松、薄、匀、散、齐"六字法装甑蒸馏。经过选料、粉碎、制曲、培曲、酿造五大工序，可以有效排除原辅料中的邪杂味，各道工序互不影响。清蒸原料、清蒸辅料、清茬发酵（红高粱）、清蒸馏酒，充分保持了酒体清香纯正、丰满协调的独特风味。

清字当头，净字收尾，千年古法的"地缸发酵"工艺，酿就了宝丰酒纯净柔顺的自然口感。其酒质具有清香纯正、甘润爽口、回味悠长的独特风味，是中国清香型白酒的典型代表之一。

如今的宝丰酒酿造，传承清香型白酒古法精髓，融入现代科技工艺，实现了酿造过程中的恒温可控发酵，即以低温制曲、低温发酵、低温溜酒为核心的"三低原则"。各个生产环节的自热环境温度范围始终控制在25～35℃，以减少杂菌污染，使得酒体更加清澈，酒味更加纯净。由于是以自热环境温度为主掌控生产质量，为了保证制曲、发酵和蒸馏的质量，确保温度的可控性，宝丰酒业在每年夏季停工，以保证清香型宝丰酒的品质风味，也形成了宝丰酒不上头、醒酒快的典型风格特点，成为清香型白酒中的上等佳品。1989年，宝丰酒荣获国家金质奖章，位居中国十七大名酒之列；2002年获国家原产地标记保护注册认证；2007年通过中国名酒质量复查鉴评，被列入河南省首批非物质文化遗产名录；2008年宝丰酒酿造技艺被列入国家非物质文化遗产名录；2009年荣获"纯粮固态发酵白酒标志"授牌。

近年来，传统的宝丰酒酿造技艺面临诸多问题：一是传统工艺的关键环节全由人工控制，面临失传危险；二是所用主要原料高粱、大麦、豌豆等的种植面积急剧下降，原料供不应求；三是现代化的机械、化工产品正在不断取代传统酿酒器具和用料，从而给传统酿造技艺带来了许多新的问题。另外，各种假冒伪劣白酒充斥市场，并以低价销售，极大地破坏了市场秩序。为保护和传承宝丰酒的传统酿造技艺，新一代宝丰酒人在国家级白酒评委、高级工程师、非物质文化遗产代表性传承人卢振营的带领下，经过十年的科研攻关，在挖掘、整理、继承传统酿造技艺的基础上，不断提升宝丰酒的品质，2007年隆重推出了国色清香系列宝丰酒。该系列酒采用30年以上优质酒基经多道工序调制而成，既延承了古酿技法，又增添了科技创新，最能代表宝丰酒清、正、甜、净的独特口味。

## • 坚持原生态 •

### ——鲁山李富才剪纸

河南剪纸历史悠久。早在宋代，剪纸就已在民间广泛流行，还出现了以此为生的剪纸艺人，而且技艺已达到了较高的水平。南宋周密的《志雅堂杂钞》中，就有一段是描写汴梁城里剪纸高手的文字："向旧都天街，有剪诸色花样者，极精妙，随所欲而成。……忽有少年手于袖中剪字及花朵之类，更精。"

李富才

剪纸在河南省较为普及，豫东、豫西、豫南、豫北，几乎县县乡乡都有剪纸巧手。河南民间剪纸多用于表现岁时节会与普通老百姓的日常生活，如喜花（结婚时贴用）"鸳鸯戏莲"，是表现人们希望婚姻美满、白首偕老的；窗花"金虎送钱"（视虎为万能吉祥物），是期盼生活富足、金钱遍地；"牧羊人""庄稼汉""喂猪""拉洋车"等，则表现出不同历史时期芸芸众生的生活场景。三门峡市陕州区、灵宝、卢氏剪纸，新乡辉县李爱荣剪纸，平顶山鲁山李富才剪纸，虽因

李富才剪纸作品

地域不同而风格各异，但也有其共同的特点，即以表现传统民俗为主，原生态元素较多，文化内涵厚重、丰富。鲁山剪纸艺人李富才的剪纸题材，或是当地老百姓的生活生产，或是民间传说，其灵感多来自他半个多世纪的乡村生活。

李富才，鲁山县下汤镇人，这个看起来有点木讷的老汉，人称“奇人”，是鲁山当地的一把“巧手”。凭着从小无师自通练得的一手剪纸绝活，这位民间剪纸艺术家成为河南省非物质文化遗产传承人。

李富才自幼喜欢剪纸，他的剪纸不用画线打腹稿，随意剪来便栩栩如生。平时镇上有人家结婚，他就乐呵呵地把“喜鹊登枝”“抬花轿”“双龙双凤”等各种各样的漂亮剪纸贴满新房。其剪纸“老鼠嫁女”中的小老鼠，抬轿的、吹喇叭的，形象各不相同，却都惟妙惟肖。李富才说：“我剪老鼠不剪胡（子），剪了就不像了。”他剪纸的图案线条简单古朴、形象逼真，风格与众不同。“你说个啥，他都会剪！你要问他会剪多少种，他自己都说不清！”“他的东西都是‘心’出的。”“这手艺啊，别人学不来，也没法儿学，是上天赐的，他是个天才！”这些都是李富才的邻居对李富才剪纸的评价。

现今大多数剪纸已不再是单纯用剪刀剪出来的，而是先画样子，再依样儿剪。虽然看上去也漂亮多姿，却失去了剪纸的原生态美。李富才见识了不少同行的手艺后说：“我的剪法他们弄不来。他们都是先画，我不画，光剪。”按他的话说：他是看到什么、喜欢什么，就剪什么。他自己半开玩笑地说，自己的剪纸艺术是仙女传的。

李富才原生态的剪纸，朴素地阐释了艺术真实与生活真实的统一。以他为代表的鲁山剪纸，于2007年被列入河南省非物质文化遗产名录。

## • 最早的拉弦乐器 •

### ——舞钢轧琴

舞钢市杨庄乡袁门村民间艺人郭九洲家保存的一把祖传的古轧琴距今已有300年的历史，依然能演奏出美妙动听的乐曲。以轧琴传承人郭九洲为代表的郭氏家庭古轧琴演奏乐坊常年活跃在当地农村，活跃在已经富裕起来的百姓的生活中。2007年2月，河南省人民政府批准了省文化厅确定的第一批河南省省级非物质文化遗产名录，舞钢市轧琴入选第三类民间音乐，郭九洲被命名为省级非物质文化遗产项目传承人。

轧琴，又名“亚筝”“轧筝”，俗名“滚琴”“拂琴”“水琴”，是中国最早的拉弦乐器。它是在弹弦乐器筝的基础上，经过改制而逐步形成的。最早的轧筝，构造基本和筝相同：七弦，用竹棒擦弦发音，形制古朴大方，音色细腻柔和，演奏方法独特，流行于河南、河北、山西、广西、福建、吉林等省（自治区）。《旧唐书·音乐志》记载：“轧筝，以片竹润其端而轧之。”从目前资料可知，作为中国最早的民间拉弦乐器，轧筝最迟在唐代就出现了。

轧筝演奏在唐代诗歌、音乐、笔记中留下了诸多痕迹。唐代著名诗僧皎然，曾作《观李中丞洪二美人唱歌轧筝歌》云“君家双美姬，善歌工筝人莫知。轧用蜀竹弦楚丝，清哇宛转声相随。……赵琴素所嘉，齐讴世称绝。筝歌一动凡音辍，凝弦且莫停金罍。淫声已阕雅声来，游鱼噞喁鹤裴回。”诗中描绘了轧筝的演奏形式和美人边弹边唱的生动情景，甚至还提到演奏轧筝所用的竹棒和丝弦的产地，并对轧筝美妙绝伦的乐曲予以高度赞美。

郭氏家族传下来的已300多年的轧琴由琴弦、琴面、琴头、琴尾、弦轴、琴码、琴梆、琴底、琴箱和马尾弓10部分组成，琴身长66.5厘米，琴头宽13.5厘米，琴尾宽9.5厘米。琴底、琴梆、琴面均由桐木制成。面板表面中间拱起，呈弧形。底板平直，中间开有圆孔。马尾制成弓，蚕丝制成弦。琴箱呈半管状，张弦9根，弓长40厘米。面板、底板胶合而成共鸣箱。琴面两端设有岳山，张丝弦（用老弦）10 根，弦下施柱（用野生酸枣树杈）。用高粱秆制成擦弦杆（取最上一节，去穗、去皮，涂松香末），作为琴弓拉奏。

轧琴多坐势演奏。将琴竖立胸前，左手握琴，将拇指伸进底板圆孔中，其余四指扶琴的外侧，使琴身和身体平行；右手持擦弦杆，在距琴首岳山10厘米处横向（与琴弦垂直）轧擦琴弦。演奏中，双手同时配合动作，通常一音一拉。双手同时快速震颤，可奏出颤音效果。

郭九洲是郭氏轧琴的第七代传人，郭家明末清初就成立了郭氏家庭乐坊演奏轧琴。郭氏轧琴流传下来的曲子有《大开首》《高山流水》等多个曲目。郭九洲家中这把从明朝末年传下来的古轧琴，在河南省历次民间器乐普查中均被确定为“河

舞钢轧琴

南省仅此一琴”。但随着时代的发展，年轻人中学习轧琴者寥寥，郭家轧琴演奏技法面临失传的困境。舞钢市文化局了解到这个情况后，决定对郭九洲家祖传的古轧琴进行保护挖掘。2004年，市、乡两级政府拨出专项资金，制作了6把轧琴、15套演出服装，建起了袁门村古轧琴演奏乐坊，还制定了轧琴的五年保护规划。袁门村古轧琴演奏乐坊组建后，不仅学习传承经典的老曲目，将古老的轧琴演奏曲《大开首》《高山流水》加工润色后录音录像，还与时俱进，创作了不少反映现实生活、老百姓喜闻乐见的曲目。尤其是进入河南省首批非物质文化遗产保护名录后，古老的轧琴演奏再次焕发出了新的生命力。

## • 舞钢鱼灯花社舞 •

舞钢鱼灯花社舞起源于清乾隆年间，是当地农民为了庆祝风调雨顺、五谷丰

登，歌颂百姓安居乐业的太平盛世，根据河中鱼儿嬉戏游闹的情景自编自创的舞蹈。鱼灯花社舞源于民间，具有浓郁的乡土气息，其鲜活的形式、艳丽的色彩颇受当地民间百姓欢迎，所以传承300多年至今不衰。

鱼灯的制作方法：用小竹棍扎成鱼的形状，用彩色绸缎糊其表面，再用毛笔画上鱼眼、嘴、鳞和尾。鱼灯周身分为头、身、尾三节，这三节是可以活动的。鱼腹中固定一个长约1米的木棒，舞者持棒进行表演。过去鱼腹中有蜡台，晚上装上羊油蜡进行表演，现在安装的是电池和灯泡，表演更为方便。舞者少则10人，多则30人，分排两队，各持鱼灯。队伍前面各有一个长1米多、宽65厘米的鳌鱼作为社头。表演中如果遇上舞龙或舞狮社，他们都要给鱼灯社让路，以示对鳌鱼的敬重。

鱼灯花社舞的表演形式有单头鱼、双头鱼、石榴花、对子鱼、八字形和鱼朝水等，另外还有难度较大的表演形式，如莲花鱼、升字底等，如今已很少表演了。

鱼灯花社舞的伴奏乐器为直径1.1米的大鼓两面，鼓手两人；直径60厘米的大铙两对，击铙者2～4人；直径40厘米的中钹两对，打钹者2～4人；指挥1人。指挥者手持指挥棒，两名鼓手各击一鼓，铙手、钹手八字排开，进行伴奏表演。鼓点曲有〔三百锤〕〔十样点〕〔上桥〕〔小麻鹊闹竹园〕等。鱼灯花社舞伴奏大多用三百锤鼓点，这种鼓点气势宏伟，节奏鲜明，铿锵有力，激情奔放，适于表现歌舞升平庆盛世、五谷丰登庆丰年的喜悦心情。

中共舞钢市委、市政府非常重视鱼灯花社舞这一传统民间舞蹈的保护工作。舞钢市文化局专门成立了文化资源保护领导小组，制定了对鱼灯的五年保护规划，特别是对鱼灯的制作，利用科技手段将鱼灯制成嘴会张、眼会眨、尾会摆的活灵活现的鱼，创作出更吸引人的舞蹈形式，舞出“鲤鱼跳龙门”的绝技表演，打造出舞钢市非物质文化遗产保护的精品项目。2009年，河南省政府批准了省文化厅确定的第二批河南省省级非物质文化遗产名录，鱼灯花社舞入选第四类传统舞蹈。

当此风调雨顺、五谷丰登、百姓安居乐业的太平盛世，舞钢鱼灯花社将会舞出更加精彩的欢乐舞蹈。

# • 宝丰提线木偶戏 •

提线木偶戏是木偶戏的一种，古称“悬丝傀儡”，是中国古代一种重要的戏剧形式。闽南人称它“嘉礼”，又名“丝戏”。

提线木偶是通过上空提线或借缚在控制器上的细线而操纵的木偶。在简单的提线木偶中，腿、手、肩和耳以及脊骨底部各缚绳一根。宝丰提线木偶大小20厘米左右，木偶的关节各缀以线，演员从上面提线操纵，能让木偶的头、脸和胸、腰、手、臂、肘、足等做出种种如真人一样的动作，同时配以唱腔唱词，供人们观赏娱乐，愉悦身心。

据说宝丰提线木偶起源于“百步穿杨”“百发百中”的楚国大将养由基。还有另一种说法：汉高帝七年（前200），刘邦率32万大军征伐匈奴，在平城被匈奴冒顿单于的40万伏兵包围。刘邦的谋士、护军中尉陈平利用冒顿好色、阏氏吃醋的弱点，令工匠制作了好多木偶美女，每尊木偶人装几根丝线，令士兵每天提线引木偶美女在城堞处手舞足蹈。阏氏担心攻下平城之后冒顿选美纳妾，便下令退军。刘邦登基以后，感念“木偶美女”于国有功，赐每尊“偶人”贵妃、贵嫔、贵人等封号，并将这些木偶作为国宝珍藏在御库中。到汉文帝时，乐府仿造木偶在宫廷演出，还将其作为迎宾嘉会上的敬神驱邪仪式。因为木偶受过汉高祖的御封，傀儡戏艺人的身份地位便得到了提高。过去，戏曲艺人被称为“戏子”“脚色”，属于下九流，不登大雅之堂，不得参加科举考试，但木偶艺人被尊为“先生”，而且可以参加科举考试。木偶轻台搭为“八卦棚”，演师身穿长衫在围屏内操纵木偶，不可抛头露面，称“内帘四美”，戏班则称“四美班”。官府要安排木偶戏须称“请戏”。若遇“人戏”与木偶戏同时在一个地方演出，须让傀儡轻起鼓先演，这叫“前棚嘉礼后棚戏”。

据宝丰提线木偶老艺人介绍，唐宋时期，宝丰城北的赵庄、肖旗、商酒务等乡镇的农民，每逢冬春农闲和青黄不接之时，便携家带口到南方以玩木偶、变戏法为生。至今当地还流传着这样的民谣：“一遇灾荒年，百姓度日难。担起木偶下江南，挣来银钱返家园。”

宝丰提线木偶戏的故事

清代，宝丰提线木偶更为盛行，康熙、乾隆年间，仅周营村就有48家木偶剧团。该村还流传着这样的民谣：“周营村，圆周周，唱不起大戏玩木偶。变戏法，耍提猴，锣鼓一响解忧愁。”

1924年，周营村人徐福昌和郑明杨自费办起木偶越调剧团，经常在方圆百里演出木偶戏《孙悟空大闹天宫》《盘丝洞》等剧目，在当地有很大影响。中华人民共和国成立，周营村的徐召显、徐召林、娄善义、徐海水等人成立了一个提线木偶演出队，1957年参加河南省第一届木偶、皮影、曲艺汇演时，他们演出的木偶戏《仙鹤吃子》《伍子胥过昭关》荣获一等奖。20世纪80年代，宝丰提线木偶表演队曾发展到814个，遍及赵庄、肖旗、商酒务、石桥等12个乡镇的100多个村，演出足迹遍及全国各地。现在，周营魔术师刘顺的魔术道具展销厅内的墙上还挂着一溜儿木偶。周营提线木偶现有《刘关张大战虎牢关》《二龙戏珠》《张三拐嫂》等剧目，以及动物形象老虎、狮子、仙鹤等十来套。演出时，演员一边操纵木偶表演，一边像说评书那样旁白。

近年来，随着现代文化娱乐形式的增多，原有的社会文化生态受到极大冲击，提线木偶观众越来越少，其演出市场逐渐萎缩。传承人大幅度减少，全县提线木偶团队不足20家，提线木偶艺人青黄不接，后继乏人。

作为河南省非物质文化遗产，希望宝丰传统木偶戏能在全社会的关注下，得到进一步挖掘整理，在传承人的努力下使这一剧种能够持续地流传下去。

## • 一鼓两板唱人生 •

### ——鲁山鼓儿词

鼓儿词，又称为鼓儿哼、大鼓书，是一种以鼓板击节进行伴奏演唱的曲艺形式。因流行地域的不同而又派生出豫东大鼓、大鼓京腔、豫南大鼓、豫西大鼓、淮北大鼓、淮南大鼓、河洛大鼓等流派，统称河南大鼓书或河南鼓词。鼓儿词约在清光绪年间传入鲁山，鲁山鼓儿词2009年被列入河南省第二批非物质文化遗产保护名录。

鲁山鼓儿词的早期艺人有温长生、李金盘、孙二发、刘金堂等人，目前只有冯国仍活跃在民间演出舞台上。

冯国生于1956年，14岁拜师于南阳市老艺人刘延如门下，17岁独自演出。40多年来，他不仅演唱鼓儿词，还创作了不少鼓儿词新曲目。他演出的传统鼓儿词代表曲目有《水浒传》《杨家将》《小八义》等8部长篇大书，自编自演的现代曲目有《和谐社会新农村》《鹰城颂》《夸河南》等，其中15支曲目在省、市曲艺演出中获奖。冯国的鼓儿词独树一帜，具有鲁山地域特色。中国民间文艺家协会原副主席夏挽群对鲁山鼓儿词给予高度评价，鼓励冯国“一定要把这一独特稀有的民间艺术发扬光大”。2007年时任中国曲艺家协会主席刘兰芳来平顶山视察曲艺工作时，

鲁山鼓儿词艺人冯国（摄影：宋新杰）

很有兴致地和冯国一同切磋鼓儿词艺术，并勉励冯国“育人出书走正路，树立起曲艺形象”。由于艺术成就显著，2008年，冯国被河南省曲艺家协会授予“河南省曲艺表演艺术家”称号。

鼓儿词在唱腔上属于板腔体结构，鲁山鼓儿词主要分为“气哼腔”和“唱腔”两大类。气哼腔一般用于“起腔”与“落腔”，“起腔”又分“慢起腔”“快起腔”“三条腿起腔”三种唱腔。鼓儿词的润腔技法很有特色，它的“起腔”及“落腔”的拖腔都是鼻音哼出来的，哼腔的用途在于起腔中用以润腔和定调。因为鼓儿词没有带有高音的乐器定音，所以哼腔就显得特别重要。在落腔中，哼长腔来加强曲调的旋律和韵味，这也是鼓儿词特有的表现功能。

“起腔”之后是“唱腔”，这是主体部分，有“平调”（用于叙事）、“赞字”（用于快节奏的叙事）、“叹腔”、“哭腔”（用于悲哀忧伤性的叙事）等组成。在演唱技巧上，鲁山鼓儿词的唱腔要求唇、口、齿、舌发音部位和咬字的准确，声腔有抑、扬、顿、挫、萦、行、率、结、敦、拖、呜、咽等一系列发音要求。

在道白上，鼓儿词艺人很注意口白（道白）的清晰。口白分为“清白”“路白”“赞白”和“滚口白”几类。“清白”是用来交代剧情，这时鼓、板全部停下来，艺人交代剧中人物家在何地、从哪里来到哪里去及干什么事等情况；“路白”也叫夹白，是在演唱中间用很简单几句话交代或解决问题；“赞白”与河南坠子中的“赞子”差不多，一般是用来颂扬人物或描写风景的；“滚口白”是剧情发展到高峰时，为了营造气氛，紧密敲击书鼓，加快节奏，用极简短有力的语言来表达激烈的情绪或烘托紧张热烈的气氛，然后煞板，留给人们一个悬念。鼓儿词的语言具有一定的程式性，称为“条子”，概括为18景、26歌、72赞，分为诗、赞、歌、赋、对、经六种形式。这六种形式包括了唱与白，根据剧情需要，在不同的曲目和演出场合套用。

在唱词的结构上，鼓儿词属诗赞体，韵、散并用。它用韵较宽，平仄不限，用韵的规律大致为每段的第一句为起韵，第二句为押韵，以后每逢单句子不押韵，逢双数句子押韵。平仄的规律大致为：凡在韵上的句子为平声，不押韵的句子为仄声。简言之，即“三、五、七不论，二、四、六分明”。

鼓儿词的伴奏乐器只有犁铧片（形如半月，长约三寸，又称“钢飞”）和书鼓。犁铧片拴在左手里，用食指相隔，然后摇动手臂用力上下甩动，使犁铧片的两端碰击，发出“当当”的声响，清脆悦耳。在演唱前节奏放慢，演唱时，犁铧片只轻轻撞击，随着唱腔而伴奏，转紧板时即每拍一击。唱够一个段落时，犁铧片则响亮地敲打起来。

书鼓是直径27厘米的扁圆形鼓，放在鼓架上。演唱者右手握一个鼓槌，用来击鼓。演唱前，书鼓用来打闹场，犁铧片的撞击节奏可以和鼓点的节奏一致，也可以加花点，形成一种金鼓齐鸣的热烈气氛。演唱时，书鼓停击，或用鼓槌轻点鼓心，轻敲鼓棱，发出微弱的声响，以免喧宾夺主。常用的鼓点有〔紧急风〕〔长流水〕〔五鼓二板〕〔凤凰三点头〕〔蜻蜓点水〕等。

鼓儿词的唱腔朴实流畅，具有口语化的特色，念唱白讲究字正腔圆，唱词通俗易懂，再加上鼓和犁铧片铿锵有力的伴奏，表演洒脱大方，艺术感染力较强，是人民群众喜闻乐见的一种曲艺形式。

改革开放以来，伴随着电影、电视、

网络的迅速普及，鼓儿词的观众大为减少，鼓儿词说唱后继乏人，这一古老的民间传统艺术面临着严重的生存危机，正如夏挽群所说：“一个人去世就等于这门艺术灭绝。”

因此，当前我们的主要任务就是抢救、挖掘鲁山鼓儿词这一民间曲艺瑰宝，并通过制定文化政策和保护措施，对鲁山鼓儿词进行扶持，培养后继人才，开拓演出市场。

## • 汝瓷烧制技艺 •

汝州青瓷土质细腻，骨胎坚硬，色泽浑厚，含水欲滴；釉带斑斑小点，似津梨的皮；面隐细纹，像螃蟹爬过留下的痕，故素有“梨皮、蟹爪、芝麻花”之说。汝瓷追求的是“天工与清新”的境界，它古朴、浑厚、柔丽、静雅，汝窑也因此成名，故有“汝、官、哥、钧、定”五大名窑中“汝窑为魁”之说。尤其是专为宫廷烧造御用器的“汝官窑”，其出产的汝瓷独具梦幻般的天青之色，面若美玉，玛瑙入釉、芝麻钉、满釉、裹足支烧工艺和细如蝉翼的开片，使其更具素雅而高贵的皇家之气。然而，随着金兵入侵、宋廷南迁，汝瓷在战火中窑空烟冷，汝官窑及汝

贯耳炉（孟玉松作品，2008 年英国珍宝博物馆收藏）

钟鸣瓶（李晓涓作品，2013 年 5 月金奖）

瓷的烧制工艺，或埋入地下，或湮灭人间，竟消失得无影无踪。据史料记载，汝官窑仅在北宋元祐元年（1086）至崇宁五年（1106）烧造了20年。后来，虽历朝历代都有人仿烧汝瓷，然而，由于汝瓷的配釉方法和烧制工艺失传，仿烧无一成功，汝瓷从此断代，汝官窑器物至南宋时已十分难觅。汝瓷的烧制始于唐，盛于宋，毁于金，其盛行年代虽短，但在中国瓷史上地位相当重要。

汝瓷的烧制过程如下：将10多种矿石粉碎，经过三次过滤，并用磁石把其中的铁粒吸出后，和成泥浆，然后将泥浆灌入模子而成瓷胎；瓷胎晾干后，要打磨三次，使其光滑；接着素烧10个小时，素烧温度是800℃，出来后再打磨两次；将素烧出的瓷胎上釉、晾干，再烧13个小时便成。具体的工序有18道。烧制过程主要是氧化还原过程，在1 300℃的高温下，将硅酸盐中的氧原子夺走。不过，每窑的成品率只有17%左右，上等品一窑难出几件。

汝瓷以其独特的审美艺术品位、深邃的文化内涵、尊贵的身价地位，兼具历史、艺术和科学价值，成为中国陶瓷史上的一个里程碑，更是汝州市的一张精美名片。

央视网

朱立文：用一生追求复现汝瓷经典

# 城市名片

## ——能源基地 山水鹰城

丰厚的历史文化，得天独厚的资源优势，秀丽多姿的滍汝大地，各族儿女和睦相处的和谐鹰城，带来了平顶山经济社会发展的强劲势头，使平顶山在中原崛起的战略布局中走在中原城市群的前列，形成了自己的特色和亮点，打造了一张张精美的城市名片。

## 市标"创业"

市标"创业"设计于1984年10月，建成于1990年10月，矗立在平顶山市市区建设路与新华路交叉口，占地面积1027平方米。雕塑高33米，底座由花岗岩砌成，所有附属造型均为青铜艺术品。雕塑下部为银白色的闪电造型，又像四张巨大的翅膀，颇有展翼欲飞的气势。再往上有四只铜雕雄鹰镶嵌于雕柱的四面。平顶山一带在商朝时为应部落所在地，西周初年为周宗室应侯封地，称"应国"。"应""鹰"谐音，古时通假，标志着鹰城古老悠久的历史文化底蕴。中上部的四尊人像，两男两女，分别为煤炭工人、纺织工人、钢铁工人和科技工作者的造型，他们正是平顶山市产业大军和全市人民的代表。他们艰苦创业，瞩目未来，胸襟坦荡，满怀信心，为中原明珠平顶山增光添彩。雕塑的顶部是一个大的球状物体，周围环绕着四个小球，象征着行星在围绕着太阳运转，蔚为壮观，使人联想不已。整个雕塑标示着这样一个主体：科学、民主、文明与进步。

雕塑作者，系中国著名雕塑艺术家、中央美术学院教授王熙民。

市标「创业」（摄影：高鸿勋）

# • 都市庄园 •

## ——体育村

平顶山市体育村是平顶山市市政府集资兴建的大型综合体育活动场所，坐落在建设路东段，湛河北岸。体育村规模恢宏，建筑成群，碧茵连片。村中铺设草坪69 530.5平方米，种植苗圃997.5平方米，培植花池52平方米，植建花坛3 172.5平方米，栽植花卉、树木10 000多株。

步入体育村，漫步在气势恢宏的体育场、设备先进的体育馆、豪华高雅的大厅以及鲜花绿树之间，面对栩栩如生的雕塑、造型优美的喷泉，游人仿佛置身于一座清新的现代公园。

体育村建成后，承接国家级比赛6次（全国足球精英赛、“神马杯”全国男篮精英赛等），省级比赛10多次（省七运会、八运会、省青少年足球赛等）及市级比赛30余次。

体育村以服务社会为宗旨，以体育宾馆为龙头，对社会开放了游泳馆、溜冰场、健身房、台球室、鱼花池、歌舞厅、网球场等活动场所，举办了游泳培训班、网球培训班，成立了鹰城名人网球俱乐部，承办了全民健身周、广播体操大赛等活动，对群众体育活动的开展做出了贡献。

体育村（摄影：高鸿勋）

# • 中国平煤神马集团 •

中国平煤神马能源化工集团有限责任公司，是由原平煤集团和神马集团两个中国500强企业联合重组成立的一家跨区域、跨行业、跨所有制、跨国经营的特大型能源化工集团，是国内品种最全的炼焦煤、动力煤生产基地和亚洲最大的尼龙化工生产基地，旗下拥有平顶山天安煤业股份有限公司、神马实业股份有限公司、河南易成新能源股份有限公司三家上市公司，尼龙化工公司、工程塑料公司、易成新材料公司、工程塑料公司、机械制造公司、开封碳素公司五个国家级高新技术企业和两个博士后工作站，获得国家、省部级科技进步奖380项，发明专利260项。

近年来，中国平煤神马能源化工集团坚持"以煤为主，相关多元"发展战略，构建了煤炭采选、尼龙化工、煤焦化工、煤盐化工4大核心产业和煤电、现代物流、高新技术、建工建材、装备制造5个辅助产业的"4+5"产业体系。煤炭年产能7 000万吨，产销量居全国前列，糖精钠、超高功率石墨电极、碳化硅精细微粉产能全国第一，尼龙66、工程塑料产能亚洲第一，工业丝、帘子布产能世界第一。集团与国内

中国平煤神马集团

5大发电集团、11家大型钢铁企业、15家尼龙相关企业、12家商业银行和40多家跨国集团建立了紧密合作关系。

当前，中国平煤神马集团依托平顶山地区的区位优势和丰富的煤、岩盐、水等资源优势，合理优化配置集团各类有形和无形资产，利用上市公司平台，加大资本运作和战略协作力度，为建成国内一流、具有国际竞争力的跨国能源化工集团，进入全国企业500强前100强，奋力向世界500强进军而努力。

## • 平高集团 •

平高集团有限公司的前身平顶山高压开关厂成立于1970年，现为国家电网公司直属单位，是中国电工行业重大技术装备支柱企业，业务范围涵盖输配电设备研发、设计、制造、销售、检测、相关设备成套、服务与工程承包，核心业务为中压、高压、超高压及特高压交直流开关设备制造、研发、销售和检修服务。

2009年7月，根据国家电网公司与河南省政府签署的战略合作协议，平顶山市政府将所持有的平高集团股权划转给国家电网公司，实现互利共赢，共同发展。实施战略重组后，国家电网公司将与日本东芝公司合作的开关类及相关产业和零配件制造项目全部放在平顶山市，将平高集团建设成为国网公司高压开关研发和制造基地，实现将平高集团打造成为中原电器城的战略构想。平高集团是河南省首批创新龙头企业，曾先后荣获全国五一劳动奖状、中国机械工业100强企业、中国制造业企业500强、国家技能人才培育突出贡献单位等荣誉称号。平高集团资产总额超过200亿元，现有员工9 989人，其中国家级人才4人、全国技能大师2人、省部级人才32人、博士研究生15人、硕士研究生500人。

平高集团拥有8大研发创新平台，即高压开关设备河南省工程实验室、高压开关设备绝缘材料实验室、机械工业特高压GIS实验室、机械工业交流高压开关设备工程技术研究中心、河南省高压交流输变电设备工程技术研究中心、河南省配网设备及自动化工程研究中心、六氟化硫河南省工程实验室、橡塑绝缘密封材料河南省工程实验室，统筹发布研究、试验、成果等资源，推动科技资源在公司内的充分共享；提高实验室研究能力，健全实验室协作配合，探索建立有偿共享和对外开放的商业化模式。

2016年平高集团共申请专利338项，其中发明243项，获得授权专利169项，其中发明71项，获得省部级以上科技成果13项，获得中国专利奖2项，河南省科技进步奖6项，中国电力科学技术奖3项，中国机械工业科学技术奖9项，国网科技进步奖10项，河南省重大科技专项1项。项目研制的126kV和252kV新一代智能高压开关设备，在武汉东扩变、驻南变、重庆大石变等智能变电站工程中进行了规模化应用，现场运行良好，稳定可靠，满足了智能输变电标准的要求，为变电站的安全可靠运行提供了有力的保障，社会经济效益显著。

平高集团有限公司博士后科研工作站于2008年6月经国家人力资源与社会保障部批准设立，先后与武汉大学、大连理工大学、华中科技大学、西安交通大学等国内一流高校建立战略合作关系，现已发展成为集团设备先进、技术雄厚、人才荟萃的科研基地，2011年、2012年、2013年、2014年连续四次被授予“河南省优秀博士后工作站”。

为切实提高集团科技水平和市场竞争力，平高集团注重人才引进，加强人才队伍建设，培育“尊重劳动、尊重知识、尊重人才、尊重创新”管理氛围，树立“以人为本、人才先行”发展理念，大力实施“人才强企”战略。

## • 国色清香宝丰酒 •

宝丰酒业有限公司位于河南省平顶山市宝丰县。宝丰，历史悠久，物华天宝，人杰地灵，是著名的“中国曲艺之乡”“中国魔术之乡”“中国民间文化艺术之乡”。它西依伏牛，东瞰平原，沙河润其南，汝水藩其北，菽麦盈野，地涌甘泉，为中州灵秀之地。

中国白酒酿造源远流长。在历史典籍中，有多处关于仪狄造酒的记载。《战国策·魏策》载：“昔者帝女令仪狄作酒而美，进之禹，禹饮而甘之，遂疏仪狄，绝旨酒，曰：‘后世必有以酒亡其国者。’”东汉许慎在撰《说文解字》“酒”条中，也记载了“古者仪狄作酒醪，禹尝之而美，遂疏仪狄”。由此可知，夏禹时期的仪狄已经酿造了醇美之酒。若以此推论，仪狄造酒的历史已有4 000多年。又据载，仪狄始作酒醪、变五味于汝海之南、应邑之野。所谓“汝海之南、应邑之野”，就是指现在的宝丰周边地区。古时汝河流经汝州的一段称为汝海，汝海之南就是汝河南岸，宝丰即在汝河南岸。应国始为殷商所设置，周灭商后，武王将自己的一个儿子改封于此，从此应国便成为周朝姬姓的嫡系子孙诸侯国。经专家考证，现平顶山市郊薛庄乡南面的原滍阳镇即古应国都城所在地。考古学者在古应国遗址上先后发掘墓葬100余个，出土文物万余件，其中酒具酒器就有3000件。从质地上分有铜、石、陶、玉、骨、玛瑙、绿松石等，从用途上分有杯、盅、壶等。其中最珍贵的一组是提梁卣、铜方壶、应伯壶和铜爵等。从爵内的铭文可以看出当地造酒历史之悠久、规模之宏大。

隋唐时，宝丰酒业得到了长足发展。历史上就有“唐兴宋盛”的说法。大唐王朝还把宝丰酒定为贡酒，通过当时的东都洛阳送到长安。

据宝丰县志记载，北宋时汝州有十酒务，仅宝丰就有商酒务、封家庄、父城、曹村、守稠桑、宋村等酒务。酒务是宋朝官方专门经营酒的地方，年收税达万贯以上。当时宝丰“万家立灶，千村飘香”“烟囱如林，酒旗似蓑”，宝丰酒业繁荣昌盛惊动朝廷，宋神宗钦派大理学家程颢监酒宝丰，治所就在商酒务，并广传宝丰酒法。商酒务在宝丰县城西北25里的地方，现更名为商酒务镇。

金代时，宝丰酒业兴盛不衰，资产万贯以上的作坊100余家，贩粮售酒者如流，监酒官有镇国上将军、忠校尉、忠显昭信尉等16人，官高三品。据宝丰县志记载，金正大年间（1224—1231），宝丰收酒税45 000贯，居全国各县之首。

历史名人的推崇是宝丰酒久盛不衰的主要原因。唐代著名诗人刘希夷是汝州人，高宗上元年间（674—676）他登进士后，与宋之问、沈佺期结伴游三峡，归至故园，以家乡汝州龙兴美酒（宝丰酒的前身）盛情款待友人，赋诗《故园置酒》，畅言“愿逢千日醉，得缓百年忧”，字里行间表达了对家乡美酒的赞誉。唐代号称“酒仙”的李白，25岁出川以后，曾数度游经汝州龙兴县（宝丰县）。他在《夏日诸从弟登汝州龙兴阁序》（龙兴阁在宝丰西北龙兴寺，有吴道子壁画）中称：“当挥尔凤藻、挹予霞觞，与白云老兄，俱莫负古人也。”“霞觞”，就是诗人对龙兴佳酿的美称。在他遍饮天下名酒写成的“天若不爱酒，酒星不在天。地若不爱酒，地应无酒泉。天地既爱酒，爱酒不愧天。……三杯通大道，一斗合自然。但得酒中趣，勿为醒者传”的千古绝唱中就饱含着对龙兴佳酿的美好感受。元末明初著名文学家元好问，在畅饮宝丰酒后写下了“春风着人不觉醉，快卷更须三百杯”的佳句，赞美宝丰酒。末代皇帝溥仪的弟弟、著名书法艺术家溥杰作诗赞宝丰酒云：“每爱衔杯醉宝丰，香飞白堕绍遗风。开往继来传佳酿，誉溢旗帘到处同。”

历代名人的推崇，不断扩大宝丰酒的知名度。宝丰酒知名度的扩大，既吸引更多的知名人士喜爱宝丰酒，又促进宝丰酒生产规模的不断发展和产品质量的稳定提高。

1947年11月，宝丰解放。驻宝丰某部队排长陈宏达和县城仓巷街的教师傅惠中，在仓巷街逃亡地主宋乃修私人酒馆的基础上，筹办建立了“第五军分区酒局”。1948年6月，宝丰第二次解放，县人民政府恢复历史名酒宝丰酒的生产，起名为地方国营宝丰县裕昌源酒厂，成为河南省建厂最早的白酒厂家。

1956年，宝丰酒被命名为“河南名酒”。1973年10月14日，周恩来总理陪同加拿大总理特鲁多到洛阳参观访问，在所设国宴上，周总理提出喝河南的名酒宝丰大曲。1979年、1984年，宝丰酒蝉联两届“国优”。1989年在第五届全国白酒评比会上，宝丰酒以最高得分荣获国家金质奖，晋升为“中国名酒”。

2006年4月，宝丰酒业有限公司成功改制重组，企业步入了一个全新的发展时期。2007年11月，宝丰酒顺利通过名酒质量复评，蝉联“中国名酒”称号。2008年6月，宝丰酒酿造技艺经国务院批准，入选第二批国家级非物质文化遗产名录。

仪狄造酒